밑바닥부터 시작하는 주식투자

기본적·기술적 분석으로 주식투자 맥점 잡기

밑바닥부터 시작하는 주식투자

이재준 지음

원앤원북스

처음 주식투자를 하는 사람들에게

제가 주식을 처음 접하게 된 시기는 대학교에서 '투자론' 수업을 들을 때였습니다. 과제 중에 종목에 대한 리서치 및 투자전략을 세우고 PPT를 만드는 것이 있었습니다. 처음 종목을 분석한 것이어서 미흡했고, 나만의 투자원칙이 없기 때문에 더욱 어려웠습니다. 하지만 그 과정에 흥미를 느꼈고, 더 많은 돈을 벌고 싶어 금융권 취업으로 진로를 결정했습니다.

졸업 후 모의투자대회에 참가해 경기도 지역 참가자 1천 명 중 4등을 하기도 했습니다. 2등 안에 들어야 상금과 상장을 받을 수 있었기에 아쉽게도 상을 받지는 못했습니다. 하지만 결과에 대해서 수긍하고, 과오와 실수에 대해서 보완할 수 있는 뜻깊은 시간이었습니다.

제가 주식을 가장 많이 배울 수 있었던 시기는 증권회사에 근무할 때였습니다. 직접 기업을 탐방해 경영시스템 및 재무분석을 배우고, 기업의 이슈와 이벤트를 점검해 시기에 맞춰 투자하는 방법을 익혔습니다. 차트와 재무제표만 보며 투자했을 때와는 전혀 다른 느낌이었습니다.

제 생각과 100% 맞지 않아 손실을 보기도 했지만, 지속적으로 분석하다 보니 수익이 날 확률이 점차 높아졌습니다. 이러한 투자방법을 통해 저만의 투자전략을 정립할 수 있었습니다. 매일매일 시황을 정리하고, 주요 일정을 체크하는 습관을 갖고, 기업의 가치평가를 분석하는 툴을 마련했습니다. 시행착오를 거치면서 투자 리스크를 관리하는 방법도 만들었습니다.

주식은 반복하는 패턴들이 많습니다. 예를 들어 북한이 미사일을 쏘면 오히려 저점 매수의 기회를 포착할 수 있습니다. 또한 호재 뉴스가 나오면 주가가 올라가기보다는 떨어지는 경우가 많습니다. 이러한 패턴들도 주식 투자에 있어 아이디어가 되었습니다.

주식으로 돈을 벌기는 쉽지 않습니다. 남들보다 더 빨라야 하고, 남들보다 더 많은 정보를 갖고 있어야 합니다. 하지만 이렇게 남들보다 빠를지라도 반드시 돈을 번다는 확신은 없습니다. '내가 어떻게 해야 돈을 잃지 않을까?' 또는 '어떻게 해야 시장이 빠진 것보다 내 종목의 손실률을 더 적게 할 수 있을까?'라고 늘 생각하며 투자해야 합니다.

'돈을 많이 벌어야지' 하고 주식투자에 입문한다면 실패할 확률이 더 큽니다. 그 이유는 무엇보다 자신의 투자에 대한 확실성을 갖고 들어오기 때문입니다. 하지만 그 종목이 떨어지면 다시 오를 것이라는 확신성이 결국 발목을 잡게 됩니다. 주가가 지속적으로 떨어지다 보면 손실금액은 더 커지고, 결국 기다림에 지쳐서 손절을 하고 주식을 그만두는 경우가 비일비재합니다.

언제나 시장에 대해서 겸손함을 가지고, 리스크 관리를 중점으로 주식투자를 진행하는 것이 바람직합니다. 과거의 실패는 다시 반복하지 말아야 합니다.

저는 지난 6년 동안 실무에 있으면서 경험했던 것과, 강의내용을 이 책에 담았습니다. 이 책을 통해 경제, 산업, 기업을 분석하고 종목을 선택하는 방법을 익힐 수 있을 것입니다.

재무제표 숫자의 의미, 기업의 주가가 움직일 수 있는 이슈, 거시경제분석을 통한 금융시장의 움직임, 산업 트렌드, 금감원 공시 분석 방법 등 주가가 움직일 수 있는 변수들을 통해 주가의 상승과 하락의 확률 패턴을 조금 더 자세히 알 수 있는 기회가 될 것입니다.

주식, 경제 용어가 어려워 접근하기 어려울 수 있지만, 다양한 자료를 통해 보다 친절하고 알기 쉽게 설명해드리겠습니다.

최근 주식시장은 미중 무역전쟁, 브렉시트, 미국 금리 인상, 유가 하락 등 대외 변수로 인해 변동성이 심해지고 있습니다. 또한 대내적으로 저성장, 부동산 규제정책으로 인해 국내 경제도 불확실성이 커지고 있습니다.

2019년 주식시장은 대내외 불확실성으로 인해 어려운 시장흐름을 보일 것으로 예상됩니다. 이런 상황에서는 비중조절을 통해 리스크 관리를 한다면 안정적인 수익 확률을 높일 수 있을 것입니다. 묻지마투자, 몰빵투자는 절대 하지 말고 체계적인 분석을 바탕으로 투자에 임해 좋은 결과를 얻을 수 있기를 바랍니다.

이재준

차례

PART 01
기본적 분석

PART 02
기술적 분석

이 책의 구성

본격적으로 주식투자를 시작하기 전 꼭 알아야 하는 항목에 대해서 설명한다. 주식이란 무엇인지 설명하고, 특히 일반투자자에게 가장 중요한 보통주의 개념을 확실히 잡아준다. 또한 주식투자를 처음 시작하는 사람들이 무리 없이 시작할 수 있게 주식투자를 시작하는 절차에 대해서도 알아본다.

다음으로는 이 책 전반에서 다루고 있는 '분석'에 대한 중요성을 설명한다. 우리나라에서 주식이라고 하면 패가망신의 지름길이라고 여기게 된 것은 종목에 대한 분석 없이 투자하는 '묻지마 투자' 때문이다. 주식투자에 앞서 꼭 읽어야 하는 부분이다.

마지막으로 NH투자증권 '나무' 프로그램을 통해 거래가 어떻게 이루어지는지 구체적으로 알아본다. 주식투자를 처음 시작하는 사람에게 유익한 정보가 될 것이다.

파트 / 기본적 분석과 기술적 분석

주식투자 시 필요한 분석방법을 설명한다. 분석은 반드시 필요한 것이며, 계획을 설정하는 데 있어서 매우 중요한 기준이 된다. 이 책에서는 기본적 분석을 통해 경제, 산업, 기업에 대한 분석력을 키우고, 기술적 분석을 통해 매매시점, 즉 타이밍을 찾는 방법에 대해서 설명한다. 투자 아이디어를 찾고, 전술적으로 투자 대응을 하는 방법을 세워서 주식투자를 하는 데 있어 도움이 될 것이다.

파트는 각각 6개의 챕터로 나눠져 있다. 각 챕터에 대한 구성은 다음 페이지를 참고하자.

부록 / 테마별·섹터별 추천종목 정리

마지막으로 테마별·섹터별로 정의하고 관련 종목에 대해서 정리한다. 184개 테마와 섹터로 분류해 설명하고 관련주에 대한 정보를 실었다. 마지막에는 관련주만을 따로 정리해서 종목을 고민하는 투자자에게 도움을 주고자 했다.

PART 1 기본적 분석

CHAPTER 1 / 재무제표

재무제표의 용어를 정리하고 해석방법에 대해서 살펴본다. 재무제표의 종류는 재무상태표, 손익계산서, 현금흐름표, 자본변동표가 있다. 주식투자의 가장 첫걸음은 재무제표 분석이다. 재무제표는 기업의 현재 상황을 분석하고, 이에 따른 미래예측을 수립할 수 있어 매우 중요하다. 각각의 종류와 계정항목의 내용을 통해 재무적인 이해도를 높일 수 있을 것이다.

CHAPTER 2 / 가치평가

재무제표를 통해 회사의 가치를 평가해보는 챕터다. 재무제표 내에서도 재무상태표, 손익계산서를 통해 밸류에이션을 분석해 현재 가치와 주가의 괴리 정도를 파악할 수 있고, 미래의 수익을 추정해 적정주가를 산출함으로써 투자의 판단을 제고시킬 수 있다.

여러 밸류에이션 측정방법 중 대표적으로 가장 많이 사용되는 PER, PBR, EV│EBITDA에 대해서 배워본다. 이 챕터를 공부하고 나면 회사의 가치에 대한 저평가 또는 고평가를 판단할 수 있고, 회사의 적정주가를 예측할 수 있는 방법에 대해서 익히게 될 것이다.

CHAPTER 3 / 펀더멘털

앞서 배운 재무제표를 통해 회사의 기초체력을 평가해보는 챕터다. 펀더멘털을 판단하는 안정성지표, 수익성지표, 성장성지표를 비율로 표시해 현재 시점에서 적정비율과의 비교를 통해 회사의 펀더멘털이 튼튼한지 부실한지를 알 수 있다. 성장률, 물가상승률, 실업률, 경상수지 등 주요 거시경제지표의 움직임에 따라 펀더멘털이 유리하게 변화할지 불리하게 변화할지를 예측할 수 있다.

이 챕터에서는 안정성지표, 수익성지표, 성장성지표 종류와 내용에 대해서 배워본다. 회사의 기초체력의 상태를 익혀보자.

CHAPTER 4 / 거시경제지표

거시경제를 분석하면 시장 전체의 상황과 산업의 민감도를 파악해 시황을 판단하고, 투자의 기준을 정할 수 있다. 거시경제의 대표적인 지표인 환율, 금리, 물가(유가·원자재 가격)의 움직임을 통해 산업별 수혜업종을 파악하고, 전체적인 시장 흐름에 대해서 이해해보자.

이 챕터에서는 환율이 상승하거나 하락했을 때 주식시장의 변화, 금리 상승 또는 하락에 따른 주식시장의 변화, 물가 변동 시 주식시장의 변화를 배워본다. 또한 이런 거시경제가 사업에 미치는 영향, 그리고 주가가 어떻게 변화를 할지에 대해서도 알아볼 것이다. 거시경제를 통한 시장의 전반적인 변화를 알 수 있다.

CHAPTER 5 / 자금조달

기업은 자금조달의 수요에 대한 지속적인 니즈가 있다. 자금을 조달하고, 새로운 사업에 투자하고, 합병을 해서 기업의 외형을 키우기도 한다. 양적·질적 발전을 동시에 이룰 수 있기 때문에 기업은 끊임없이 성장하기 위해서 새로운 사업을 연구, 분석함으로써 자금조달 계획을 세우게 된다.

이 챕터에서는 자금조달의 방법과 이자율에 대해서 설명하고, 유상증자, 전환사채, 신주인수권부사채, 무상증자 등 기업이 자금조달을 실행했을 때 주가의 움직임에 대해서 살펴볼 것이다. 자금조달과 주가의 상관관계에 대해서 이해할 수 있을 것이다.

CHAPTER 6 / 다트분석

기업공시시스템인 다트(DART)분석을 통해 주가의 변화를 알아본다. 여러 기업공시 중에 지분취득 공시, 공급계약과 수주 공시를 통해 해당기업의 주가 변화에 대해서 살펴볼 것이다.

이 챕터에서는 지분을 취득함으로써 회사가 어떤 사업을 넓힐 것인지, 지분을 왜 취득했을지, 지분을 취득함으로 해당 기업의 주가가 어떻게 변화할지를 예상함으로써 투자 아이디어를 찾을 수 있다. 이를 통해 다트 지분취득공시, 공급계약과 수주 공시에 대해서 분석할 수 있을 것이다.

PART 2 기술적 분석

CHAPTER 1 / 이동평균선

기술적 분석 중 이동평균선을 통해 주가의 추세를 판단해본다. 이동평균선은 매일 매일의 주가 변화 관계를 분석함으로써 향후의 주가 움직임을 예측하고자 하는 지표로 활용할 수 있다. 이 챕터에서는 이동평균선의 종류 및 내용에 대해서 살펴보고, 35일, 200일 매매기법을 통해 주식투자의 타이밍을 찾는 방법을 배울 것이다. 이동 평균선을 통한 여러 매매기법 중에 필자가 주로 활용하는 대표적인 2가지 매매기법을 배울 수 있을 것이다.

CHAPTER 2 / 거래량

거래량의 의미와 특징, 거래량을 통한 매매기법에 대해서 살펴본다. 기술적 분석에서 거래량은 주식투자를 하는 데 있어서 굉장히 중요한 지표다. 거래량을 통해 세력의 매집, 매수 또는 매도세의 힘, 현재 시장에서 가장 관심 있는 기업 또는 업종을 파악할 수 있다.
이 챕터에서는 거래량의 개념을 살펴보고, 거래량의 변화에 따라 주가의 변화를 예측해볼 것이다. 사례를 통해 거래량과 주가의 관계를 살펴보고 매매 타이밍을 찾을 수 있다. 거래량을 통한 여러 매매기법 중에 필자가 주로 활용하는 대량거래 시 투자방법에 대해서 살펴볼 것이다.

CHAPTER 3 / 추세선

추세매매, 지지선, 저항선을 통한 매매시점을 찾아보는 챕터다. 기술적 분석 중 추세매매는 추세는 지속한다는 가정을 두고 추세의 움직임에 따라 타이밍을 잡고, 어떤 큰 변화가 올 경우 추세가 변화한다는 가정하에 전환시점을 찾아볼 것이다.
지지선과 저항선을 통해 매수와 매도시점을 찾고, 추세선을 그리는 방법과 수평추세선, 상향추세선, 하향추세선의 형태를 이해한다. 이 챕터에서는 추세선, 지지선, 저항선의 특징을 알고, 사례를 통해 수평추세선, 상향추세선, 하향추세선의 개념 및 투자방법을 익히게 될 것이다.

CHAPTER 4 / 보조지표

보조지표는 말 그대로 매매시점을 찾는 데 보조를 해주는 지표를 뜻한다. 주지표와 보조지표를 동시에 사용함으로 최적의 매매시점을 찾는 데 활용한다.

이 챕터에서는 여러 보조지표 중에 MACD, 스토캐스틱, 볼린저밴드, 일목균형표에 대해 알아본다. 그중 MACD, 스토캐스틱, 볼린저밴드는 구체적인 사례를 통해 현재 기업의 주가가 과열인지 침체인지를 살펴보고, 매매시점을 찾아볼 것이다.

CHAPTER 5 / 수급 및 거래원

이번에는 수급 및 거래원을 통해 투자 아이디어를 찾고 매매시점을 찾는 방법 대해서 살펴본다. 수급 주체는 개인, 외국인, 기관이며, 거래원은 증권사 창구를 뜻한다. 수급주체의 종류와 특징에 대해서 살펴보고, 수급과 거래원을 매칭하는 방법에 대해 알아볼 것이다.

이 챕터를 통해 세력이 어떤 창구를 통해 매매하고 있는지를 살펴봄으로써, 투자 아이디어를 찾는 데 도움이 될 수 있을 것이다. 수급 및 거래원 세력주를 찾는 데 있어서 반드시 알아야 될 부분이다.

CHAPTER 6 / 3.3.3 매매기법

여러 매매기법 중에 필자가 사용하는 대표적인 매매기법을 정리했다. 기본적 분석과 기술적 분석에서 배운 내용을 토대로, 투자종목을 선정하고 투자전략을 정립함으로써 그중 가장 승률이 높았던 매매기법이다. 종목 선별 시 재무제표와 기업내용을 보고 이동평균선, 거래량, 캔들을 통해 세부적인 종목으로 필터링해서 최적의 기업선별을 통해 매매한다.

이 챕터에서는 대표적인 매매기법 중 '3.3.3 매매기법' 2가지에 대한 투자방법과 사례에 대해 자세히 설명했다. 3.3.3 매매기법을 통해 스윙 및 트레이딩을 하는 방법을 익히게 될 것이다.

주식이란 무엇인가?

주식이란 기업의 주식을 뜻한다. 상법상 법인의 주식회사를 등기하게 되고 따라 주식을 발행하게 된다. 주식회사는 자본을 바탕으로 성립하기 때문에 주식을 발행할 수 있다. 자본은 자산에서 부채를 차감한 순자산을 말하는데, 주식회사의 자본은 주식으로 분할해야 하며 주식의 금액은 균일해야 한다.

지분은 회사에 대한 사원의 지위로, 곧 주주의 지위를 뜻한다. 주주(株主)는 주식의 주인, 임자, 소유주를 일컫는다. 주주 자격으로 회사에 대해 여러 권리를 가지며 출자 의무를 부담한다. 주식 보유를 통해 주주로서 회사의 의결권을 행사할 수 있으며, 주주총회 참석을 통해 여러 안건에 대해 찬반 의사를 표출할 수 있다.

회사의 수익이 발생하면 결산시기에 주주들에게 배당을 하는데, 주식을 보유하면 배당을 받을 수 있다. 하지만 회사가 경영을 잘못해 손실이 발생하게 되면 주주들은 해당 투자금에 대해 유한책임을 지게 된다. 유한책임이란 투자금에 대한 손실을 보게 되는 것을 말한다. 손실이 발생을 했을 시에 주식의 가격인 주가가 떨어지기 때문이다.

주주는 회사의 경영 및 재무의 안정성, 경영진의 도덕성, 영업의 지속성(신성장 사업 모멘텀) 등 다양한 부분을 확인해야 한다. 회사가 발전하면 주주들에게도 보상이 떨어지기 때문이다.

주식은 기대수익이 높은 만큼 위험도 높다. 그래서 "하이 리스크, 하이 리턴(High risk, high return)"이라고 이야기한다. 예금이나 적금은 이자가 상대적으로 낮은 대신에 원금을 보장해준다. 하지만 주식은 원금을 잃을 수 있어 손실에 대한 위험을 떠안는 대신 높은 수익률을 추구한다.

또한 앞서 말한 것처럼 이자 대신 배당이라는 추가수익을 얻을 수 있다는 장점이 있다. 정리하자면 주식을 통해 배당수익과 자본매매의 차익에 따른 양도차익을 얻을 수 있다.

주식의 종류에는 보통주, 우선주, 후배주가 있다. 보통주는 표준이라고 하며, 우선주는 배당에 대해 우선적으로 지위를 가지며, 후배주는 보통주보다 뒤에 배당을 받게 된다.

이 외에도 회사가 자금조달 필요에 따른 보통주 또는 배당우선주를 발행하기도 하며, 다른 종류의 주식으로 전환할 수 있는 전환주식을 발행하기도 한다. 다만 정관상 배당우선주는 의결권을 가질 수 없기 때문에 회사의 경영에 참여하기 어렵다. 그리고 회사의 무작위 남용을 막기 위해 주식의 총 발행수를 정하게 된다.

일반투자자들이 제일 많이 거래하는 주식, 즉 증권회사 거래시스템을 통해 매매하는 주식은 보통주다. 그렇기 때문에 보통주에 대한 기본적인 개념만 알아두면 된다.

　다만 회사가 청산하게 되면 재산권을 가장 나중에 부여받게 된다. 회사는 청산 시 미납된 세금을 납부하고, 부동산 물권에 대한 잔여금을 납부하고, 채권보유자에게 미납된 채무와 이자를 납부하고 나서 주주들에게 남은 잔여재산권을 지급한다. 보통주는 우선주보다 후순위에 있기 때문에 우선주 주주들에게 지급을 한 나머지가 있으면 보통주 주주들에게 재산권을 나누어준다.

　하지만 회사는 보통 경영난으로 인해 청산절차를 밟게 되고 이에 따라 주식시장에서도 상장폐지가 되어 남는 재산권은 거의 없다고 보면 된다. 상장폐지가 되면 주식이 휴지조각이 된다는 것도 이 말에 비추어서 나온 것이다. 상장폐지가 되면 투자한 원금은 100% 손실을 보게 될 가능성이 높다.

　결론적으로 주식은 회사 지분의 지위를 얻을 수 있으며, 다양한 의사결정에 대해서도 참여할 수 있다. 그리고 회사의 영업성과가 높아짐에 따라 배당을 받을 수 있으며, 언제든지 자유롭게 양도가 가능하기 때문에 단기적인 성과에 주가가 높아지게 되면 양도매매차익을 얻을 수 있게 된다.

주식투자는 어떻게 시작하는가?

주식투자를 시작하는 절차에 대해 알아보겠다.

1. 증권회사를 통해 계좌개설을 진행한다.

최근에는 영업점 내 방문뿐만 아니라 스마트폰 어플을 통해 계좌개설을 할 수 있다. 준비물은 신분증만 있으면 된다.

2. 국내주식을 검색한다.

국내주식 카테고리를 검색하면 주식과 관련된 다양한 내용을 볼 수 있다.

3. ID, 비밀번호, 공인인증서 비밀번호를 통해 로그인을 한다.

계좌개설 당시 정보를 통해 접속을 진행한다.

4. 매매 주문을 진행한다.

거래하고 싶은 회사를 검색하고, 주문가격 및 거래 비밀번호(보통 숫자 4자리)를 입력 후 주문을 진행한다.

이러한 절차에 따라 주식이 매수 체결되면 주주로서 지위를 얻게 되는 것이다. 보통 결제일은 T+2일로 기준일이 되며, 주식이 체결되면 이틀 후에 해당 주식을 받게 된다. 보유하고 있는 주식을 매도(청산)할 때도, 매도 체결 시 이틀 후에 현금이 들어온다. 만약 월요일에 매매가 이루어진다면 결제는 수요일에 되는 것이다.

2번 과정에서 증권사 거래시스템인 HTS 또는 MTS를 설치하게 되면 증권회사의 다양한 정보를 제공받을 수 있다. 차트, 거래량, 수급, 시황, 뉴스, 호가, 기업내용 등 다양한 정보를 통해 투자를 하는 데 참고할 수 있다. 앞으로 배울 기본적 분석, 기술적 분석도 위의 정보를 통해 투자전략을 만드는 것이다.

분석은 왜 해야 하는가?

주식투자에서 분석은 필수다. 주식을 사야 하는 이유, 팔아야 하는 이유를 분석을 통해 결정하기 때문이다.

주식을 사는 이유는 앞으로 이 회사의 주가가 올라갈 것이라 예측하기 때문이다. 예를 들면 허니버터칩이 불티나게 팔리는 것을 보고, 이 회사의 매출이 급격하게 올라갈 것이라는 예측을 통해 ㈜크라운제과 주식을 사게 될 수도 있다. 과거에 허니버터칩 품귀현상이 생기면서 크라운제과의 주가가 크게 오른 바 있다.

또한 미세먼지가 심각해서 공기청정기 및 마스크의 수요가 증가할 것으로 생각해 공기청정기 및 마스크를 제조하는 기업의 주식을 사게 될 수도 있다. 이 외에 어떤 영화가 대박이 날 것 같아서 배급사 주식을 살 수도 있고, 대기업의 인수합병 소식에 인수회사 주식을 사기도 하며, 신약이 개발되고 시중에 팔린다는 소식에 제약회사 주식을 매수하기도 한다.

반대로 주식을 팔게 되는 건 어떤 상황일까? 홍수 및 태풍으로 인해 자동차가 물에 잠긴 사례가 있다. 그러면 자동차 제조업체의 주가가 떨어지기 때문에 주식을 매도하게 된다. 기업 대표의 횡령 또는 배임 사건 발생 시, 건설회사의 미분양 물량 과대 발생 시, 전쟁 발발 시, 해당기업 공장의 화재나 폭발 시 등 회사 경영의 불확실성 또는 도덕적인 부분으로 신뢰를 잃게 될 경우 투자자들은 주식을 팔게 되는 것이다.

이러한 상황을 100% 미리 예측할 수는 없다. 하지만 생활 속에서 투자 아이디어를 얻게 됨에 따라 예측하고 분석할 수 있다. 아무 분석도 하지 않고 투자를 하는 것은 패가망신으로 가는 지름길이다. 특히 주변 지인이 아무것도 묻지 말고 "ABC기업 주식을 사라"고 하는 묻지마 투자는 굉장히 위험하다. 간혹 오르는 경우도 있지만 대개 열 번 중 한 번을 제외하고는 주가가 내리는 것이 보통이기 때문이다.

투자를 하는 데 있어서 앞으로 경기가 어떻게 흘러갈지, 해당 산업의 전망은 어떻게 될지, 해당 산업이 좋아진다면 그중 가장 수혜를 받을 수 있는 기업은 어느 곳이고, 과거 경영실적은 어땠는지, 대표가 도덕성에 문제가 있는지, 문제가 없다면 기업의 현재 시장가격은 싼 것인지 비싼 것인지, 내가 이 주식을 산다면 원금 중에 비중을 몇 퍼센트를 넣을지, 목표기간은 어느 정도 볼 것인지, 목표수익률은 얼마나 볼 것인지, 혹시 중간에 악재가 발생한다면 어떻게 대응할 것인지 등 분석을 통해 전략을 취하는 것이다.

분석은 반드시 필요하며, 계획을 설정하는 데 매우 중요한 기준이다. 이 책에서는 기본적 분석을 통해 경제, 산업, 기업에 대한 분석력을 키우고, 기술적 분석을 통해 매매시점을 찾는 방법에 대해서 살펴볼 될 것이다.

투자 아이디어를 찾고, 전술적으로 투자 대응을 하는 방법을 세워서 주식투자를 하는 데 있어 많은 도움이 되기를 바란다.

NH투자증권 나무로 거래하기

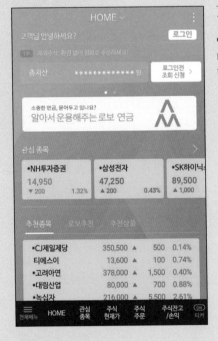

1. 애플리케이션 실행 시 첫 화면

앱을 실행하고 우측 상단에서 로그인을 한다. 첫 화면에서 증권사의 추천종목을 확인할 수 있다.

2. 로그인 또는 미로그인 시 국내주식 검색

주식투자를 하기 위해서 국내주식 카테고리를 검색하면 주식과 관련된 다양한 내용을 볼 수 있다.

3. 현재가 화면

현재가 화면은 주로 종목의 시세를 보는 데 활용할 수 있다. 호가, 체결내역, 상한가/하한가, 시가, 고가, 저가 표시 및 등락률, 전일종가, 체결강도 등 다양한 내용을 볼 수 있다.

4. 매수 및 매도 주문화면

매수/매도 화면은 종목 주문을 내는 데 있어서 사용하는 화면이다. 지정가, 시장가 등 다양하게 매수주문을 할 수 있다.

5. 국내 투자정보

투자정보를 확인하는 창이다. 뉴스, 리포트, 전자공시, 지수차트, 환율 등 다양한 정보를 확인할 수 있다.

6. 시황 및 뉴스 화면

국내투자정보의 뉴스포털 검색화면이다. 시황 및 뉴스화면이 실시간으로 나온다. 기업 검색으로 기업에 대한 뉴스 및 공시를 검색할 수 있고, 전체 시장 흐름에 대한 뉴스정보를 얻을 수 있다.

7. 계좌/이체 및 청약/대출

계좌/이체화면에 들어가면 잔고 및 수익률, 이체, 대출, 계좌개설 등 개인정보를 볼 수 있다. 자신의 계좌를 체크하고, 투자에 참고할 수 있다.

PART 01

기본적 분석

기본적 분석이란 주식의 내재가치를 분석해 주가를 예측하는 것을 한
다. 이는 기업의 재무 또는 경제 상황에 따라 달라진다. 투자자들은
분석한 내재가치와 예측한 시장가격을 비교해 투자를 결정한다. 투자
자에게 꼭 필요한 기본적 분석방법에 대해 알아보자.

재무제표
기업의 재무와 성과에 관한 보고서

재무제표는 기업의 재정상태와 손익내용을 파악하는 데 반드시 알아야 하는 지표다. 재무제표를 통해서 회사의 자산상태와 손익을 알 수 있고, 이는 회사가 앞으로 나가야 할 경영 방향을 결정하는 데 중요한 잣대가 되기도 한다.

재무제표는 총 4가지 지표로 구분할 수 있다. 재무상태표, 손익계산서, 현금흐름표, 자본변동표가 바로 그것이다. 이 지표와 지표를 파악하는 데 필요한 용어 및 세부 계정항목에 대해서 정리해보자.

재무상태표

재무상태표는 크게 자산과 부채, 자본으로 나뉜다. 부채와 자본을 더한 값을 자산이라고 한다.

자산은 과거의 거래 혹은 경제적 사건의 결과로 얻게 된, 예상되는 미래

재무제표의 구성

재무제표	재무상태표	자산·부채 자본 항목 금액 정보 제공
	손익계산서	경영성과(수익·비용) 정보 제공
	자본변동표	자본 구성 항목별 변동 정보 제공
	현금흐름표	현금흐름(유입·유출) 정보 제공

의 경제적 효익을 말한다. 기업의 경제활동의 원천이 되며, 해당 시점의 자산상태를 파악할 수 있다. 부채는 채권자들이 기업의 자산에 대해 갖고 있는 청구권을 뜻하며, 주로 기간에 따른 이자를 붙여서 회사의 부채계정에 포함시킨다. 자본은 회사의 순가치를 말하며, 주주들의 청구권이다. 자산에서 부채를 차감한 값을 자본이라 칭한다.

자산, 부채, 자본의 세부 계정항목에 대해 알아보자.

자산

자산은 유동자산과 비유동자산으로 나뉜다. 유동자산은 1년 이내에 환급할 수 있는 자산 또는 전매를 목적으로 소유하고 있는 자산이다. 현금및현금성자산, 단기예금, 단기대여금, 매출채권, 미수금, 재고자산, 기타유동자산, 매각예정유동자산 등이 여기에 속한다.

비유동자산의 종류에는 유형자산, 무형자산, 보증금, 이연법인세자산, 기타비유동금융자산 등이 있다. 먼저 유동자산을 살펴보자.

유동자산의 종류

당좌자산	재고자산을 제외한 자산으로 제조나 판매의 과정을 거치지 않고 현금화되는 자산
현금및 현금성자산	동전, 지폐, 보통예금 등 일반적으로 3개월 이내에 만기가 도래하는 자산
단기대여금	대여금 가운데 결산일을 기점으로 계산했을 때 1년 이내에 입금이 도래하는 자산
매출채권	회사가 제공한 재화 또는 용역에 대한 대가를 지급하겠다는 고객의 약속이며, 통상적으로 30~90일 이내에 회수가 가능한 수취채권의 자산
미수금	일반적으로 판매대상인 상품이나 제품 이외의 자산을 매각했을 경우 그 대금 중 현재 받지 못한 금액
재고자산	정상적인 기업활동 과정에서 판매하기 위해 보유하는 자산이나 판매를 목적으로 제조과정 중에 있는 자산
기타유동자산	미수수익, 선급금, 선급비용
매각예정 유동자산	현재 사용이 중단되었고, 매각에 적극적으로 임하면 1년 이내에 매각이 이루어질 것이 확실한 자산

현금및현금성자산의 종류에는 CD(양도성예금증서), CMA, 단기채권 등이 해당된다. 매출채권은 회사가 고객에게 상품대금을 외상으로 무이자 제공한 단기간의 신용공여다.

재고자산은 일반적으로 상품, 제품, 재공품, 원재료 등으로 구분한다. 판매나 제조 목적 이외의 목적으로 보유하고 있는 것은 재고자산으로 처리하면 안 된다. 따라서 매매 목적으로 소유하고 있는 토지, 건물 등은 재고자산에 속하나, 사업용 토지, 건물은 고정자산에 속한다.

기타유동자산에서 미수수익은 아직 현금수취 및 기록이 이루어지지 않는 수익을 말하며 수익발생이 계약상으로 확정되어 있으나, 그 회계연도에 현금으로 수입되지 않은 이익항목, 대여금이자 중 미수분, 임대료미수분, 사용미수분등이 여기에 해당된다.

선급금은 상품, 원재료 등이 매입을 위해 선지급한 금액을 말하며 계약금, 착수금을 이야기한다. 반대 개념은 선수금이다. 선급비용은 이미 비용으로서 지출이 완료되었지만, 당기의 비용으로는 인정할 수 없어서 차기로 이월시켜야 하는 비용이다. 선급보험료, 선급이자, 선급할인료 등이 있다.

정리하자면 유동자산은 1년 이내에 환급할 수 있는 자산 또는 전매를 목적으로 소유하고 있는 자산이다. 회사의 유동성, 환급성을 보는 데 중요한 항목이다.

다음으로 비유동자산을 알아보자.

비유동자산의 종류

유형자산	통상적으로 기업의 설비자산, 형체가 있는(눈에 보이는) 자산
무형자산	형체가 없지만(눈에 보이지 않지만) 가치가 있는 자산
이연법인세자산	당기말 미래에 경감될 법인세 부담액. 실현 가능성이 확실한 경우에만 자산으로 인식(예: 이월공제 가능한 세무상 결손금 및 세액공제/소득공제, 차감할 일시적 차이)
기타비유동금융자산	매도 가능한 금융자산을 일컬음. 1년 이내에 현금화하기 어려운 금융자산

유형자산의 종류에는 토지, 건물, 기계장치, 비품 등이 있다. 무형자산의 종류에는 영업권, 특허권, 광업권, 저작권, 산업재산권 등이 있다.

이연법인세자산은 기업 회계상 손익인식 기준과 세무 회계상 과세소득 인정 기준의 차이로 인해 발생하게 되는데, 세법에 의한 법인세 비용이 기업 회계에 따른 법인세 비용보다 큰 경우 발생한다(세법상의 법인세 비용 > 기업 회계에 따른 법인세 비용).

기타비유동금융자산의 종류에는 보증금이나 장기성매출채권도 포함된다.

한마디로 비유동자산은 1년 이후에 현금화될 수 있는 자산이다. 비유동자산은 일시적으로 큰 비용이 들지만 그에 대한 수익은 오랜 기간 동안 창출되며, 대개 비용도 오랜 기간에 걸쳐 나누어진다. 대표적인 비유동자산으로는 부동산이 있다.

부채

부채 역시 유동부채와 비유동부채로 나뉜다. 유동부채는 1년 이내에 지급되리라 기대되는 부채로 지급기한에 따라 부채가 분류된다. 비유동부채는 지급기한이 1년이 넘는 채무를 일컫는다.

먼저 유동부채를 살펴보자.

유동부채의 종류

매입채무	거래처와의 사이에 발생한 어음상의 채무. 미리 정한 기일까지 지급 약속한 부채
외상매입금	상거래에서 발생한 일시적 채무
예수금	회사가 거래처 및 임직원으로부터 임시 수령한 자금. 약속 이행 보증을 위해 금융기관에 일부 자금을 예치(예: 부가가치세, 근로소득원천징수세액, 4대보험 본인부담분). 기업은 자금 보관만 할 뿐 소유권은 없음
선수금	용역이나 상품의 대가로 분할해 받기로 했을 때 먼저 수영하는 금액. 비금융부채
미지급금	일반적 상거래 이외의 발생한 빚. 미지급비용을 제외함(예: 직원의 근로소득세, 법인세 미지급액, 거래처와의 광고료 및 판매수수료 미지급액 등)

미지급비용	지속적으로 외부용역 제공 시 결산일 현재에 이미 제공된 용역에 대해 비용을 지급하지 않았을 때(예: 용역의 업무량에 따라 계산되는 미지급 전력사용료, 미지급 특허권 사용료, 시간에 의해 계산되는 미지급 보험료 등)
선수수익	당기에 현금으로 받은 수익 중 차기에 속하는 수익. 장차 용역을 제공할 비금융부채

외상매입금은 기업이 사업에 필요한 상품이나 제품 구매시 발생한 비용이다. 미지급금의 회수 방법은 가압류, 가처분 등으로 채무자 자산을 동결시킨다. 미지급비용과 미지급금의 차이는 지급해야 할 시기가 왔는지 오지 않았는지에 있다. 선수수익의 종류에는 선수임대료가 있다.

유동부채는 1년 이내에 갚아야 할 채무를 말한다. 정상영업주기 내에 결제할 것으로 예상되며, 주로 단기매매목적으로 보유하고 있다.

다음으로 비유동부채를 살펴보자.

비유동부채의 종류

장기차입금	타인으로부터 현금을 장기간 차입한 경우 발생한 장기지급 채무
장기미지급금	상품 등 재고자산 이외의 자산을 구입한 경우 발생한 장기지급 채무
퇴직급여부채	종업원이 퇴직할 때 지급할 퇴직금이나 퇴직 이후에 지급할 퇴직연금의 현재 가치
이연법인세부채	일시적 차이 등으로 인해 미래에 부담할 법인세효과
장기충당부채	지출 시기 또는 금액이 불확실한 부채. 일정한 요건을 충족해 부채로 인식한 추정부채

장기충당부채의 종류에는 품질보증에 따른 제품보증충당부채가 있다.

한마디로 비유동부채는 지급기한이 1년이 넘는 채무로, 장기간에 걸쳐 지급해야 할 빚이다.

자본

자산에서 부채를 차감한 순자산(자본)을 말하며, 자본의 종류에는 자본금, 자본잉여금, 이익잉여금, 기타포괄손익누계액, 기타자본항목, 지배기업지분 합계가 있다.

자본의 종류

자본금	발행주식수의 액면총액. 액면가 곱하기 발행주식수
자본잉여금	회사 영업이익 이외의 원천에서 발생하는 잉여금. 자본거래에 따른 재원을 원천으로 하는 잉여금
기타포괄손익누계액	일정기간 동안 소유주와의 자본거래를 제외한 모든 거래에서 인식한 자본의 변동액
이익잉여금	영업을 통한 손익거래에 의해서 발생한 잉여금
기타자본잉여금	주식발행초과금, 감자차익, 합병차익 이외의 자본잉여금
전환권대가	전환사채를 발행할 때 실제로 납입된 발행가액
신주인수권대가	전환권, 신주인수권이 행사되지 않고 상환이 이루어질 때 보장수익률 등에 의해 발행가액 중 초과하는 금액의 자본잉여금

자본금 계정에는 보통주 자본금, 우선주 자본금 등을 포함하여 기재한다. 자본잉여금의 종류에는 주식발행초과금, 감자차익이 있다. 주식발행초과금은 주식 발행시 액면을 초과한 금액이다. 유상증자 시 액면가보다 높은 금액으로 발행시 주식발행초과금이 발생한다. 감자차익은 자본금의 감소액보다 더 적은 돈을 주주에게 주면 발생되는 차익을 말한다. 자본을

감소시켰으나, 결손보존액보다 작을 경우에 감자차익이 발생한다. 반대로 액면가보다 높게 매입했을 때는 감자차손이 발생한다.

기타포괄손익누계액은 손익계산서에서 당기순이익에 기타포괄손이익을 가감해 산출한 포괄손익을 말한다. 내용은 주석으로 기재하며, 항목에는 매도가능증권평가손익, 해외사업환산손익, 현금흐름위험회피 파생상품평가손익, 재평가잉여금 계정과목이 있다.

이익잉여금에서 이익에 대한 처분 항목에는 이익준비금, 임의적립금의 사내유보 항목과 배당금, 임원상여금 등의 사외유출 항목이 있다. 기타 자본잉여금 종류에는 자산수증이익, 채무면제이익, 자기주식처분이익, 전환권대가, 신주인수권대가 등이 있다.

전환권대가에서 사채의 액면가액과 총이자액을 적정이자율로 할인한 현재 가치를 초과할 때는, 그 초과액을 전환사채에 부여되어 있는 전환권의 독립된 가액으로 평가한다. 이러한 전환권의 독립된 가액은 자본거래에서 발생한 납입자본금의 초과액으로 간주할 수 있기 때문에, 전환권 대기과목으로 하여 자본잉여금으로 계상한다.

신주인수권대가는 현재 가치를 초과하는 금액을 자본잉여금으로 계상하지 않고 신주인수권대가의 과목으로 해서 자본조정으로 자본총액에 가산하는 형식으로 기재한다.

정리하자면 자본은 모든 자산에서 부채를 차감한 잔여지분이다. 회사의 주주가 투자한 돈이거나 주주에게 배정될 예정의 금액을 말한다.

자산은 부채와 자본의 합이다. 시점을 통해서 자산이 늘게 된 이유가 무엇인지를 파악할 수 있다. 그리고 자산의 상태를 살펴 회사의 경영방침을 잡을 수 있다.

재무상태표 읽기

재무상태표

제23기   2016.12.31 현재
제22기   2015.12.31 현재
제21기   2014.12.31 현재

(단위: 원)

	제23기	제22기	제21기
자산			
유동자산	41,858,533,818	32,990,494,749	29,047,252,350
현금및현금성자산	17,859,598,028	4,689,304,753	12,869,565,466
단기금융상품	3,037,850,000	500,000,000	500,000,000
매출채권및기타채원	16,404,620,280	21,801,023,040	10,221,953,960
재고자산	3,327,664,726	3,887,749,605	1,753,597,068
당기법인세자산			297,180,184
기타금융자산	53,200,000	1,584,200,000	2,716,084,546
기타유동자산	1,175,600,784	528,217,351	688,871,126
비유동자산	37,140,764,692	32,564,074,449	33,947,569,271
장기금융상품	510,000,000	390,000,000	270,000,000
매도가능금융자산	169,241,783	125,406,802	126,527,152
이연법인세자산	2,432,951,042	1,111,515,870	
종속기업및관계기업투자	2,382,969,468	3,715,909,712	6,800,068,121
투자부동산	8,287,121,855	10,483,003,429	9,264,118,248
유형자산	14,861,056,859	11,376,047,367	11,017,913,481
무형자산	7,306,201,565	1,932,658,210	1,454,367,769
기타금융자산	1,191,222,120	3,429,533,059	5,014,574,500
자산총계	78,999,298,510	65,554,569,198	62,994,821,621

재무상태표를 보자. 22기와 23기를 봤을 때 자산총계는 655억 원에서 789억 원으로 증가했다. 유동자산, 비유동자산이 각각 약 90억 원, 45억 원 증가했음을 알 수 있다.

부채			
유동부채	24,234,063,079	17,151,074,698	20,698,817,036
매입채무및기타채무	10,965,950,295	5,827,277,050	4,887,997,713
단기차입금	12,290,000,000	9,517,246,352	15,203,760,000
당기법인세부채	207,100,029	1,301,015,030	
기타금융부채	746,271,896	432,611,448	601,124,945
기타유동부채	24,740,859	72,924,818	5,934,378
비유동부채	109,321,194	115,321,194	281,363,192
매입채무및기타채무	9,321,194	15,321,194	181,363,192
기타금융부채	100,000,000	100,000,000	100,000,000
부채총계	24,343,384,273	17,266,395,892	20,980,180,228
자본			
납입자본	6,027,767,500	6,027,767,500	6,027,767,500
자본금	6,027,767,500	6,027,767,500	6,027,767,500
기타불입자본	34,563,300,201	34,705,753,877	34,734,108,005
이익잉여금(결손금)	14,030,655,250	7,554,651,929	1,256,010,538
기타자본구성요소	34,191,286		(3,244,650)
자본총계	54,655,914,237	48,288,173,306	42,014,641,393
자본과부채총계	78,999,298,510	65,554,569,198	62,994,821,621

세부적으로는 부채 약 70억 원, 자본 약 65억 원이 증가했다. 특히 현금
및현금성자산이 증가했으며, 매출채권 및 재고자산은 줄어들었다. 재고자
산이 매출로 연결되고, 매출채권의 회수가 이루어지면서 현금및현금성자
산이 늘어났음을 알 수 있다. 이 밖에 유형자산과 무형자산 투자 또는 재평
가로 인해 가치가 늘어났다.

부채 부문에서는 매입채무, 단기차입금이 늘어났으며, 비유동부채의 변
화는 거의 없다. 자본 부문에서는 이익잉여금이 22기 대비해서 100% 가까
이 증가해 자본이 늘어나는 데 기여했음을 알 수 있다.

손익계산서

손익계산서는 일정기간 동안 발생한 수익과 비용을 기록해 당해 기간 동안 얼마나 손익을 보았는지 경영성과를 보여주는 지표다. 손익계산서는 다음의 항목으로 구성된다.

손익계산서의 종류

매출액	기업의 주요 영업활동 또는 경상활동으로부터 얻은 수익
매출원가	기업의 영업활동에서 매출액을 올리는 데 필요한 비용
매출총이익	매출액에서 매출원가를 차감한 금액
판매비와 관리비	기업의 판매와 관리, 유지에서 발생하는 비용. 판관비
영업이익	매출액에서 매출원가와 판관비를 빼고 얻은 이익. 순수하게 영업을 통해 얻은 이익
영업외수익	이자수익, 배당금수익, 임대료, 단기투자자산처분이익, 외환차익, 지분법이익, 유형자산처분이익, 사채상환이익 등
영업외비용	사채이자, 지급이자, 할인료, 연구개발비 상각, 창업비 상각, 유가증권 처분손실, 유가증권 평가손실, 투자자산 평가손실, 매출할인, 외환차손 등
특별손익	영업외비용과 영업외이익 중 특별하게 액수가 많다거나 갑자기 발생한 손익
기타수익	본원적인 영업활동에서 생긴 수익이 아니거나 금액이 낮아 일괄해서 하나의 항목으로 표시하는 수익
금융수익	채권이나 예적금 또는 기타 이자, 배당소득
금융비용	채권이나 예적금 또는 기타 이자비용
계속영업이익	계속적인 사업활동과 그와 관련된 부수적인 활동에서 발생하는 손익
중단영업이익	회사가 일부 사업 또는 영업을 중단하는 경우 중단된 사업으로 인한 손익
당기순이익	법인세를 차감한 당기에 벌어들인 순이익

매출액은 상품 등의 판매 또는 용역의 제공으로 실현된 금액을 말한다. 매출원가는 매출액에 대응하는 상품 및 제품 등의 매입원가 또는 제조원가를 말하며, 영업비용의 대부분을 차지한다.

판매비와 관리비(판관비)는 급여와 복리후생비, 임차료, 접대비, 감가상각비, 광고선전비 등이 포함된다. 또한 외상매출금, 받을 어음, 미수금 등 회수가 불가능한 채권을 비용으로 처리하는 대손상각비와 인원감축, 부서통폐합 등 기업구조조정 결과도 반영한다.

특별손익은 갑자기 홍수가 나서 공장이 물에 잠겨서 손실을 봤다거나, 회사 소유의 부동산을 매각해서 갑자기 돈이 들어오는 경우, 즉 정상적인 기업활동과 무관하게 발생하는 수익을 말한다.

계속영업이익은 중단사업손익에 해당하지 않는 모든 손익을 말한다. 중단영업이익은 폐업, 축소, 매각 등을 했을 경우 중단된 사업으로 인한 손익을 말한다.

한마디로 손익계산서는 회계기간 동안의 경영성과를 나타낼 뿐만 아니라 기업의 미래 현금흐름과 수익창출능력 등을 예측할 수 있는 유용한 정보가 되며 기업의 가치평가를 할 수 있다.

Check Point

✓ 매출액-매출원가=매출총이익

✓ 매출총이익-판관비=영업이익

✓ 영업이익+금융수익-금융비용+종속기업투자처분이익+기타영업외수익-기타영업외비용=법인세비용차감전순이익

✓ 법인세비용차감전순이익-법인세비용=계속영업이익

✔ 계속영업이익 – 중단영업이익 = 당기순이익

✔ 당기순이익 – 비지배지분 + 기타포괄손익(매도가능증권평가손익, 해외사업환산손익, 현

금흐름위험회피 파생상품평가손익, 재평가잉여금) = 총포괄손익

손익계산서 읽기

포괄손익계산서

제23기 2016.01.01 부터 2016.12.31 까지
제22기 2015.01.01 부터 2015.12.31 까지
제21기 2014.01.01 부터 2014.12.31 까지

(단위: 원)

	제23기	제22기	제21기
매출액	47,591,730,670	53,246,868,313	34,484,982,913
매출원가	25,107,418,597	30,012,236,790	20,123,195,941
매출총이익	22,484,312,073	23,234,631,523	14,361,786,972
판매비	7,615,930,445	7,390,541,909	4,250,625,225
관리비	3,695,883,194	3,193,094,725	5,176,532,432
연구개발비	2,337,760,774	2,248,153,089	1,883,854,707
영업이익(손실)	8,834,737,660	10,402,841,800	3,050,774,608
금융수익	414,361,212	911,885,491	1,242,057,904
금융원가	244,668,663	455,044,442	516,272,696
종속기업및관계기업투자처분이익(손실)			294,000
종속기업및관계기업투자손상차손	1,332,940,244	7,490,170,689	3,036,003,437
기타영업외수익	1,796,359,651	6,211,527,023	2,277,290,619
기타영업외비용	3,551,898,171	3,120,644,703	780,333,485
법인세비용차감전순이익(손실)	5,915,951,445	6,460,394,480	2,237,777,513
법인세비용	(560,051,876)	161,753,089	148,439,033
계속영업이익(손실)	6,476,003,321	6,298,641,391	2,089,338,480
중단영업이익(손실)			
당기순이익(손실)	6,476,003,321	6,298,641,391	2,089,338,480
기타포괄손익	34,191,286	3,244,650	(1,229,068)
후속적으로당기손익으로 재분류될 수 있는 항목	34,191,286	3,244,650	(1,229,068)
매도가능금융자산평가손익	34,191,286	3,244,650	(1,229,068)
총포괄손익	6,510,194,607	6,301,886,041	2,088,109,412

손익계산서를 살펴보자. 22기와 23기를 봤을 때 매출액은 532억 원에서 475억 원으로 줄어들었다. 줄어든 요인에 대해서는 주석 또는 주식 담당

자를 통해 원인을 분석해야 한다.

매출액은 줄어들었음에도 불구하고, 판관비는 전기 대비 약 8억 원이 증가했다. 이는 인건비, 마케팅비, 감가상각비 증가 등 공격적인 예산 집행과 물가 상승으로 인한 증가가 주요 원인으로 보인다.

영업이익은 전기 대비 16억 원이 감소했다. 기타영업외수익은 62억 원에서 18억 원이 감소했다. 기타영업외수익 부분도 주석 또는 주식 담당자를 통해 원인을 분석해야 한다.

당기순이익은 오히려 약 2억 원이 증가했다. 법인세 비용 부분에서 환급받은 것이 당기순이익을 증가시킨 요인으로 보인다.

현금흐름표

현금흐름표는 기업 회계를 보고할 때 사용한다. 일정기간 기업의 현금 변동 사항에 대해서 확인할 수 있다. 현금이 어떻게 조달되고 사용되는지 볼 수 있고, 유입과 유출을 표시함으로써 향후 발생할 기업자금의 과부족현상을 미리 파악할 수 있다.

현금흐름표는 기업의 재무적 안정성과 유동성을 보는 데 매우 중요한 지표다. 현금흐름은 영업활동을 통한 현금흐름, 투자활동을 통한 현금흐름, 재무활동을 통한 현금흐름으로 나눌 수 있다. 현금흐름을 보는 데 영업활동 현금흐름은 플러스(+), 투자활동 현금흐름은 마이너스(-), 재무활동 현금흐름은 마이너스(-)가 좋다.

영업활동 현금흐름

영업으로부터 창출된 현금흐름, 이자수취, 배당금수취, 이자지급, 법인세 납부 등이 있다. 영업활동 현금흐름은 현금창출력을 판단할 때, 영업이익보다 영업현금흐름이 더 유용하다. 일반적으로 시장예측을 잘못해 재고자산이 늘어나거나 결제조건이 악화되어서 매출채권이 증가하는 등 운전자금 부담이 늘어날 경우 영업활동 현금흐름의 마이너스 요인이 된다.

영업활동의 현금흐름 표시에는 직접법과 간접법이 있다. 직접법은 현금유입액을 원천별로 직접 표시하고, 현금유출액도 용도별로 직접 표시한다. 반면 간접법은 손익계산서의 당기순이익 항목에서 시작해서 실제 현금의 유입과 유출을 가감하는 방식으로 쓰인다. 많은 기업들이 간접법을 채택하고 있다.

투자활동 현금흐름

종속기업의 처분으로 인한 순증감, 단기예금의 순증감, 단기대여금의 감소/증가, 장기대여금의 감소/증가, 유형자산의 처분/취득, 무형자산의 처분/취득, 종속기업 투자주식의 증가, 매도가능금융자산의 처분, 관계기업 투자 주식의 처분, 임차보증금의 감소/증가 등이 있다.

대표적인 투자활동으로는 공장 신설, 기계장치 구입 등이 있다. 또한 금융상품이나 주식에 투자하는 활동도 포함된다. 통상적으로 기업은 미래의 성장을 위해 투자하기 때문에 투자활동의 현금흐름은 일반적으로 음수값을 가진다. 따라서 음수값을 가지면 투자가 활발히 이루어지는 것이고, 양수값을 가지면 더 이상의 성장이 어려운 것으로 보고 투자한 자산을 처분한다.

사업초기 기업은 투자활동에 적극적이기 때문에 음수값이고 액수도 크다. 성장기업의 경우 여전히 미래의 더 큰 수익을 위해 투자활동을 하므로 음수값을 가진다. 성숙단계에 들어서게 되면 투자를 확대하고, 수익이 증가하지 않기 때문에 투자활동이 줄어든다. 마지막으로 쇠퇴기업은 투자활동을 멈추고 투자자산을 처분하기 시작하기 때문에 양수값을 보인다.

재무활동 현금흐름

단기차입금 증가/상환, 신주인수권부사채 상환, 장기차입금 증가/상환, 주식매수선택권행사, 임대보증금 감소/증가, 자기주식의 처분, 배당금의 지급 등이 있다.

재무활동을 사업을 위한 자금조달, 혹은 사업의 결과로 창출한 수익을 배분하는 활동, 자금조달 액수가 자금배분 액수보다 큰 경우 재무활동 현금흐름은 양수값을 가지게 된다. 양수값일 경우는 자금이 지속적으로 필요한 기업이고, 음수값일 경우 필요하지 않은 기업이다.

통상적으로 기업은 미래의 성장을 위해 투자하는 속성이 있다. 투자에 필요한 자금 수요가 존재한다. 그런데 투자에 필요한 자금은 영업활동으로부터 조달할 수 있고, 외부로부터 목돈을 한꺼번에 조달할 수 있다. 이때 영업활동으로 인한 현금유입액보다 일시적으로 투자에 소요될 자금이 더 크다면 외부로부터 자금을 조달하게 되고 영업활동 현금액이 투자에 소요될 자금보다 크다면 주로 부채상환에 사용하게 된다.

산업의 성장단계에서 도입기에는 주로 자금을 조달해야 하므로 재무활동 현금흐름이 양수값을 가진다. 성장기 단계 역시 사업자금이 필요하므로 양수값을 가진다. 두 성장단계의 영업활동 현금유입액보다 투자활동 현금유출액이 크기 때문에 재무활동 현금흐름이 양수값을 가진다.

　반면 기업이 성장단계를 지나 성숙기에 접어들며 사업을 확장할 분야가 줄어들면서 자연스럽게 사업의 결과를 주주나 채권자에게 환원하게 된다. 이에 따라 재무활동 현금흐름이 음수값을 가진다. 쇠퇴기 기업의 경우 역시 재무활동 현금흐름은 음수값을 가진다. 성숙기와 쇠퇴기의 기업인 경우 공통적으로 영업활동 현금유입액이 투자활동 현금유출액보다 크기 때문에 재무활동 현금흐름이 음수값을 가진다.

Check Point

✓ 영업활동 현금흐름 +, 투자활동 현금흐름 −, 재무활동 현금흐름 → 매우 좋음

　우량기업(영업 +, 투자 −, 재무 −)

　성장기업(영업 +, 투자 −, 재무 +)

　재활노력기업(영업 −, 투자 −, 재무 +)

　위험기업(영업 −, 투자 +, 재무 +)

현금흐름표 읽기

제23기   2016.01.01 부터 2016.12.31 까지
제22기   2015.01.01 부터 2015.12.31 까지
제21기   2014.01.01 부터 2014.12.31 까지

(단위: 원)

	제23기	제22기	제21기
영업활동현금흐름	16,822,899,198	(465,534,936)	
영업활동에서 창출된 현금흐름	18,899,228,705	(657,945,469)	4,067,736,011
이자수취	75,440,936	361,718,566	408,052,868
이자지급	(286,828,451)	(494,234,288)	(505,197,364)
법인세납부(환급)	(1,864,941,992)	324,926,255	(3,375,612,009)
투자활동현금흐름	(8,541,587,132)	(2,322,104,841)	417,600,511
단기금융상품의 처분			3,084,417,920
매도가능금융자산의 처분		1,172,026	1,000,000
단기대여금의 회수	68,800,000	150,450,000	76,900,000
장기대여금의 회수	10,400,000	3,255,377,986	941,866,762
종속기업및관계기업 투자주식의 처분			294,000
유형자산의 처분	17,909,091		900,000
무형자산의 처분			120,000,000
임대보증금의 증가			100,000,000
장기보증금의 감소	60,000,000	39,100,000	
단기금융상품의 취득	(2,466,240,000)		
장기금융상품의 취득	(120,000,000)	(120,000,000)	(120,000,000)
매도가능금융자산의 취득			
단기대여금의 증가		(18,000,000)	(110,362,020)
장기대여금의 증가	(1,970,000,000)	(3,427,000,000)	(2,885,600,000)
투자부동산의 취득		(62,692,827)	
유형자산의 취득	(2,118,561,410)	(321,611,319)	(302,826,941)
무형자산의 취득	(1,788,597,193)	(1,326,200,707)	(152,494,710)
장기보증금의 증가	(145,297,620)	(482,700,000)	(336,494,500)
임대보증금의 감소	(90,000,000)	(10,000,000)	

영업활동 현금흐름을 보자. -4억 6천만 원에서 168억 원으로 증가했다. 증가한 주요 원인은 영업활동에서 창출된 현금흐름이 대부분이다. 재고자산 감소 및 매출채권 감소로 인한 현금 유입이 주원인으로 보인다.

투자활동 현금흐름은 85억 원으로 전기 대비 62억 원 증가했다. 단기금

재무활동현금흐름	4,339,922,578	(5,406,302,465)	2,251,038,896
단기차입금의 증가	4,790,000,000		1,709,960,000
정부보조금의 수취	1,583,442,000	425,814,000	545,000,000
단기차입금의 상환	(2,017,246,352)	(1,311,437,659)	
장기차입금의 상환		(4,500,000,000)	
정부보조금의 상환	(16,273,070)	(20,678,806)	(3,921,104)
환율변동효과 반영 전 현금및현금성자산의 순증가(감소)	12,621,234,644	(8,193,942,242)	3,263,618,913
현급및현금성자산에 대한 환율변동효과	502,451,778	13,681,529	18,215,612
합병으로 인한 현금의 증가(감소)	46,606,853		
현금및현금성자산의 순증가(감소)	13,170,293,275	(8,180,260,713)	3,281,834,525
기초현금및현금성자산	4,689,304,753	12,869,565,466	9,587,730,941
기말현금및현금성자산	17,859,598,028	4,689,304,753	12,869,565,466

융상품 투자로 인한 취득 및 유형자산 투자증가 폭이 크다. 건물, 기계설비에 투자했을 가능성이 높으며, 유동성이 있는 단기금융상품을 취득한 것으로 판단된다.

　재무활동 현금흐름은 43억 원으로 증가했고, 차입금이 증가했다. 정부에서 보조금을 수취했음을 판단할 수 있다. 그리고 환율 변동으로 인해 외화자산 가치가 증가했다.

자본변동표

자본변동표는 기업의 자본금 변동 내역을 표시한 것으로, 구체적으로 자본금, 자본잉여금, 자본조정, 기타포괄손익누계액, 이익잉여금의 변동을 알 수 있는 재무제표다. 자본금 계정은 회사의 본질을 알 수 있는 중요한 계정으로, 자본변동표를 통해 보이지 않는 수익과 손실을 조금 더 용이하게 파악할 수 있다.

자본금 기업주가 설립하기 위한 사업의 초기자본을 말하며, 주식회사의 경우에는 출자자의 유한책임 원칙에 따르고 재산적인 기초를 확보하기 위해 기준이 되는 금액을 정한다. 상법에서는 회사의 자본은 발행주식의 액면총액으로 하고 있다. 자본금은 신주발행, 법정준비금의 자본으로 전입, 주식배당, 전환사채의 전환 등에 의해 증가하고 주식의 소각이나 병합 등으로 인한 주식수의 감소 등에 의해 줄어들기도 한다.

자본잉여금 주식발행 시의 액면초과한 금액, 자본감소의 경우 감소액이 반환액을 초과한 금액, 회사합병의 경우 소멸된 회사의 순자산액, 재평가적립금, 자본적 지출에 충당한 국고보조금 및 공사부담금, 보험차익, 자기주식처분이익을 말한다. 자본잉여금은 배당의 재원이 될 수 없으며 자본전입 및 결손금의 보전 이외의 목적으로 사용될 수 없다.

이익잉여금 기업의 영업활동으로 발생한 잉여금을 말한다. 기업이 한 해 동안 영업활동을 통해 창출한 일부 이익을 기업 내에 유보하게 되는데 이를 유보하는 장소가 이익잉여금이다. 이익잉여금이 많다는 것은 기업 내부에 자금을 유보했다는 것이며, 이익잉여금의 증가는 자산의 증가와 함께 선순환을 반복하게 되어 기업을 성장시킨다.

자본조정 당해 항목의 성격상 주주와의 거래(자본거래)에 해당하나 납입자본으로 처리되지 않는 임시적인 자본항목이다. 자본조정의 종류로는 주식선택권, 출자전환채무, 감자차손, 자기주식처분손실 등이 해당되며 이러한 자본조정은 재무상태표에는 기타자본구성요소로 기재하고 세부항목은 주석으로 표시한다.

회사는 당기순이익이 많이 나와서 이익잉여금이 많아질수록 좋은 기업이다. 당기순이익을 늘리려면 매출도 늘릴 것이고 매출원가나 판관비를 줄여서 영업이익을 많이 내는 구조로 가야 한다. 자본잉여금(유상증자·감자차익)이 많은 기업은 조심해야 한다. 또한 자산재평가를 통해 자기자본을 뻥튀기하는 기업도 있으니 조심해야 한다.

자본변동표 읽기

자본변동표

제23기 2016.01.01 부터 2016.12.31 까지
제22기 2015.01.01 부터 2015.12.31 까지
제21기 2014.01.01 부터 2014.12.31 까지

(단위: 원)

			자본				
			자본금	기타불입자본	이익잉여금(결손금)	기타자본구성요소	자본 합계
2014.01.01(기초자본)			6,027,767,500	34,734,108,005	(833,327,942)	(2,015,582)	39,926,531,981
자본의 변동	포괄손익	총포괄손익			2,089,338,480	(1,229,068)	2,088,109,412
		당기순이익(손실)			2,089,338,480		2,089,338,480
		매도가능금융자산의 평가에 따른 증가(감소)				(1,229,068)	(1,229,068)
	자본에 직접 반영된 소유주와의 거래 등	합병에 따른 자본의 증감					
2014.12.31(기말자본)			6,027,767,500	34,734,108,005	1,256,010,538	(3,244,650)	42,014,641,393
2015.01.01(기초자본)			6,027,767,500	34,734,108,005	1,256,010,538	(3,244,650)	42,014,641,393
자본의 변동	포괄손익	총포괄손익			6,298,641,391	3,244,650	6,301,886,041
		당기순이익(손실)			6,298,641,391		6,298,641,391
		매도가능금융자산의 평가에 따른 증가(감소)				3,244,650	3,244,650
	자본에 직접 반영된 소유주와의 거래 등	합병에 따른 자본의 증감		(28,354,128)			(28,354,128)
2015.12.31(기말자본)			6,027,767,500	34,705,753,877	7,554,651,929	0	48,288,173,306
2016.01.01(기초자본)			6,027,767,500	34,705,753,877	7,554,651,929	0	48,288,173,306
자본의 변동	포괄손익	총포괄손익			6,476,003,321	34,191,286	6,510,194,607
		당기순이익(손실)			6,476,003,321	0	6,476,003,321
		매도가능금융자산의 평가에 따른 증가(감소)				34,191,286	34,191,286
	자본에 직접 반영된 소유주와의 거래 등	합병에 따른 자본의 증감		(142,453,676)			(142,453,676)
2016.12.31(기말자본)			6,027,767,500	34,563,300,201	14,030,655,250	34,191,286	54,655,914,237

2014년 기초자본합계 420억 원에서 2016년 12월 기말자본합계는 546억 원으로 증가했다. 이를 보면 자본금은 변화가 없으며, 당기순이익 증가로 인해 이익잉여금이 증가한 부분이 자본합계의 증가로 이루어졌다.

가치평가
특정 자산 혹은 기업의 현재 가치를 평가

사람의 가치평가는 연봉을 보는 경우가 많다. 연봉을 결정하는 요소에는 실적, 연구 및 프로젝트 완성 등 명시적으로 보이는 부분과 성실성, 인성, 자질 등을 평가해 연봉이 결정된다. 직장인들은 자신의 가치를 올리기 위해서 많은 노력을 한다. 자기계발을 통해 자격증을 취득한다거나 전문지식 및 실무를 쌓는 등 연봉을 올리기 위해 열심히 달린다.

기업의 가치를 평가할 때는 기업의 자산 및 수익을 통해 기업의 적정주가를 판단한다. 기업의 가치를 평가하는 지표들을 분석해서 현재 회사의 주가가 저평가인지 고평가인지 확인하고, 적정주가를 산출해 기업의 주식을 매수할지 매도할지 판단하는 데 가치평가(Valuation) 분석을 이용한다.

여기에서 앞서 공부했던 재무제표를 통해 회사 가치를 평가하는 방법을 배워보자. 과거의 재무제표를 통해 현재 시장가격과 밸류에이션을 확인하고 미래수익 추정을 통해 미래주가를 예측할 수 있는 눈을 키울 수 있을 것이다.

이번 챕터에서는 PER, PBR, EV/EBITDA 지표를 가지고 가치평가하는 방법에 대해서 배워보도록 하겠다.

PER(주가수익비율)

PER은 Price Earning Ratio의 줄임말로, 수익과 주가를 통해 가치를 평가하는 방법이다. 손익계산서에서 나오는 당기순이익을 발행주식수로 나누어 주당순이익(EPS)을 구하고 이를 주가에 나누면 PER를 구할 수 있다 (PER=주가/주당순이익). PER은 '배(Multiple)'로 이야기한다.

예를 들어보자. ABC기업은 IT제조업을 영위하고 있다. 2018년 이 회사는 업황이 좋아 한 해 100억 원의 당기순이익을 실현했다. 현재 이 회사의 발행주식수는 1천만 주이고, 현재 주가는 1만 원에서 거래되고 있다. 현재 시점으로 이 회사의 주가수익비율은 얼마일까?

우선 주당순이익을 먼저 계산한다.

$$주당순이익=100억\ 원/1,000만\ 주=1,000원$$

이후 주가를 주당순이익으로 나누면 주가수익비율을 구할 수 있다.

$$PER=10,000원/1,000원=10배$$

따라서 이 회사의 주가수익비율은 10이다. 다음 단계로 ABC기업의 주가수익비율 10배가 저평가인지 고평가인지 판단해보자.

주가수익비율 분석

현재 주가의 저평가/고평가 분석은 3가지 방법으로 비교해볼 수 있다.

① **시장 PER** 시장 PER은 코스피지수, 코스닥지수 PER을 일컫는다. 보통 코스피지수를 비교대상으로 시장 대비 해당 종목의 PER이 저평가인 지 고평가인지를 판단한다.

② **업종 PER** 업종 PER은 업종의 평균치 대비 해당 종목과 비교하는 것이 다. 예를 들어 IT제조업이라 하면 IT제조업 업종 PER 대비 해당 종목 의 PER이 저평가인지 고평가인지를 판단한다.

③ **과거 PER** 과거 3년치 PER에 대해 평균치 PER을 구해, 현재 PER 대비 저평가인지 고평가인지를 판단하는 것이다.

ABC기업 정보를 통해 PER을 분석해보자.

ABC기업 정보

발행주식수	현재 주가	당기 순이익	PER (2014)	PER (2015)	PER (2016)	산업 PER	현재 PER
1,000만 주	1만 원	100억 원	14	18	13	20	10

시장 PER=12배, ***기업 PER=10배

업종 PER=20배, ***기업 PER=10배

과거 PER=14+18+13/3=15배, ***기업 PER=10배

현재 ABC기업은 시장·업종·과거 PER 대비 저평가되어 있다. 이는 주가가 올라갈 수 있는 가능성이 높다고 볼 수 있다. 시장 대비해서는 20%, 업종 대비해서는 2배, 과거 대비해서는 50%가 올라갈 수 있는 것이다.

이 기업은 업종과 과거 PER을 보고 추정하는 것이 바람직하다. 현재 IT 제조업 업종이 호황기와 성장성이 부각되면서 더 높은 프리미엄을 부여받아 시장 대비 60% 이상 높게 PER을 부여받으면서 시장의 주도주로 부각을 받고 있다고 볼 수 있다. 또한 이 회사는 과거에 PER을 높게 받았던 이력들이 있었기 때문에 과거의 PER이 동등한 위치를 부여받기 위해서는 평균 대비 50% 정도의 업사이드의 여력이 남았다고 판단할 수 있는 것이다.

그렇기 때문에 다른 변수들이 있지만 단순 PER을 보았을 때 현재 주가는 싸게 거래되고 있다고 판단한다.

(F)PER와=(E)PER

위 3가지 방법 이외에 적정주가를 추정하는 중요한 예측방법 중에 회사는 미래의 수익 예측을 통해 미래수익을 반영했을 때 현재 주가가 저평가인지 고평가인지를 판단할 수 있다. 이것을 Forward PER 또는 Expected PER이라고 하며, (F)PER, (E)PER로 줄여서 기입한다. 예를 들어보겠다.

10월 1일 ABC기업은 3분기까지 누적 당기순이익 100억 원을 기록하고 있다. 이 회사가 최근 대기업에서 200억 원의 수주를 받으면서 4분기 실적이 증가했다. 4분기까지 누적 당기순이익 200억 원을 넘을 것으로 예측하고 있다. 현재 주가는 1만 원에서 거래되고 있으며, 전체 발행주식수는 1천만 주다. ABC기업의 업종 PER은 20배이며, 3년치 평균 과거 PER은 15배다.

2017년 당기순이익을 200억 원으로 추정했을 때, 현재 주가가 1만 원이라면 주가의 상승률은 어느 정도 남아 있을까?

3분기까지 당기순이익 100억 원으로 공시가 되어 있고, 10월 1일 기준 주가는 1만 원이다. 그렇다면 3분기까지 PER을 구할 수 있다.

주당순이익(EPS)=당기순이익/발행주식수=100억 원/1,000만 주=1,000원

주가수익비율(PER)=주가/주당순이익=10,000원/1,000원=10배

이를 봤을 때 3분기 실적까지도 주가는 싸게 거래되고 있다.

4분기 당기순이익=100억 원, 2017년 당기순이익=

100억 원(3분기 누적)+100억 원=200억 원

주당순이익(EPS)=당기순이익/발행주식수=200억 원/1,000만 주=2,000원

주가수익비율(PER)=주가/주당순이익=10,000원/2,000원=5배

이는 2017년 당기순이익 추정치로 ABC기업은 5배 수준에서 거래되고 있다. 즉 매우 저평가 메리트가 있다고 볼 수 있다. 과거 PER 대비했을 때 3배 이상 올라갈 수 있는 여지가 있는 것이다. 실적이 증가함으로 회사의 가치는 증가하는 것인데 현재 주가가 2017년 실적 대비 5배에서 거래되고 있는 것은 ABC기업의 매수 매력도가 부각되고 있는 것이다.

실제 사례 분석하기

실제 사례를 바탕으로 가치평가를 해보자. 이때 다른 변수를 제외하고 PER로만 가치평가를 한다는 점에 유의하길 바란다.

			PER ?	12M PER ?	업종 PER ?	PBR ?	배당수익률 ?
KOSDAQ 코스닥 IT S/W & SVC	FICS 일반 소프트웨어	12월 결산	18.76	8.21	61.83	2.13	-%

시세현황 [2017/12/28]   단위 : 원, 주, %

종가/ 전일대비		10,100/ -50	거래량		231,232
52주.최고가/ 최저가		11,450/ 8,540	거래대금	(억원)	24
수익률 (1M/ 3M/ 6M/ 1Y)		-1.94/ +7.45/ +16.09/ +12.22	외국인 보유비중		33.34
시가총액	(억원)	1,218	베타		0.76794
발행주식수 (보통주/ 우선주)		12,055,535/ 0	액면가		500

업종 비교 [연결]   단위 : 억원, 배, %   연결   별도

구분		코스닥 IT S/W & S	KOSDAQ
시가총액		1,218	254,403	2,797,364
매출액		513	120,673	1,725,579
영업이익		79	9,264	91,481
EPS (원)		538	1,536.91	1,622.22
PER ?		16.72	55.71	43.86
EV/EBITDA ?		11.31	18.04	14.34
ROE		12.56	3.46	4.44
배당수익률			0.54	0.64
베타 (1년)		1.23	0.97	1.00

EPS   **PER**   EV/EBITDA   ROE   배당수익률

코스닥 IT S/W & SVC   코스닥
■ '15   ■ '16   ■ '17E

IFRS(연결)	Annual			
	2014/12	2015/12	2016/12	2017/12(E) ?
매출액	389	584	513	1,137
영업이익	13	88	79	98
당기순이익	15	44	65	73
PER ?	37.58	37.21	16.72	16.60

업종: 코스닥 IT S/W & SVC, 일반 소프트웨어

업종 PER=61.83배

코스닥 PER=43.86배

과거 PER=(37.58+37.21+16.72)/3=30.50배

2017년 추정치 대비 현재 PER=10,100원/605원(EPS)=16.70배

위 회사는 코스닥 PER, 업종 PER, 과거 PER 대비 저평가되어 있다. 코스닥이나 업종 PER이 높은 이유는 시가총액이 높은 기업들이 주가가 많이 올라가면서 지수와 업종지수가 올라갔기 때문이다. 과거 PER로 위 회사를 적정가치를 보는 것이 더 좋기 때문에 과거 PER 대비해서는 현재의 주가는 저평가되었다고 볼 수 있다.

단, 발행주식수의 변화가 없어야 한다. 만약 발행주식수가 증가하게 되면 주당순이익은 감소할 수 있기 때문이다. 유상증자 또는 전환사채의 전환 등 주식수가 변화하게 되면 주가는 하락해 상쇄될 수 있는 부분이다.

주식수가 변화했을 때 관련해서는 자금조달과 주가의 상관관계 챕터에서 자세히 알아보겠다.

Check Point ─────────────────────────────────

✓ PER은 손익계산서를 통하여 수익성 분석으로 적정가치를 구하는 것이다.

✓ 시장 PER, 업종 PER, 과거 PER을 바탕으로 기업의 현재 가격과 상대적 비교분석을 하는 것이다.

✓ 또한 미래 이익 추정치를 통해 미래 가치와 현재 가치의 괴리도를 통해서 저평가인지 고평가인지 분석을 하는 것이다.

PBR(주가순자산비율)

주가순자산비율(PBR)은 주가를 주당순자산가치(BPS)로 나눈 비율로 주가와 1주당 순자산을 비교하는 가치다. 순자산이라 함은 자본금과 자본잉여금, 이익잉여금의 합계를 말한다. 즉 주가가 순자산에 비해 1주당 몇 배로 거래되고 있는지를 측정하는 지표다. 또한 회사 청산 시 주주가 배당받을 수 있는 자산의 가치를 의미한다. 따라서 PBR은 재무적인 내용을 보고 주가를 판단하는 척도다.

PBR이 1이라면 특정시점의 주가와 기업의 1주당 순자산이 같은 경우다. 이 수치가 낮으면 낮을수록 해당 기업의 자산가치가 증시에서 저평가되어 있다고 볼 수 있다. 다시 말해 PBR이 1 미만이면 청산가치에도 못 미친다는 뜻이다.

주당순자산가치(BPS)도 알아보자. 무형자산, 사외유출금(배당금·임원상여금) 등을 제외한 것을 순자산이라고 한다. 여기에서 발행주식수를 나누면 BPS를 구할 수 있다. BPS가 크면 클수록 기업 내용이 충실하다고 볼 수 있다. 특히 금융업종에서 BPS가 투자결정의 중심지표가 되고 있다.

BPS를 증가하는 요인은 자본금, 자본잉여금, 이익잉여금이 늘어날 때다. 다시 말해 회사가 이익이 증가하고, 유상증자 또는 무상증자를 하며 순자산이 증가한다고 볼 수 있다.

BPS는 회사의 장기 성과의 추세 및 흐름을 파악할 수 있는 중요한 지표다. PBR과 BPS를 정리하면 다음과 같다.

$$BPS= 순자산/발행주식수$$

$$PBR=주가/BPS$$

예를 들어보자. ABC기업은 IT제조업회사다. 현재 회사의 자산은 총 100억 원이다. 그중 부채는 40억 원이다. 회사의 시가총액은 500억 원이며, 현재 주식은 1만 원에 거래되고 있다. 그렇다면 현재 ABC기업의 PBR은 얼마일까?

ABC기업 정보

자산	부채	시가총액	현재가
100억 원	40억 원	500억 원	10,000원

시가총액=발행주식수×주가

500억 원=발행주식수×1,000원, 발행주식수= 500만 주

자산=부채+자본(순자산)

100억 원=40억 원+자본(순자산)

순자산=60억 원(자본금·자본잉여금·이익잉여금의 합계)

주식당순자산(BPS)=순자산/발행주식수

60억 원/500만 주=1,200원

주가순자산비율=주가/BPS=10,000원/1,200원=8.3배

ABC기업의 PBR 8.3은 청산가치 대비 8배 이상에서 거래되고 있음을 뜻한다. 자산규모가 워낙 작기 때문에 PBR이 높게 나타나는 것이다.

PBR 분석하기

PBR도 PER과 유사하게 비교 분석을 한다. 시장 PBR, 업종 PBR, 과거 PBR을 바탕으로 기업의 현재 PBR에 비해 저평가인지 고평가인지 분석을 한다. 추가로 절대수치인 상수 1과 비교하는 방법도 있다. 상수 1을 쓰는 이유는 무엇일까? 1은 회사의 현재가치와 청산가치가 같다는 뜻이기 때문이다. 또한 미래수익을 바탕으로 PBR을 계산할 수도 있다.

① **과거 PBR** 과거 3년치 PER에 대해 평균치 PER을 구해, 현재 PER 대비 저평가인지 고평가인지를 판단한다.

② **PBR=1 접근법** PBR을 "1"로 설정해 저평가인지 고평가인지를 판단한다.

③ **미래수익 추정치** 미래수익(이익잉여금)이 포함되기 때문에 추정치를 통해 PBR이 고평가인지 저평가인지를 판단한다.

ABC기업은 현재 PBR 0.5배에서 거래되고 있다. 2014년, 2015년, 2016년 PBR은 각각 1배, 1.2배, 0.8배에서 거래되었다. 이 회사는 가치는 어떨까?

과거 PBR=1+1.2++0.8/3=1배, 현재 PBR=0.5배 → 저평가

PBR 1배 접근법, 현재 PBR=0.5배 → 저평가

PBR로 판단했을 때 저평가되어 있다. 미래 수익 예측을 통해 PBR을 살펴보자.

ABC기업은 자본총계가 100억 원이다. 하지만 올해 당기순이익이 증가해서 이익잉여금이 100억 원이 증가하며 200억 원이 될 것으로 추정된다. 발행주식수는 500만 주이고, 현재 주가는 1만 원이며 과거 평균 PBR은 3배에서 거래되었다. 그렇다면 PBR 추정치는 얼마일까? 현재 저평가일까, 고평가일까?

BPS=순자산/발행주식수=200억 원/500만 주=4,000원

PBR=주가/BPS=10,000원/4,000원=2.5배

PBR 추정치는 2.5배이며, 과거 평균 PBR 3배 대비 저평가되어 있다. 하지만 PBR 1 접근법에 비해서는 고평가되어 있다. 또 과거 PBR 대비 20% 상승률 여력이 남아 있다.

실제 사례 분석하기

실제 사례를 통해 PBR 분석을 해보자. 3분기 자본총계는 612억 원이다.

				PER [?]	12M PER [?]	업종 PER [?]	PBR [?]	배당수익률 [?]
KOSDAQ 코스닥 제조	FICS 전자 장비 및 기기	12월 결산		**35.83**	**8.80**	**41.64**	**1.83**	-%

시세현황 [2017/12/28]				단위 : 원, 주, %
종가/ 전일대비		13,650/ +0	거래량	119,906
52주.최고가/ 최저가		19,050/ 9,520	거래대금 (억원)	16
수익률 (1M/ 3M/ 6M/ 1Y)		-2.85/ -15.22/ -4.55/ +28.17	외국인 보유비중	3.38
시가총액 (억원)		1,083	베타	1.10013
발행주식수 (보통주/ 우선주)		7,933,333/ 0	액면가	500

IFRS(연결)	Annual			
	2014/12	2015/12	2016/12	2017/12(E) [?]
매출액	1,057	913	1,085	1,440
영업이익	88	-2	75	115
당기순이익	61	-2	29	61
지배주주순이익	61	-2	29	70
비지배주주순이익	0	0	0	
자산총계	881	1,018	1,535	1,607
부채총계	334	480	1,012	1,014
자본총계	547	538	523	594
지배주주지분	547	538	554	633
비지배주주지분	0	0	-31	-39
자본금	38	38	38	39
BPS [?] (원)	7,321	7,191	7,472	8,149
PBR [?]	1.14	1.62	1.43	1.67

① **현재 PBR(3분기)**

BPS=612억 원/7,933,333주=7,714원

PBR=13,650원/7,714원=1.77배

② **과거 평균 PBR**

1.14+1.62+1.43/3=1.40배,

③ **추정 PBR(2017년)**

BPS=594억 원/7,933,333주=7,487원

PBR=13,650원/7,487원=1.82배

과거 평균 PBR 1.40배 대비 1.82배로 거래되고 있기 때문에 고평가되어 있다. PBR=1 접근법 대비해서 높은 PBR이기 때문에 고평가되어 있다. 추정치 관련해서는 이익이영금이 줄어들면서 자본총계가 612억 원에서 594억 원으로 줄어들고, 현재 주가가 13,650원에서 거래되기 때문에 PBR 은 1.8배로 3분기 대비 고평가되어 있다.

Check Point ───────────────────────────────

✓ PBR은 재무상태표에서 순자산(자본) 항목으로 적정가치를 구하는 것이다. 수익 성이 아닌 안정성 중심을 바탕으로 계산을 한다.

✓ PBR도 PER과 마찬가지로 시장 PBR, 업종 PBR, 과거 PBR을 바탕으로 기업 의 현재 가격과 상대적 비교분석을 하는 것이다. PER은 순이익이 마이너스일 때 계산을 하기 어렵지만, PBR은 순이익이 마이너스일 때도 계산이 가능하다.

✓ 회사 청산 시 많이 활용하는 지표이기도 하다.

EV/EBITDA

마지막 가치평가 방법으로 EV/EBITDA에 대해 알아보겠다.

EV/EBITDA는 기업의 시장가치(Enterprise Value: EV)를 세전영업이익(Earnings Before Interest, Tax, Depreciation and Amortization: EBITDA)으로 나눈 값으로, 기업의 적정주가를 판단하는 데 사용된다. 만약 기업의 EV/EBITDA가 3배라고 하면 해당 기업을 현재 시장가격을 매수했을 때, 그 기업이 3년간 벌어들인 이익의 합이 투자원금과 같다는 뜻을 의미한다.

결국 투자원금을 회수하는 데 걸리는 기간을 나타내며, 이 수치가 낮다는 것은 기업의 주가가 낮으면서, 영업현금흐름이 좋다는 뜻이다.

EV와 EBITDA에 대해서 각각 알아보자. EV는 인수자가 기업에 지불해야 할 가치다. 즉 기업가치다. 시가총액에서 차입금을 더한 후 현금과 예금을 빼면 된다.

EV=시가총액+순차입금(차입금-예금-현금)

EBITDA는 이자, 세금, 감가상각비, 무형자산 상각비 차감 전 이익을 말한다. EBIT를 영업이익이라고 일컫는데, 여기서 위 4가지 항목을 차감 전으로 회귀하면 EBITDA다. 즉 위 4가지 항목을 가산한 것이 EBITDA라고 보면 된다. 영업이익은 이자와 세금을 제한 것이 아니기 때문에 감가상각비만 더해주게 된다면 EBITDA를 구할 수 있다.

영업이익 판관비 항목에 감가상각비가 포함되는데, 판관비에서 감가상각비만 따로 빼 더해주면 된다. 영업이익에서 감가상각비를 더하는 이유는 기업이 영업활동을 통해 벌어들이는 현금 창출능력을 강조하기 위해서다. 즉 수익성을 부각시키고자 EBITDA를 나타내는 것이다.

$$EBITDA=영업이익+유무형자산상각비총액$$

예를 들어보자. ABC기업의 EV가 400억 원이고 EBITDA가 200억 원이라면 그 기업의 주된 영업활동으로부터 발생하는 현금흐름이 200억 원이므로 2년이면 그 기업의 가치가 된다. 다시 말해 2년이면 같은 회사를 한 개 만들 수 있는 것이다.

더 쉽게 말하면 회사의 가치를 나타내는 단순지표라고 보면 된다. 똑같은 회사를 그 회사의 연간 수익으로 산다고 가정해볼 수 있겠다. 만일 그 수치가 'EBITDA=2'라고 가정하면 회사가 한 해 동안 벌어들이는 돈으로 자신의 회사를 사는 데 걸리는 시간은 2년이 걸린다는 뜻이다.

EV와 EBITDA 계산하기

예시를 통해 EV와 EBITDA 계산해보겠다.

상장기업인 ABC기업은 스마트폰 부품 제조업체로, 시가총액이 1천억 원이다. ABC기업은 DEF은행에 200억 원을 차입한 상태다. 그리고 예금은 100억 원을 예치하고 현금을 50억 원을 보유했다. 이 기업은 스마트폰 부품 매출 500억 원에서 각종 비용을 제외하고 200억 원의 이익이 났다. 그러나 이자비용, 법인세, 감가상각비를 공제하기 이전의 이익은 350억 원이었다.

ABC기업 정보

시가총액	차입금	예금	현금	매출액	EBITDA
1,000억 원	200억 원	100억 원	50억 원	500억 원	350억 원

ABC기업의 EV/EBITDA는 얼마일까?

EV=시가총액+순차입금(차입금-예금-현금)

   =1,000억 원+(200억 원-100억 원-50억 원)=1,050억 원

EBITDA=이자비용, 법인세, 감가상각비를 공제하기 이전의 이익= 350억 원

EV/EBITDA=3

한 해 동안 벌어들이는 돈으로 자신의 회사를 사는 데 3년이 걸린다는 뜻이다.

EV/EBITDA는 낮을수록 좋다. 회사가 현금회수를 얼마나 빨리하는지를 보는 절대적인 지표이기 때문에 상대적으로 비교하기보다는 수치가 작을수록 좋은 것을 의미한다. 다만 과거 3년 동안 EV/EBITDA를 비교해서 과거보다 얼마나 더 빨리 회수하는지에 대해 추이를 판단하도록 하자.

Check Point _____

✓ EV/EBITDA는 시장가치를 세전영업이익으로 나눈 것이다. '영업이익+감가상각비'만 더해주면 EBITDA를 구할 수 있다.

✓ 상대적 비교분석보다는 절대적인 비교분석으로 많이 사용되며 EV/EBITDA가 낮을수록 현금회수 시간이 빠르다고 해석할 수 있다.

펀더멘털
경제상태를 표현하는 가장 기초적인 자료

펀더멘털(Fundamental)은 경제에서의 '기초체력'이다. 거시적인 의미에서는 한 나라의 경제성장률, 물가상승률, 실업률, 경상수지, 부채비율 등 지표를 보고 경제상태가 어떤지 보는 것이다.

한국개발연구원에서 2018년 경제성장률은 2.8%, 물가상승률은 1.8%, 경상수지는 740억 달러 흑자 규모를 나타낼 것으로 예상하고 있다. 경제성장률, 완만한 물가상승, 경상수지 흑자가 확대됨에 따라 기초체력은 튼튼하다고 말할 수 있다. 이는 곧 펀더멘털이 좋다고 해석할 수 있다.

기업에서의 펀더멘털은 재무가 얼마나 건강하고 튼튼한지를 나타내는 용어로서 재무상태를 보여줄 수 있다. 주식시장에서 쓰이는 개별기업의 의미는 경제적 능력, 가치 잠재적 성장성을 의미한다.

예를 들어 "반도체 산업의 펀더멘털이 양호하다"는 말은 우리나라 증시를 이루는 반도체 기업들이 펀더멘털이 양호하다는 의미다. 다시 말해 반도체 업종에 포함되어 있는 주식들이 기본적으로 투자할 만한 매력, 즉 가치를 지니고 있다는 말이다.

2018년 반도체 업종은 4차산업의 성장성과 반도체 수요가 지속적으로 증가함에 따라 가격이 올라 투자할 만한 업종으로 부각받고 있다. 즉 반도체 산업의 펀더멘털은 양호할 것임을 판단할 수 있다.

펀더멘털을 판단하는 요소

그럼 펀더멘털을 판단하는 요소들에 대해서 파악해보자. 펀더멘털을 판단하는 지표는 3가지다. ① 안정성지표, ② 수익성지표, ③ 성장성지표다. 이 지표들을 통해 기업의 매력과 가치를 판단해볼 수 있다. 지표들을 간단하게 설명하면 다음과 같다.

안정성지표 부채비율, 유동비율, 이자보상비율, 고정비율, 당좌비율, 현금비율, 유보율, 매출채권회전률, 재고자산회전율 등

수익성지표 영업이익률(OPM), 자기자본이익률(ROE), 총자산수익률(ROA), 매출원가율 등

성장성지표 매출액증가율, 영업이익증가율, 순이익증가율, 총자산증가율 등

앞서 재무상태표 용어를 정리했기에 따로 용어 설명은 없이, 각각의 지표 내에 있는 항목에 대해서 설명하겠다.

안정성지표

유동비율	유동자산/유동부채×100	높을수록 좋음 (보통 200% 이상 양호)
당좌비율	유동자산-재고자산/유동부채×100	높을수록 좋음(100% 이상 양호)
부채비율	부채총계/자기자본×100	낮을수록 좋음 (업종별 상이, 보통 100% 이하 양호
이자보상비율	영업이익/이자비용	높을수록 좋음
고정비율	고정자산/자기자본×100	낮을수록 좋음 (보통 100% 이하 양호)
매출채권 회전률	매출액/ [(기초매출채권+기말매출채권)/2]	높을수록 좋음 (보통 6배 이상 양호, 2배 이하 불량)
매출채권 회전기간	365/매출채권회전율	낮을수록 좋음
재고자산 회전률	매출액/ [(기초재고액+기말재고액)/2]	높을수록 좋음

※ 이자보상비율은 1배 이상이여야 되며 5배 이상이면 이자지급이 충분하다.
※ 매출채권회전율에서 매출액 증가율보다 매출채권이 증가율이 훨씬 크다면 분식회계 가능성이 있다.
※ 재고자산회전율은 높을수록 자본수익률이 높아지고, 매입채무, 재고손실 감소 및 보험료가 절약된다.

수익성지표

ROE	당기순이익/자기자본	높을수록 좋음(20% 이상 양호)
ROA	당기순이익/총자산×100	높을수록 좋음(15% 이상 양호)
매출액순이익률	순이익/매출액×100	높을수록 좋음
매출원가율	매출원가/매출액×100	낮을수록 좋음
영업이익률	영업이익/매출액×100	높을수록 좋음(20% 이상 양호)

※ 매출원가율은 공장의 신예화, 생산공정의 간략화, 설비갱신 등으로 매출원가를 내려 수익성을 높일 수 있다.

성장성지표

매출액증가율	당기매출액/전기매출액×100	높을수록 좋음
영업이익증가율	당기영업이익/전기영업이익×100	높을수록 좋음
순이익증가율	당기순이익/전기순이익×100	높을수록 좋음
총자산증가율	당기말 총자산/전기말 총자산×100	높을수록 좋음

※ 매출액증가율에서 결산기말의 매출액의 급증은 분식 가능성이 있으니 주의해야 한다.
※ 영업이익증가율은 원가비중과 밀접히 연관되어 있다.
※ 순이익증가율은 특별이벤트 또는 일회성 이벤트로 인해 변화가 나타날 수 있다.
※ 총자산증가율은 부채의 증가 유무 파악이 필요하다. 부채가 많이 증가하면 좋지 않다.

안정성지표 더 알아보기

안정성지표는 레버리지비율과 유동성비율, 2가지로 나눌 수 있다. 먼저 레버리지비율을 알아보자. 부채비율, 이자보상비율, 고정비율이 있다.

　부채비율은 수익성지표에서 보았던 자기자본 대비 부채의 비율로 레버리지를 확인할 수 있다. 부채, 자본 대비 부채가 얼마나 있는가의 여부인데, 경제상황에서의 적절한 수준의 부채는 수익을 낼 수 있는 좋은 효과를 볼 수 있다. 이를 레버리지 효과라고 하는데 여기서 중요한 것은 적정성이다. 가치투자의 대가였던 워런 버핏은 부채비율이 80% 이하인 기업이 장기적으로 우위에 있을 기업으로 평가했다.

　이자보상비율은 기업의 영업활동으로 벌어들인 수익의 부채의 이자비용을 감당할 수 있는지 볼 수 있는 지표다. 만약 이자보상비율이 1이라면 이자 갚는 데 모두 사용했다고 볼 수 있다. 이 비율은 5배를 적정성으로 보고 있다. 즉 이자에 나가는 비용보다 영업이익이 500% 정도 높게 나타나야 적정한 것이다. 세부적으로 현금흐름과 함께 비교해야 한다. 회계상 영업이익에서 감가상각과 같은 직접적인 현금유출이 없는 것도 잡히기 때문이다.

고정비율은 비유동자산이 1년 이상 묶여 있는 자산을 칭하는데, 즉시 현금화가 어려운 자산들을 통칭해서 말한다. 이는 자본금이 비유동자산에 얼마나 묶여 있는지를 파악할 수 있다. 수치가 100%를 상회한다면 아무래도 묶인 돈이 많아서 위험관리가 어려워질 수도 있기 때문에 안정성 지표로 묶인다. 다만 기간설비나 대규모 투자자금이 투입되는 사업체의 경우에는 자기자본만으로 기업의 운영이 어렵기 때문에 부채비율도 함께 봐야 한다.

유동성비율은 유동비율, 당좌비율, 현금비율이 있다. 유동비율은 비유동자산과 달리 유동자산은 1년 이내 현금화할 수 있는 자산들로서 단기부채지급 능력을 파악하는 데 중요하다.

당좌비율은 유동비율과 함께 파악해야 할 지표다. 당좌자산이란 쉽게 말해 바로 현금화할 수 있는 자산이다. 유동자산과 다른 점은 따로 팔거나 내놓을 필요 없이 지니고 있는 현금 정도로 파악한다. 단기 부채상환 능력을 볼 때 유동비율과 함께 점검한다.

현금비율은 현금의 환급성을 체크하는 지표다. 현금비율이 뛰어난 기업이라면 안정성 측면에서 매우 우수하다. 다만 쌓아둔 돈으로 재투자가 이루어지지 않는다면, 성장성의 측면에서 고려해야 할 것이다.

(당좌자산-매출채권)/유동부채×100

펀더멘털 분석하기

증권사 HTS(Home Trading System)에서 기업분석 내용에 재무비율 분석창을 보면 자료가 다 제시되어 있다. 모두 계산이 되어 있기 때문에 수치를 보고 기업의 펀더멘털을 점검해볼 수 있다.

삼성전자의 2016년 1분기 지표를 예로 들어 점검해보자.

재무비율 [누적]					단위 : %, 억원
IFRS(연결)	2013/12	2014/12	2015/12	2016/12	2017/09
안정성비율					
유동비율 ? +	215.8	221.4	247.1	258.5	219.6
부채비율 ? +	42.7	37.1	35.3	35.9	40.8
유보율 ? +	16,809.6	18,909.3	20,659.5	21,757.6	23,266.6
순차입금비율 ? +	N/A	N/A	N/A	N/A	N/A
이자보상배율 ? +	72.2	42.2	34.0	49.7	81.8
자기자본비율 ? +	70.1	73.0	73.9	73.6	71.0
성장성비율					
매출액증가율 ? +	13.7	-9.8	-2.7	0.6	16.9
판매비와관리비증가율 ? +	19.4	-2.4	-4.1	3.1	6.2
영업이익증가율 ? +	26.6	-32.0	5.6	10.7	92.3
EBITDA증가율 ? +	19.2	-19.1	9.9	5.5	52.8
EPS증가율 ? +	28.6	-22.6	-19.0	24.5	102.3
수익성비율					
매출총이익율 ? +	39.8	37.8	38.5	40.4	46.1
세전계속사업이익률 ? +	16.8	13.5	12.9	15.2	22.8
영업이익률 ? +	16.1	12.1	13.2	14.5	22.2
EBITDA마진율 ? +	23.3	20.9	23.6	24.8	31.4
ROA ? +	15.4	10.5	8.1	9.0	14.3
ROE ? +	22.8	15.1	11.2	12.5	20.1
ROIC ? +	33.2	22.1	18.9	20.3	31.7

안정성지표

- 유동비율=258.1%

- 부채비율=35.3%

  당좌비율=219.8%=(1,265872-187,499)/490,495×100

- 이자보상비율=40.1배

- 매출채권회전율=1.9=49,782,252/(25,168,026+25,505,630)

- 재고자산회전율=1.3=49,782,252/(18,811,794+18,749,882)

- 고정비율=64%=(114,652,620/178,326,186)×100

수익성지표

- ROA=8.7%

- ROE=12.2%

- 매출액순이익률=10.5%=(52,528/497,823)×100

- 매출원가율=61%=(303,739/497,823)×100

- 영업이익률=13.4%

성장성지표

- 매출액 증가율=5.7%

- 영업이익 증가율=11.7%

- 순이익 증가율=13.6%

이를 바탕으로 삼성전자 지표를 해석하면 다음과 같다.

안전성지표에서 유동비율, 부채비율, 이자보상비율은 매우 양호하다. 다만 매출채권에 대한 현금화는 빠르지 못하다. 재고자산회전율도 적정 수준이다.

수익성지표에서 ROA, 영업이익률도 양호하다.

성장성지표에서 매출액증가율, 영업이익증가율 등 대부분의 성장성 지표들이 두 자릿수 이상 증가하고 있기 때문에 성장성도 좋다.

거시경제지표
국민경제 전체를 대상으로 분석한 경제지표

주식시장에 가장 크게 영향을 끼치는 요인은 거시경제다. 거시경제지표인 물가(원자재 가격), 환율, 금리, 유가의 변동이 기업 수익에 밀접하게 연관되기 때문이다. 2018년 4월 우리나라 코스피지수는 2,500포인트, 코스닥 850포인트에서 거래되고 있다. 거시경제 환경이 좋아짐에 따라 기업의 성장과 수익이 동시에 나타나면서 증시에 활기를 불어넣고 있는 것이다.

지금부터 거시경제지표의 방향에 따라 주체별 손익과, 어느 업종이 수혜를 받는지 그리고 경제의 메커니즘에 대해서 살펴보기로 하자.

환율

환율은 해당 국가의 통화가치를 설명하는 데 매우 중요한 지표다. 환율의 변화를 통해서 주식, 외환시장의 가격이 밀접하게 변화한다. 자본의 국제간 이동은 환율의 변동폭을 확대시키고 외환시장의 수익을 창출시킨다.

환율은 실물경제와 금융시장의 상호 밀접하게 연관되어 있기 때문에 경제정책 당국은 여러 변수들을 확인해 환율의 방어판 역할을 한다. 1997년 외환위기(IMF) 발생, 2000~2007년까지 빠른 경기회복, 2008년 금융위기 이후 주가지수 급락, 2011년 세계경제불황 등 다양한 대내외 악재, 호재를 통해 국제간의 자금이동이 나타남에 따라 환율도 변동하게 된다. 특히 2008년 미국발 세계경제 위기로 글로벌 경제 환율전쟁이 더욱 가속화되었다. 경제적으로 대외의존도가 높은 국가는 자국통화가치가 상승함에 따라 수출에 타격을 입었다.

환율 변동으로 인한 주식시장 변화

먼저 환율이 상승할 때 주식시장이 어떻게 변화하는지 살펴보자.

시장정점 시점에서의 환율 → 재고량 증가 → 외국인 투자이탈(달러수요 증가로 인한 환차익 니즈 부각) → 주가지수 하락 → 환율 상승 → 물가·금리 인상 → 경제성장률 둔화 → 주식 하락

이렇듯 환율이 상승하면 주식시장은 하락한다. 그렇다면 환율이 하락하면 어떻게 될까?

높은 환율 → 수출 증가 및 수입 감소 → 수출기업 이익 증가 → 경상·무역수지 개선 → 주가·소득 상승 → 위험자산 투자 증가 → 자본이득·소비 증가 → 경기회복 → 경기상승에 대한 기대치 올라감 → 추가적으로 주가 상승

이렇게 환율이 하락하면 주식시장은 상승한다. 이런 이유로 환율이 상승하면 수출기업을 매수하고, 환율이 하락하면 수입기업을 매수하는 것이다.

환율의 변화에 따른 외국인 투자변화(환차익/환차손)의 흐름

환율		외국인 투자 변화
환율	환율 상승→경기둔화/환차손 → 투자 하락	외국인 원화 환전 수요 증가, 주식시장 매수 유입 가능성 높아짐
	환율 하락→경기회복/환차익 → 투자 상승	외국인 달러 수요 증가, 주식시장 매도 유발 가능성 높아짐

환율 변화에 따른 주체별 특징

국가, 기업, 가계 등 주체별 환율의 변화에 따른 특징을 보자.

먼저 국가를 살펴보자. 환율 상승은 달러부채를 많이 갖고 있을수록 정부부채가 더 많아져서 타격을 받을 수 있다. 예를 들어 미국 경제 및 중국 경제 호황국면에서 일본 엔화강세를 수반하는 원화가치 하락은 대표적인 유리한 환율 변동이다. 호황국면에서는 시중의 통화가 넘치며 유통속도가 활발히 이루어지기 때문에 가격경쟁력 측면에서 일본보다 우위를 점할 수 있다. 다시 말하면 엔화강세는 일본 제품 수출을 감소시키는 반면 한국 제품의 수출 증가를 가져오기 때문이다.

결과적으로 무역수지 흑자가 될 것이다. 반대로 환율이 하락하는 것은 국민경제의 펀더멘털이 악화될 수 있으므로 불리한 환율 하락이다. 그렇지만 비정상적으로 높이 올랐던 환율이 점진적으로 하락하는 것은 나쁘지 않다.

다음으로 기업을 살펴보자. 외화부채가 많은 상황에서 환율 상승은 기업의 부도 증가 및 자금시장 경색 현상을 초래한다. 자금시장이 경색되면 자금조달비용(이자)이 증가하고 외국인 주식투자자 자금의 이탈과 함께 기업의 자산가치가 감속하는 최악의 경우가 발생할 수 있다. 나아가 자산가치가 감소하면 소비여력이 약화되어 기업 매출의 증가율이 둔화되거나 매출액이 감소할 수 있다.

그렇지만 외화자산이 많은 상황에서 수출증가를 수반하는 환율 상승은 유리하게 작용한다. 외화자산이 많은 기업은 환율 하락이 불리하다. 기업의 재무상태가 나빠져 자금조달비용도 증가하고 해당 기업의 주가가 하락하므로 오히려 불리하게 작용한다.

마지막으로 가계를 보자. 가계는 소비주체이므로 환율 상승이 대부분 불리하다. 실질소득이 감소하기 때문이다. 소비자물가 상승으로 일반 가계지출비용이 크게 증가하는 것은 물론 유학생 자녀를 두고 있는 가계는 환율이 상승하면 송금해야 하는 유학비용도 증가한다. 환율 상승으로 물가가 상승하게 되면 금리가 상승해 대출금리가 오르고 그로 인해 부동산 가격도 하락하기 때문에 더욱 불리한 상황이 연출될 수 있다.

수출기업와 수입업체 간의 환율 상관관계

외환위기 직전에 부도난 기업이 뒤늦게 들어온 수출 대금 덕분에 오히려 부도 이전보다 크게 성장한 사례가 있었다. 1997년 9월 한 중소기업이 20억 원의 자금난을 이기지 못하고 부도가 났다. 당시 환율은 달러당 900원대 중반수준이었는데 외환위기 직후 달러당 1,500원 이상으로 상승했다. 주가지수는 800포인트에서 300포인트선까지 하락했고, 아파트 급

매물 가격은 30% 이상 떨어졌다.

부도난 기업의 대표는 앞으로의 상황을 예측했다. 부도가 확실시되자 수출 대금을 가능한 늦게 회수하는 전략, 즉 래깅(내부적 헤지) 전략으로 접근한 것이다. 예상대로 부도 이후 3개월 만에 환율은 급등했고 수출 대금을 환전한 결과 60%의 환차익이 발생했다. 이 돈으로 은행 부채를 모두 상환한 뒤 가격이 30% 이상 하락한 주택도 구입하고, 당시 5만 원을 밑돌던 삼성전자 주식까지 매수했다. 그 결과 1년 후 부도이전보다 훨씬 부자가 되었고, 기업도 3개가 늘어났다.

위 사례처럼 환율은 수출기업과 수입업체에 다른 영향을 미친다. 먼저 수출기업을 알아보자.

삼성전자가 스마트폰을 개당 500달러에 수출한다고 가정해보자. 달러/원 환율이 1천 원일 때는 수출액이 50만 원이 된다. 하지만 환율이 1,500원으로 상승하면 500달러에 수출하면 원화로 75만 원이 된다. 환율 상승 덕택에 개당 25만 원, 즉 수익이 50% 증가한 것이다. 생산원가가 40만 원이라면 영업이익은 환율 상승 이전에 10만 원에서 35만 원으로 3.5배가 증가한 셈이 된다.

이처럼 해당 기업은 시장점유율도 높아질 뿐만 아니라 기업의 주가도 높아지고, 여유자금을 가지고 고용을 늘릴 수도 있다. 즉 투자를 늘릴 수 있는 촉진제 역할을 한다.

그렇지만 환율 상승의 요인이 상장기업의 수출환경 악화 때문이라면 생산량을 늘리는 것은 재고만 증가하게 될 것이다. 위와 같은 경우 재고손실 비용이 증가해 오히려 기업의 주가가 하락하고 영업실적도 악화될 수 있다. 설상가상으로 환율 하락을 예상하고 보유하고 있는 달러를 매도한 이후에 환율이 상승하면 수입 원자재는 높은 환율로 결제해야 하므로 영업 실적은 더욱 악화된다. 나아가 기업은 자금난에 직면하고 고용도 임시직으로 전환하거나 심지어 실업이 발생할 수 있다.

하지만 전자의 경우일 가능성이 더 높다. 환율 상승 요인을 안다면 가능한 한 생산량을 줄이고, 환율이 상승할 때 외화표시 예금을 늘리고, 외화표시 부채를 줄이는 방법으로 수출환경의 악화에 따른 악화를 줄이면 된다.

그렇다면 수입기업은 어떨까? 환율이 높을 때 외화표시 부채가 많으면 환차익을 받을 수 있다고 앞서 설명했다. 예를 들어보자. 원달러 환율이 2천 원일 때 1천만 달러(원화로 200억 원)를 빌려 환율이 1천 원으로 하락한 시점으로 상환할 경우 원화는 100억 원(1천 원×1천만 달러)을 상환하면 된다. 총 100억 원의 환차익이 발생하게 되는 것이다.

특히 원자재를 많이 구입하는 기업은 환율이 하락할수록, 즉 원화강세의 경우 기준통화(달러)로 결제 시 더 많은 달러로 교환해 결제할 수 있기 때문에 영업이익 측면에서 개선이 될 것이다.

환율변화에 따른 업종별 손익

2018년 2월 기준 주가지수는 2,500포인트선에 있으며, 달러/원 환율은 1,060~1,070원 사이에서 나타나고 있다. 환율의 하락 예상 시(1,050원), 업종의 흐름에 대해 자세히 살펴보도록 하겠다.

2018년 원/달러 환율이 1,050원이 되었을 때 예상 경로

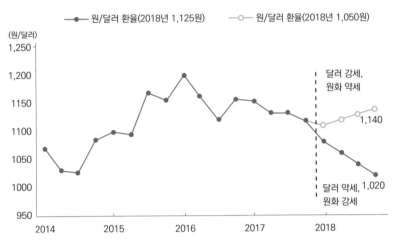

자료: Bloomberg, KB증권

유틸리티 기업마다 약간은 다를 수 있으나 환율 변동에 따른 연료비 증감이
영업이익에 큰 영향을 미치지 않는다. 다만 외환손익은 외화순자산 보
유함에 따라 환율 하락 시 외환환산손실이 발생한다.

운송 항공업종은 원화강세에 따라 수요가 증가하고, 영업비용도 감소로 수
혜 시현된다. 해운업종은 대부분의 매출 및 영업비용이 모두 달러 기
준으로 발생하기 때문에 환율 하락 시 원화환산 영업이익이 감소한다.

은행 외화자산부채 규모가 비슷해 달러 외 화폐거래도 많아 이익에는 크
게 영향이 없다.

유통 비용 절감, 자회사의 원가 하락 등으로 인해 이익이 증가하지만 비중
이 적어 영향은 미미하다.

철강/금속 원재료가 수입인 경우 원화 강세 시 긍정적 이익이 발생하나, 원재료가 내수이면서 판매가 수출비중이 높으면 악영향이다.

조선 선물환 매도 등을 통해 대부분 헤지하지만 미헤지 시에 부정적이다.

자동차 원화 강세 시 대표적 수출산업인 자동차 산업의 해외수출이 부진하다. 해외 연결자회사의 원화환산 영업이익도 감소해 외화순자산 및 순부채 여부에 따라 외환손익은 달라진다.

반도체 환율 하락 시 영업이익은 감소한다. 외환손익은 외화자산의 평가손실에 따른 이익감소가 생긴다.

제약/바이오 수출 비중 증대에 따라 영업이익 감소로 부정적 영향을 미친다. 외환손익은 감소에 따라 주당순이익 하향 조정으로 부정적인 영향이다.

화학 환율 10원 하락 시 영업이익은 1% 감소한다. 그러나 외환환산손익은 3천억 원 이상 증가한다.

섬유의류 원화 절상 시 달러표시 이익 과소계상한다. 대부분 원재료 수입을 달러베이스로 하기 때문에 비용이 절감된다. 외환손익은 별 영향이 없다.

기계 선물환 매도 등을 통해 대부분 헤지한다. 미헤지 시에 부정적이다.

건설 업종 국내 매출액 및 비중 증가로 영업이익 감소폭이 크지 않다. 다만 수주 경쟁력은 악화될 수도 있다.

디스플레이 영업이익은 수출에 미치는 영향은 제한적으로 보나 평가액이 감소한다. 달러 약세로 환차손이 발생하기 때문에 외환손실이 나타난다.

정유 환율 10원 하락 시 영업이익은 2% 가까이 감소한다. 외환환산손익은 약 4천억 원 증가한다.

음식료 담배를 제외한 음식료 전반은 수입 원재료 비중이 커 원화강세에
    유리하다.

화장품 미국보다 중국에 의존도가 높아 미국 달러 환율에 따른 영향은 작다.

인터넷/게임 외화자산(금융상품) 평가손실이 발생한다. 영업이익 영향은 거
    의 미미하다.

통신 외화자산 비중이 적어 영향이 거의 없다.

보험 손익 영향은 미미하다.

증권 외화자산부채가 적어 영향이 거의 없다. 수출입이 없다.

결론적으로 환율에 따른 시장변화를 정리하면 다음 표와 같다.

환율에 따른 시장변화

환율 상승 시(원화 하락)	환율 하락 시(원화 상승)
·수입 곡물, 원자재 등의 가격 상승으로 인한 물가상승 ·수출업체 주가 상승/수입업체 주가 하락 ·금리 인상 → 부동산 가격 하락	·수입 곡물, 원자재 등의 가격 하락으로 인한 물가안정 ·수입업체 주가 상승/수출업체 주가 하락 ·금리 인하 → 부동산 가격 상승

금리

금리는 투자를 하는 데 굉장히 중요한 지표다. 2006년 말 부동산 가격 폭
등이 막바지로 치닫던 무렵 대부분의 은행들은 앞으로도 금리가 계속 떨
어질 것이라 이야기하며 주택담보대출 상품을 엄청나게 세일즈했다. 그러
나 2년 동안 금리는 계속 올랐고, 서민에게 부동산 가격 하락과 이자부담

상승이라는 고통을 가중시켰다.

각 국가는 글로벌 위기를 해결하기 위해서 금리를 조절한다. 경기가 좋지 않아 시중에 유동성을 늘리기 위해서 금리를 인하시키고, 실물자산의 가격이 증가함에 따라 인플레이션을 막기 위해 금리를 인상한다. 초저금리로 진행되면 하이퍼인플레이션이 나타날 수 있어, 통화당국은 금리를 신중하게 결정한다.

금리는 자산가격과 반대 방향으로 움직이는 경향이 강하다. 금리가 천장일 때는 자산가격은 바닥이며, 금리가 바닥일 때는 자산가격이 천장일 때가 많다. 투자를 하려는 사람은 금리의 흐름을 잘 살펴야 한다.

2017년부터 미국 연방준비은행은 기준금리를 점진적으로 올리고 있다. 2018년에는 3번의 금리 인상을 점치는 전문가들이 많다. 그만큼 경기가 살아나고 있다는 신호다. 금리를 결정하는 가장 중요한 주요 지표를 물가와 실업률로 보고 있다.

2018년 1월 미국 연방공개시장위원회(FOMC) 회의록에 따르면, 위원들이 경제가 12월 전망 대비 빠르게 개선될 수 있다는 이야기를 하며 2018년 점진적인 금리 인상 계획을 지지했다. 물가상승세가 중기적으로 2% 부근에서 안정세를 보일 것으로 예상했고, 경기호조세로 물가상승세는 확연히 더 빨라질 것이라고 내다봤기 때문이다. 또한 미국의 고용지표에서 임금상승세가 전방위적으로 확산되고 있고, 실업률은 완화됨에 따라 국민소득도 증가하고 있어, 소득증가가 소비증가로 나타날 것으로 예상하고 있다.

글로벌 경기 기대치가 높아지는 것은 결국 금리 상승의 시그널로 작용할 것이다.

금리와 환율의 상관관계

일반적으로 한 국가의 기준금리가 오르면 그 국가의 환율은 떨어진다. 즉 그 해당 국가의 통화가치는 상승하게 된다.

미국의 기준금리와 국채 2년, 10년 금리

예를 들어 한국의 금리가 갑자기 오를 경우, 국내외 투자자들이 한국시장에 많이 투자할 것이다. 왜냐하면 해당 국가의 금리가 높기 때문에 투자매력도가 생겨서 그런 것이다. 그렇게 되면 해당 국가의 통화, 즉 한국의 원화로 많이 바꿀 것이다. 다시 말해 달러를 팔고, 원화를 산다는 것이다.

어떤 자산이든 매수세가 매도세보다 많으면 그 가격(가치)은 오르게 된다. 반대로 매도가 매수보다 많으면 떨어지게 된다. 원화의 매수세가 늘어나므로 원화가치가 올라가는 것이다. 결국 금리가 오르면 환율이 떨어져서 원화가치가 상승하게 된다.

금리 인상 → 환율 하락

금리 인하 → 환율 상승

금리와 물가의 상관관계

물가는 재화(물건)의 가격을 말한다. 그 돈의 가격이 금리다. 따라서 물가가 오를 때 금리를 올리면 물가가 안정을 찾는다는 게 일반적인 견해다. 물가가 지속적으로 오르면 사람들이 사재기를 한다. 왜냐하면 내일 가격이 또 오를 수 있다는 불안감 때문에 미리 물건을 사두려는 심리가 작용한다. 사재기가 늘면 늘수록 물가는 더욱 오르게 된다. 사재기를 멈추기 위해서 금리를 올리는 것이다.

　대부분의 사람들은 돈이나 카드를 지갑에 놓고 다닌다. 금리가 많이 오르게 되면 사람들은 이자수익의 니즈가 생겨 소비를 줄이고 높은 금리의 이자를 받기 위해 은행에 넣어둔다. 그러면 결국 사람들은 사재기의 필요성을 못 느낄 것이다.

물가인상 → 금리 인상 → 물가안정

금리와 주가의 상관관계

금리가 주가에 어떤 영향을 미칠지 생각해보자. 흔히들 금리가 내리면 주가가 오른다고 한다. 미국의 연준의장이였던 벤 버냉키, 유럽중앙은행(ECB) 드라기 총재도 경기를 부양하기 위해 금리를 내렸고 결국 주가지수는 올랐다. 금리가 내리면 여윳돈을 은행에 넣어봤자 이자를 적게 받기 때문에 매력도가 떨어져 이 자금들이 주식시장으로 몰리기 때문이다.

하지만 반드시 그러한 것은 아니다. 금리가 내린다고 반드시 주가가 오르는 법은 없다. 주가에는 수많은 변수들이 있기 때문이다. 무엇보다 특히 투자심리에 많은 영향을 받는다. 금리 인하로 주가가 오를 것이라 믿는 사람들이 많아지면 주가가 오를 것이고, 금리가 내리더라도 주식시장에 별로 영향을 미치지 못할 것으로 생각해 실망하는 사람들이 많다면 주가가 내려갈 수 있기 때문이다.

이를 대표하는 사례가 일본이다. 일본은 끝이 보이지 않는 불황이 이어지자 지속적인 금리 인하 정책을 폈다. 급기야 0(제로)금리까지 선언했다. 기업들이 이자 없이 돈을 빌려 생산과 투자를 할 수 있는 환경을 만들고, 개인들도 은행에 돈을 넣기보다는 소비를 유도해 경기를 활성화시키려고 한 것이다. 하지만 정반대 현상이 나타났다. 일본 사람들은 저축하는 습관이 강했다. 불경기에 노후를 대비해 저축을 하는 사람들이 많았다. 그만큼 투자심리가 얼어붙었던 것이다. 결국 저축만 늘었고, 불황은 해결될 조짐이 나타나지 않아서 결국 기업의 실적은 악화되었다. 당연히 기업의 실적이 악화되니 주가도 곤두박질칠 수밖에 없었다.

일본의 사례를 봐도 알 수 있듯이 국가가 적극적인 금리정책을 펴더라도 경제주체들의 성향이나 심리에 따라 의도치 않은 결과도 나타날 수 있다.

현재 우리나라는 미국의 점진적 금리 인상에 따라 한국은행이 미국과 동조화해서 금리 인상을 차근차근 진행하고 있다. 2018년 한국도 기준금리 인상을 2번 점치고 있다. 기업들의 실적이 좋아지고 있고, 국민들의 소득이 증가하고 있어 경제성장률이 나아지고 있기 때문이다. 이 말은 앞서 설명했던 펀더멘털이 좋아진다는 뜻이다. 경기가 좋으니까 주가도 오르는 것이다.

기업실적에 따른 금리와 주가 변화

기업실적 증가 시

경기호황 → 금리 인상 → 주가 하락(단기적) → 중장기적으로 국가와 기업의
펀더멘털이 좋아짐에 따라 주가 상승

기업실적 악화 시

경기침체 → 금리 인하 → 주가 상승(단기적) → 중장기적으로 경제지표의 방
향을 보고 주가의 방향성을 결정

금리 인하와 인상에 따른 수혜주

금리에 따른 수혜주도 있다. 금리가 인상되면 보험주, 여행주, 항공주를 수
혜주로 본다. 보험은 장기성 채권이 다수라 금리 인상으로 인해 시장금리
대비 이자비용 부담이 축소되는 효과를 보기에 보험회사 이익구조가 좋
아진다. 여행주, 항공주는 원화 절상으로 인해서 여행수요가 늘어날 수 있
을 것이라 전망된다.

금리 인하는 민감업종에 긍정적 영향을 미친다. 반도체 같은 경우 높아
진 원달러 환율은 수출주에 수혜이지만, 엔화·유로화·위안화 모두 달러 대
비 가치가 하락했다는 점에서 그 효과는 반감된다. 일본과 유럽, 또는 중국
기업들과 경쟁하지 않는 수출산업이 가장 확실한 수혜주라고 할 수 있다.
또한 가격경쟁력이 강화되는 자동차와 대체투자로 반사이익을 얻는 증권
또한 수혜주라고 할 수 있다.

건설 분야는 기준금리 인하 시 대출금리도 낮아지게 되고, 부동산 경기
에 긍정적 영향을 미친다. 대출받아 개발사업을 영위하기 때문에 금리 인

하 시 금융비용 부담이 절감된다.

기본적으로 금리가 오를 경우에는 주식시장에 우호적인 의미를 갖고 있다. 금리 상승은 짧게 부정적인 반응을 보일 수 있지만, 기조적으로 주가의 하락으로 전환하지는 않는다.

원자재

원자재 하면 생각나는 것이 무엇일까? 대표적인 것은 구리, 니켈, 금, 알루미늄, 아연 등이다. 원자재 외에도 곡물(옥수수·밀 등), 축산물(돼지·소 등) 등 다양한 상품이 있다.

2007년 9월 이후 원자재 가격이 급등했다. 그 이유는 사회간접자본(SOC) 전력에 대한 공급은 부족하나 수요가 끊임없이 증가해서 가격으로 큰 폭으로 상승했기 때문이다.

금은 대표적인 안전자산으로 사치성 재화이지만 화폐 대용가치의 성격으로 인해 가격이 올랐던 부분이 있었고, 산업용 금에 대한 수요도 증가를 하면서 가격이 올랐다. 곡물 가격의 증가원인은 중국과 인도의 큰 경제성장이 나타나면서 소득증가에 따른 수요증가가 있다. 또 이상기온 현상으로 인해 공급이 부족해 곡물 가격이 많이 올랐다.

대부분의 원자재는 미국 달러로 거래가 된다. 이는 달러의 가치와 밀접하게 연관성이 있다. 달러의 가치가 떨어지면 원자재 수요가 증가해 원자재 가격이 오르게 되고, 달러의 가치가 올라가면 원자재 가격은 떨어지게 된다. 하지만 장기적으로는 원자재는 고갈되어 가고, 국가는 계속해서 GDP가 오를 확률이 높기 때문에 원자재 가격은 대체적으로 상승곡선을 보인다.

원자재 가격과 밀접하게 연관 있는 원재료는 유가다. 유가가 오르게 되면 제조원가도 올라가기 때문에 수익성에 악영향을 미치기도 하고, 원재료를 파는 기업에 있어서는 기업의 매출이 향상되기 때문에 주가가 오르게 된다. 원자재는 회사의 원가 관리에 있어서 중요한 부분이다.

원재료의 2017~2018년 가격 추이 및 시황을 하나하나 살펴보도록 하자.

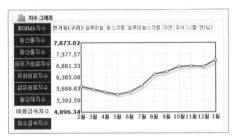

구리
수혜주: LS전선아시아 등

구리는 2015년 가격폭락 이후 상당 부분 회복되었다. 트럼프 정부의 제조업 육성정책 이후 인프라사업(전력)이 확장되었고, 중국의 일대일로 정책으로 인해 구리 가격이 상승했다. 글로벌 경기가 회복되고 있고, 미 달러화 약세도 영향을 미쳤다. 또한 구리 재고감소에 따른 구리 가격이 상승했다.

알루미늄
수혜주: LS전선아시아 등

글로벌 경기가 회복되며, 트럼프의 수입산 철강 및 알루미늄 수입관세 부과에 따른 글로벌 무역전쟁에 따라 가격이 상승했다. 또한 도쿄올림픽(일본) 대비 건설용 알루미늄 수요 기대감과 자동차, 액정, 반도체 제조장치용 수요 증가도 알루미늄 가격 상승에 영향을 미쳤다.

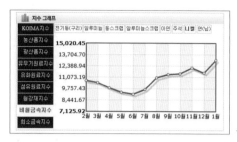

니켈

수혜주: 황금에스티, KG케미칼 등

페로니켈과 니켈광석 공급부족 현상과 재고가 감소했고, 중국수요 증가와 필리핀발 공급 차질로 이슈가 되었다. 특히 2017년 중국 니켈 수입이 증가했고, 전기차 성장에 따라 2차전지 양극재(황산니켈) 필수소재인 니켈수요가 확대되어 가격이 상승했다.

리튬

수혜주: 포스코켐텍

글로벌 경기 회복과 더불어 전기차의 발전과 이차전지 사용이 증가하면서 생산 증가량보다 수요 증가량이 앞서고 있다. 4차산업과 관련해서 유망사업 희소금속과 연관성이 높다.

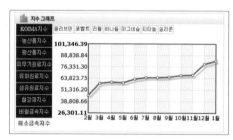

코발트

수혜주: 코스모화학, 코스모신소재 등

리튬이차전지의 원료의 60%를 차지하는 코발트는 리튬이차전지 수요 증가에 따른 수혜를 받았다. 코발트 대체원료가 부족해 코발트 수급불안은 없을 것으로 보인다. 글로벌 경기가 회복되고 전 세계 전기차 충전소가 인프라 구축 계획에 따른 코발트 수요가 증가할 것으로 보인다.

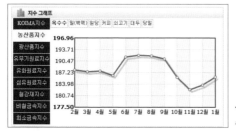

옥수수
수혜주: 케이씨피드

옥수수 수출 판매실적은 호조세다. 미국 농무부 옥수수 풍작에 따라 2017년 9월~2017년 11월까지 하락세였지만, 2017년 11월~2018년 1월 미 달러화 약세 및 남미지역 날씨에 대한 작황 우려로 상승세였다. 또한 중국 정부의 옥수수 보조정책 지급에 따라 상승할 것으로 보인다.

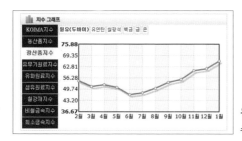

원유
수혜주: S-OIL, SK이노베이션 등 정유주

2017년 말 OPEC과 비OPEC 산유국 국가들의 산유국 감산에 대한 기간연장 기대감에 유가가 상승했다. 2017년 상반기 원유재고 급증에 따라 하락했다. 달러가치 강세에 따른 유가 상승이 이루어졌다(오일가격은 달러 결제시스템으로 오일을 더 비싼 가격으로 만든 달러 강세가 다른 나라의 통화에서 유가에 가격압력 지속). 유가 하락 시 화학·항공 업종에 긍정적이고, 유가 상승 시 조선·정유 업종에 긍정적이다.

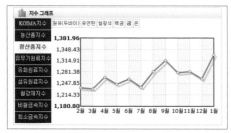

금
수혜주: 고려아연

전 세계 금 소비 2위국인 인도에서 연말 웨딩시즌이 되면서 금의 행운을 가져다준다고 믿고 있어, 수요 증가에 따른 금가격이 상승했다. 2017년 12월~2018년 1월 달러가치 하락으로 금의 수요가 증가할 것으로 예상하며 금가격이 상승했으며, 2017년 10월~12월 금의 대체자산으로 꼽히는 비트코인 가격 폭등 등으로 하락했다. 금은 대체적으로 안전자산에 묶인다.

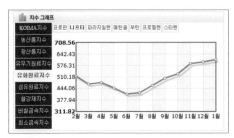

나프타
수혜주: 대한유화, 카프로, 롯데케미칼

글로벌 경기 회복과 하반기 이후 수요 증가로 가격이 상승했다. 에틸렌 가격 조정 및 나프타 가격 상승으로 인해 스프레드가 축소했다. 면화가격 상승에 따라 원재료인 나프타 가격이 상승했다.

정리해보자. 원자재 가격 상승으로 주식이 오를 경우는 원자재 가격 상승분을 제품가격에 반영했을 때 소비가 큰 폭으로 줄지 않으면 원자재 가격 상승이 주가 상승으로 이어질 수 있다(대표업종: 음식료, 제분업체). 경기 활황이 되면 대부분의 원재료 가격이 제품가격에 반영되어도, 소득이 높아져 소비에 대한 탄력성이 둔감하기 때문에 주가가 오른다. 또한 원자재 가격 상승은 원자재 수출국의 소비가 늘어나므로, 우리나라는 더 많은 공산품을 팔 수 있어 수출국과 수입국 모두 주가 상승 요인이 된다.

반면 원자재 가격 상승으로 주식이 내릴 경우는 원자재 가격이 지나치게 빠르게 올랐을 때, 국민이 감당하기 어려운 수준까지 오를 때다. 경기 불황기였을 때 스태그플레이션을 말한다(경기불황과 인플레이션 동시 수반).

자금조달
기업활동의 바탕이 되는 자금조달

기업은 경영을 하는 데 자금조달에 대한 수요를 항상 갖고 있다. 설비투자, 대주주 지분 강화, 운영자금, 차입금 상환 등 영업활동의 일시적인 부진의 발생과 재무활동에 필요한 부분을 고려해 자금조달 계획을 이사회에서 결정하게 된다.

자금조달은 회사의 주가와도 밀접한 연관이 있기 때문에 기본적 분석 파트에서 다루어보도록 하겠다. 자금조달 방식으로는 금융기관 단기운영자금 차입, 기업어음(CP 발행), 장기시설자금 차입, 회사채 발행, 유상증자, 메자닌(CB, BW) 발행 등이 있다.

이번 챕터에서는 금융시장에 대해서 알아보고, 자금조달에 필요한 이자율 방식과 특징을 알아보겠다. 그리고 회사채와 주식의 조달에 대한 개념과 사례 공시를 통해 주가의 흐름을 익혀보겠다.

금융시장 구분 및 사례

금융시장은 중개기관의 유무에 따라서는 간접금융과 직접금융으로 나뉜다. 간접금융의 조달방식은 운영자금조달방식, 시설투자 조달방식으로 나뉜다. 운영자금조달방식으로는 일반대출, 기업통장대출, 당좌차월, 어음할인, 구매자금대출, 전자결제B2B 금융, 신용장 등이 있고, 시설투자 조달방식으로는 중장기론, 신디케이트론, PF 등이 있다. 직접금융의 조달방식으로는 회사채발행, CB, BW, EB, 보통주, 우선주 발행 등이 있다.

간단하게 금융시장을 구분 정리하면 다음과 같다.

중개기관의 유무 간접금융시장, 직접금융시장

금융상품의 만기 단기금융시장, 장기금융시장

금융시장의 유통단계 발행시장, 유통시장

금융상품의 종류 주식시장, 채무시장

거주성과 거래통화 국내금융시장, 국제금융시장

예를 들어보자. ABC기업의 최근 시설투자를 위해 자금을 조달할 계획을 세웠다. ABC기업은 DEF기업을 통해 3자배정방식으로 100억 원의 전환사채를 발행할 계획이다. 발행하는 사채의 만기는 5년이고 전환권 청구기간은 1년 후부터 가능하다. 상환은 원화로 한다. 그렇다면 ABC기업은 어떤 금융시장과 맞닿아 있는가?

ABC기업은 중개기관이 없는 직접금융시장이고, 만기가 5년인 장기금융시장이다. 또 발행 후 유통할 수 있으며, 주식과 채권이 혼합된 상품(메

자닌채권)이다. 거주성과 거래통화를 보았을 때 국내금융시장으로 구분할
수 있다.

이자율

자금조달은 금융시장을 통해 이루어지기 때문에 이자율 변동의 개념도 알
아야 한다. 채권을 통환 자금조달 방식일 때는 회사의 재무제표상에 부채
비율이 올라가게 된다. 채권금리가 높아짐에 따라 금융비용이 많이 발생
하여 당기순이익에 영향을 끼치기 때문에 시장의 상황에 맞게 결정을 해
야 한다.

이자율의 변동요인에 대해서 살펴보도록 하자. 일반적으로 호황이면 금
리가 오르고, 불황이면 금리가 낮아진다. 금리 인하는 경기부양 시, 금리
인상은 경기과열 시 정책수단이다. 변동요인은 다음과 같다.

- 물가가 오르면 금리가 오른다.
- 기간이 장기일수록 금리가 높다.
- 차입자의 신용도가 높으면 차입금리가 낮아진다.
- 유동성이 높은 금융상품은 금리가 낮다.
- 담보를 제공하면 차입금리가 낮아질 수 있다.
- 메자닌상품(CB, BW)처럼 옵션이 부가된 상품은 금리를 낮출 수 있다.
- 투자자에게 유리한 발행방식일수록(풋옵션) 금리(수익률)는 낮아진다.

그렇다면 우리나라에서 사용하고 있는 기준이자율은 무엇일까? 한번
알아보자.

기준이자율의 종류

한국은행 기준금리	매월 둘째 주 또는 마지막 주 목요일이나 금요일에 결정. 한국은행 금융통화위원회에서 단기자금을 공여하기 위한 7일짜리 RP(환매조건부채권) 금리
콜금리	금융기관 사이의 단기자금 과부족을 조정해주는 콜시장에서 형성되는 금리
국고채 유통수익률	정부가 발행하는 국채 중 대표적인 채권으로 한국은행이 발행사무. 5년 만기 국고채 유통수익률이 대표적인 지표금리
회사채 유통수익률	기업이 자금조달을 위해 발행하는 회사채의 유통수익률로써 발행기업의 신용등급과 만기에 따라 다르게 고시
CD금리	기업이 은행에서 단기 운영자금 및 일반 대출자금을 차입할 경우 폭넓게 사용되는 기준금리
LIBOR금리	런던은행 간 자금운영 금리로서 영국 런던의 은행 간 자금시장에서 자금을 제공하는 측이 제시하는 금리

한국은행 기준금리는 일반은행이 채권을 한국은행에게 되팔 때 적용되는 금리다. 물가안정 및 금융안정을 위한 정책수단으로 사용된다. 회사채의 만기 3년의 신용등급을 가지고 자금조달비용을 추정한다. 금융투자협회 한국은행 홈페이지(www.bok.or.kr)에서 확인 가능하다.

CD금리는 91일짜리 CD 유통수익률을 사용한다. 한국은행 홈페이지에서 확인 가능하다. LIBOR금리는 기업이 외화, 특히 미국 달러를 차입할 때 적용되는 금리로 3개월 US 달러 리보금리를 사용한다.

다음 예시 자료는 금융투자협회에서 나온 회사채 및 CD금리 자료다. 회사나 채권 투자자 입장에서는 반드시 참고해야 될 지표다.

회사채와 주식조달 방식

금융시장에서 기업은 다양한 조달방식을 채택할 수 있다. 주가에 가장 밀접하게 연관성 있는 회사채와 주식 조달 방식에 대해 살펴보도록 하자.

우선 회사채와 주식에 대해서 비교한 후 세부내용을 살펴보겠다. 그리고 메자닌채권인 전환사채와 신주인수권부사채에 대한 특징을 알아보겠다.

회사채와 주식 비교

회사채	주식
· 타인자본(부채) · 기한분(일반적으로 만기가 있음) · 부채비율 증가 · 경영권 간섭이 없음 · 이자가 있음 · 주식에 우선에 재산분배권(회사 청산 시 주식투자자보다 먼저 재산 배분)	· 자가자본 · 영구적(상환의무 없음) · 경영실적에 따라 배당금 지급 · 부채비율 하락 · 주주에 의결권이 주어짐 · 잔여재산 분배권(회사 청산 시 마지막에 잔여재산 배분)

회사채

회사채는 채무증서로 채권과 채무의 관계를 나타낸 정형화된 증권으로 표준화해 증권시장에서 자유롭게 양도할 수 있다. 정리하면 다음과 같다.

회사채

발행방법	사모, 공모
이자지급 방법	이표채, 할인채, 복리채
보증담보의 유무	보증사채, 담보부사채(부동산 등 물적담보가 붙여짐), 무보증사채(무보증 사채의 경우가 일반적 무보증 사채의 발행시 2개 이상의 신용평가기관에서 신용등급을 받아야 함)

다음으로 전환사채(CB)와 신주인수권부사채(BW)를 비교해보자. 전환사채와 신주인수권부사채는 기업공시에 자주 볼 수 있다. 주식투자를 하는데 반드시 알아야 할 내용이기 때문에 비교해보겠다.

전환사채(CB)란 콜옵션, 풋옵션이 부여된 사채다. 주식전환권이 부여된 것으로 전환권행사시 채권은 소멸되고 주식에 대한 전환권은 별도 분리되어 거래되지 않는다.

전환사채는 보통사채보다 낮은 이자율로 발행할 수 있고, 주식전환 시 고정적인 이자지급에 대한 부담을 회피할 수 있어 부채비율이 감소해 발행기업의 재무구조가 개선되는 장점이 있다. 투자자는 주가 상승 시 주식전환권을 행사해 추가적인 자본이득을 취하고, 주가 하락 시에는 만기까지 채권을 보유해 채권 수익률을 보장받을 수 있다.

신주인수권부사채(BW) 역시 콜옵션, 풋옵션이 부여된 사채다. 신주인수권이 부여된 것으로 신주인수권 행사 시 채권보유자는 행사 금액에 해당하는 금액을 별도로 납입해 신주를 인수할 수 있다. 기존채권은 존속되며 채권과 신주인수권을 분리해 각각 거래가 가능하다.

보통사채보다 낮은 이자율로 발행 가능한 신주인수권부사채는 신주인수권 행사 시 추가적으로 자금이 유입되고, 부채비율 감소로 발행기업의 재무구조가 개선된다. 주가가 상승하면 신주인수권 행사를 통해 투자자는 추가적인 자본이득을 얻을 수 있다.

주식

주식발행 중에 대표적인 방법인 유상증자와 무상증자에 대해서 살펴보자.

일반적으로 회사를 설립하거나 또는 필요에 따라 추가로 주식을 발행할 때 증자를 하게 된다. 유상증자는 자금을 추가로 조달하기 위해 주주로부터 주식발행 대금을 받는 것이다. 유상증자는 실제로 현금이 기업에 유입되어 자본 내에서 재무상태표에 자산과 자본이 모두 늘어난다.

무상증자는 자금조달 없이 주식만 발행하는 경우다. 회사에 유보된 잉여금을 자본금으로 전환해 기존 주주에 무상으로 주식을 발행해준다. 자산과 자본의 총계에 아무런 변화가 없다. 다만 자본 내에서 자본잉여금 항목이 자본금으로 대체된다.

유상증자 방식으로는 주주배정증자, 주주우선공모증자, 일반공모증자, 제3자배정증자가 있다. 주주배정증자는 기존 주주에게 주식수에 따라 배정하며, 신주인수권부여는 기존 주주에게 한다. 정관으로 주주의 신주인수권을 배제하거나 제한하지 않는 한 모든 신주인수권 기존 주주에게 부여한다.

주주우선공모증자는 구 주주와 우리사주조합에게 우선 청약기회를 부여한다. 이에 더해 청약하지 않은 실권주는 일반인에게 추가로 청약기회를 부여한다.

일반공모증자는 불특정 다수인에게 청약기회를 부여하며 신주인수권부여는 불특정다수에게 한다. 정관에 일반공모증자에 대한 근거조항이 있는 경우 이사회 결의로써 기존 주주의 신주인수권을 배제하고 불특정다수인(해당 법인의 주주 포함) 대상으로 신주 발행하는 방식이다. 주관회사가 총액 인수해 우리사주조합과 일반인에게 청약받는 방식이다.

제3자배정증자는 특정인에게 부여하며, 신주인수권부여는 제3자에게 한다. 특별법 또는 발행회사의 정관이나 주주총회 특별결의에 의해서 특정의 제3자에게 신주인수권을 부여하는 방식이다. 위 방식은 기존 주주의 지분율 및 이해관계에 중대한 영향을 미칠 수 있다.

공시의 분석과 주가의 움직임

예시를 통해 발행시 공시의 분석과 주가의 움직임에 대해 살펴보도록 하자.

사례 1 | 필룩스

다음은 필룩스(코스피)기업이 2018년 2월 27일 유상증자를 한 공시다.

유상증자 결정

1. 신주의 종류와 수	보통주식 (주)	6,300,000
	기타주식 (주)	–
2. 1주당 액면가액 (원)		500
3. 증자전	보통주식 (주)	31,787,257
발행주식총수 (주)	기타주식 (주)	–
	시설자금 (원)	–
	운영자금 (원)	–
4. 자금조달의 목적	타법인 증권 취득자금 (원)	37,800,000,000
	기타자금 (원)	–
5. 증자방식		제3자배정증자

※ 기타주식에 관한 사항

정관의 근거	–
주식의 내용	–
기타	–

6. 신주 발행가액	보통주식 (원)	6,000
	기타주식 (원)	–
7. 기준주가에 대한 할인율 또는 할증율 (%)		할증율 41.84%
8. 제3자배정에 대한 정관의 근거		정관 제10조
9. 납입일		2018년 05월 10일
10. 신주의 배당기산일		2018년 01월 01일
11. 신주권교부예정일		2018년 05월 24일
12. 신주의 상장 예정일		2018년 05월 25일
13. 현물출자로 인한 우회상장 해당여부		아니오
– 현물출자가 있는지 여부		아니오
– 현물출자 재산 중 주권비상장법인주식이 있는지 여부		해당없음
– 납입예정 주식의 현물출자 가액	현물출자가액(원)	–
	당사 최근사업연도 자산총액 대비(%)	–
– 납입예정 주식수		–
14. 우회상장 요건 충족여부		아니오
15. 이사회결의일(결정일)		2018년 02월 27일
– 사외이사 참석여부	참석 (명)	0
	불참 (명)	2
– 감사(감사위원) 참석여부		–
16. 증권신고서 제출대상 여부		아니오
17. 제출을 면제받은 경우 그 사유		면제(사모, 1년간 전량 보호예수)
18. 공정거래위원회 신고대상 여부		미해당

필룩스는 LED 감성조명 및 문화콘텐츠 사업, 트랜스포머, 라인필터, 인덕터 등을 생산하는 부품사업, 비드를 생산하는 소재사업을 하는 기업이다. 기본 정보는 다음과 같다.

시가총액 2,100억 원

증자방식 3자배정(증자 대상: Coagentus Pharma, LLC)

증자금액 378억 원(타법인 증권 취득)

발행방식 직접발행, 사모형태 발행(1년간 보호예수)

발행가액 6,000원(할증률 41.84% 적용)

공시 순서는 다음과 같다.

1월 8일 100억 원 전환사채 발행결정, 발행가액 3,026원, 발행대상 블루커 넬(최대 주주), 풋옵션 부여

1월 22일 50억 원 전환사채 발행결정, 전환가액 3,832원, 발행대상 블루레 인2호조합, 풋옵션 부여

2월 26일 100억 원 유상증자 발행결정, 발행가액 3,170원, 발행대상 블루 비스타-3자배정

2월 26일 100억 원 전환사채 발행결정, 전환가액 3,832원, 발행대상 블루 레인2호조합, 풋옵션 부여

시나리오를 분석해보자.

1월 8일에 3,020원 종가 당시 최대 주주인 블루커넬에게 3,026원으로

100억 원의 전환사채를 발행하면서 필룩스는 회사의 경영권을 더욱 강하게 하는 공시자료를 게시했다. 최대 주주의 자금이 들어왔다는 것은 앞으로 회사가 좋은 일들이 벌어질지에 대해서 감지할 수 있는 부분이다.

1월 22일에 대량보유상황보고서가 공시됐다. 취득자금의 경위 및 원천을 살펴보면 주주임원종업원 차입금이 41억 원, 썬라이트 투자조합 77억 원, 공평저축은행 70억 원, 세종저축은행 30억 원이 들어왔다. 저축은행에서 들어온 차입금은 필룩스의 전환사채를 담보로 들어왔으며, 썬라이트 투자조합은 필룩스의 보통주 약 430만 주를 담보로 잡았다. 이는 기관에서도 충분한 담보가치가 있다고 판단하고 회사의 실사를 통해 충분히 투자와 리스크 점검이 되고 투자가 집행되었다고 추정된다.

2월 26일에 시간 외로 블루비스타 3자배정을 통해 120억 원 유상증자를 실시했다. 발행가액은 3,170원이다. 2월 26일 상한가 4,965원으로 종가를 마무리했다. 오후 4시 30분경 블루비스타 3자배정 공시가 나왔다. 위 자금도 타법인취득과 운영자금의 목적으로 발행했다.

2월 26일 유상증자 공시가 뜬 후, 20분이 지나고 전환사채 발행공시가 나왔다. 전환가액은 3,832원이고 총 150억 원 자금조달을 하며 타법인증권취득 100억 원, 운영자금 50억 원 목적으로 발행했다. 종가 대비 약 20% 할인된 가격으로 전환사채를 발행했다. 둘 다 블루 관련 이해관계인이 있는 법인 대상으로 진행했기에 필룩스와 블루커넬과는 밀접한 연관성이 있음을 추정할 수 있다.

2월 27일에 378억 원 유상증자 공시를 했다. 당일 종가는 6,465원이다. 대상은 Coagentus Pharma, LLC 3자배정으로 타법인 증권 취득으로 자금조달을 진행했다. 할증률이 약 42% 적용된 6천 원으로 발행을 결정했다.

하루 사이에 발행가액이 무려 2배 가까이 오르게 되었다. 위 회사는 제약·바이오 관련 기업으로 추정된다.

공시 후 3월 3일까지 주가가 1만 650원까지 올랐다.

다음으로 차트흐름을 살펴보자.

필룩스는 유상증자와 전환사채 3자배정 발행을 통해 주가가 크게 뛴 사례다. 아무래도 내부자들이 알 수밖에 없는 정보여서 구체적 이유는 모를 수 있지만, 자금조달 발행공시를 통해 좋은 호재가 있다는 것을 눈치 챌 수 있다.

종가 대비해서 할증을 하면서 3자배정을 했다는 것은 큰 확률로 좋은 호재다. 큰 수익을 안겨줄 수 있는 공시이기 때문에 위 기업과의 3자배정과의 연결고리를 잘 찾는다면 좋은 결과를 맺을 수 있다고 생각한다.

사례 2 │ 삼성중공업

이번에는 일반 유상증자 배정을 통해 주가가 하락한 공시를 살펴보도록 하자.

수시공시의무관련사항(공정공시)

	공시제목	유상증자 계획
1. 정보내용	관련 수시공시내용	- 당사는 재무구조 개선을 위해 　주주배정 후 실권주 일반공모 방식으로 　1.5조원 규모의 유상증자를 　2018년 5월초 완료 일정으로 추진할 계획임
	예정 공시 일시	2017-12-06
2. 정보제공내역	정보제공자	재무팀
	정보제공대상자	투자자 및 언론기관
	정보제공(예정)일시	2017년 12월 6일 공정공시 이후
	행사명(장소)	-
3. 연락처(관련부서/전화번호)		재무팀(자금기획): 031-5171-7900
4. 기타 투자판단과 관련한 중요사항		
- 상기 사항은 경영 상황에 따라 일부 변경이 있을 수 있음 - 향후 이사회를 개최하여 유상증자에 대한 결의를 할 예정이며 　확정 이후 공시를 실시할 예정임		
※ 관련공시	-	

유상증자 결정

1. 신주의 종류와 수	보통주식 (주)	240,000,000
	기타주식 (주)	
2. 1주당 액면가액 (원)		5,000
3. 증자전 발행주식총수 (주)	보통주식 (주)	390,000,000
	기타주식 (주)	114,845
4. 자금조달의 목적	시설자금 (원)	-
	운영자금 (원)	1,562,400,000,000
	타법인 증권 취득자금 (원)	-
	기타자금 (원)	-
5. 증자방식		주주배정후 실권주 일반공모

※ 기타주식에 관한 사항

정관의 근거	-
주식의 내용	-
기타	-

〜〜〜〜〜〜〜〜〜〜

4. 자금조달의 목적	운영자금 (원)		1,562,400,000,000
	타법인 증권 취득자금 (원)		–
	기타자금 (원)		–
5. 증자방식			주주배정후 실권주 일반공모

※ 기타주식에 관한 사항

정관의 근거	–
주식의 내용	–
기타	–

6. 신주 발행가액	확정발행가	보통주식 (원)	–		
		기타주식 (원)	–		
	예정발행가	보통주식 (원)	6,510	확정예정일	2018년 04월 09일
		기타주식 (원)	–	확정예정일	–
7. 발행가 산정방법		23. 기타 투자판단에 참고할 사항 (가) 신주 발행가액 산정 방법 참조			
8. 신주배정기준일		2018년 03월 08일			
9. 1주당 신주배정주식수 (주)		0.5272546496			
10. 우리사주조합원 우선배정비율 (%)		20.0			
11. 청약예정일	우리사주조합	시작일	2018년 04월 12일		
		종료일	2018년 04월 12일		
	구주주	시작일	2018년 04월 12일		
		종료일	2018년 04월 13일		
12. 납입일		2018년 04월 20일			
13. 실권주 처리계획		23. 기타 투자판단에 참고할 사항 (나) 신주의 배정방법 참조			
14. 신주의 배당기산일		2018년 01월 01일			
15. 신주권교부예정일		2018년 05월 03일			
16. 신주의 상장예정일		2018년 05월 04일			
17. 대표주관회사(직접공모가 아닌 경우)		한국투자증권(주), 미래에셋대우(주), 엔에이치투자증권(주)			
18. 신주인수권양도여부		예			
– 신주인수권증서의 상장여부		예			
– 신주인수권증서의 매매 및 매매의 중개를 담당할 금융투자업자		한국투자증권(주), 미래에셋대우(주), 엔에이치투자증권(주)			

삼성중공업은 삼성그룹 계열회사로 1974년 설립되었으며 조선해양 부문과 E&I 부문 사업을 영위하고 있다. 기본 정보를 보자.

시가총액 약 3조 원(12월 6일 당시) → 30% 가까이 하락(실적 하락도 포함)

증자방식 3자배정

증자금액 1조 5,624억 원(운영자금)

발행방식 미래에셋대우, 한국투자증권, NH투자증권을 통한 간접발행방식

예정 발행가액 6,510원(실제 발행가액은 4월 9일 확정)

권리락 2018년 3월 7일

삼성중공업은 지속적인 조선업 불황에 따라 운영에 어려움을 겪고 있었다. 이에 따라 불가피하게 주주배정 후 실권주 방식으로 유상증자를 단행하게 되었다. 운영에 어려움이 있었기 때문에 자금의 목적은 운영자금으로 쓰인다. 구조조정에 따라 실적 정상화가 되기까지는 오랜 시간이 걸릴 것이다.

차트 흐름을 살펴보자.

12월 6일 유상증자 계획 공시 후에 주가는 6,940원인 고점 대비 50% 정도 하락하게 되었다. 발행주식사가 65% 증가하기 때문에 주가는 60% 이상 하락할 가능성을 염두에 두고 12월 7일 시초가에 매도를 하는 것이 바람직하다. 이후 조선업의 구조조정에 따른 재무개선 기대감에 따라 1개월 정도 바닥을 다지며 1개월 동안 바닥 대비 약 40% 정도 상승했다. 이후 다시 주가는 내림세를 보였다.

사례 3 | 에이티젠

마지막으로 무상증자 공시에 대해서 살펴보겠다.

무상증자 결정

1. 신주의 종류와 수	보통주식 (주)	11,988,565
	기타주식 (주)	–
2. 1주당 액면가액 (원)		500
3. 증자전 발행주식총수	보통주식 (주)	11,988,565
	기타주식 (주)	–
4. 신주배정기준일		2018년 01월 01일
5. 1주당 신주배정 주식수	보통주식 (주)	1
	기타주식 (주)	–
6. 신주의 배당기산일		2018년 01월 01일
7. 신주권교부예정일		2018년 01월 25일
8. 신주의 상장 예정일		2018년 01월 26일
9. 이사회결의일(결정일)		2017년 12월 11일
– 사외이사 참석여부	참석(명)	1
	불참(명)	–
– 감사(감사위원)참석 여부		참석

에이티젠은 생물학적제제 제조와 공급을 목적으로 실험용 시약 생산 및 판매업을 주사업으로 영위하고 있다. 기본 정보는 다음과 같다.

시가총액 약 4,200억 원(12월 11일 기준)

증자방식 무상증자(1대1 증자방식), 주식수는 비례해 지급하고 주가는 50%
할인되는 방식

증자 전 발행주식수 2017년 12월 11일 11,988,565주에서 1월 25일 2배 늘
어난 24,354,687주

기준가 18,000원(12월 26일 확정)

권리락 2018년 12월 27일

암과 면역력 관련 진단키트를 만드는 에이티젠은 12월 11일 무상증자 공시가 나오면서 당일 주가가 10% 이상 올랐다. 이후 제약바이오 업종의 순환매가 들어오면서 업황 센티가 좋아져 주가가 무증공시 이후 40% 이상 올랐다가 최근 다시 가격조정이 나타났다.

기존에 100주를 가지고 있었던 주주는 1월 25일 100주를 추가로 받을 수 있으며, 주식수는 200주가 되고 주가는 반으로 줄어들게 된다. 무상증자는 회사의 이익이 증가할 경우 주주들에게 무상으로 주식을 증여하는 것이다. 또는 주식수가 적어 유통되는 주식수를 늘리기 위해 무상증자를 실시하기도 한다.

에이티젠은 전자보다는 후자일 가능성이 높다. 보통 무상증자 공시가 나오게 되면 당일 주가가 급등하는 경우가 많다. 하지만 지속적으로 주가가 올라간다는 보장은 없다. 회사의 수익성과 성장성이 높다면 주가가 지속적으로 상승랠리를 펼칠 수 있지만, 단순 주식수를 늘리는 작업이면 주가가 다시 아래로 내려올 수 있기 때문이다. 다만 보통 무상증자는 호재로 반영되기 때문에 당일 주가가 올라가는 경우는 많다.

차트 흐름을 살펴보자.

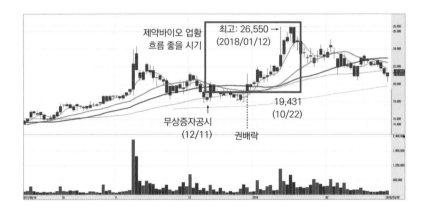

12월 11일 무상증자 공시 후 1개월 동안 약 50% 정도 상승했다. 무상증자 효과에 따른 주가 상승으로 풀이된다.

다트분석
공시를 통한 투자 아이디어 찾기

금융감독원 전자공시시스템인 다트(DART)분석법에 대해서 배워보는 시간을 갖겠다. 공시는 주가에 영향을 주기 때문에 투자 포인트를 잡는 데 이용할 수 있다.

지분공시, 공급 계약공시, 오버행이슈라는 3가지에 대해서 공시를 보는 과정부터 공시 내용에 대해 하나하나 살펴보도록 하자.

지분공시 보는 법

다트(DART)
금융감독원 전자공시시스템 다트 홈페이지(dart.fss.or.kr)에 접속한다.

1. 홈페이지 메인 화면에 접속한다.

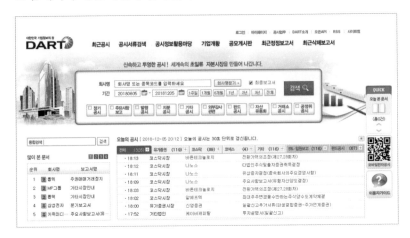

2. [공시서류 검색]에서 [상세검색]을 클릭한다.

3. 기관 또는 슈퍼개미 제출인명에 기입 후 검색한다.

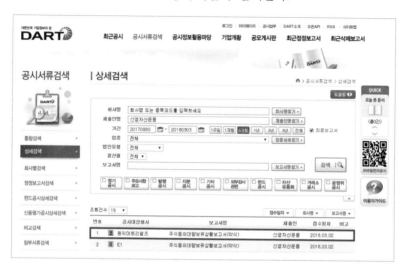

4. 공시체크 후 자세히 검색한다.

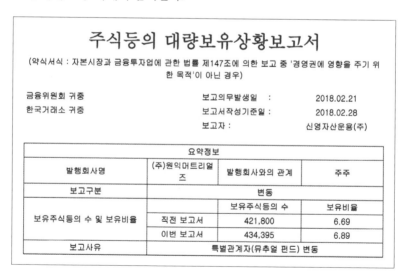

주식등의 대량보유상황보고서

(약식서식 : 자본시장과 금융투자업에 관한 법률 제147조에 의한 보고 중 '경영권에 영향을 주기 위한 목적'이 아닌 경우)

금융위원회 귀중   보고의무발생일   :   2018.02.21
한국거래소 귀중   보고서작성기준일 :   2018.02.28
                       보고자   :   신영자산운용(주)

요약정보			
발행회사명	(주)원익머트리얼즈	발행회사와의 관계	주주
보고구분	변동		
보유주식등의 수 및 보유비율		보유주식등의 수	보유비율
	직전 보고서	421,800	6.69
	이번 보고서	434,395	6.89
보고사유	특별관계자(유추얼 펀드) 변동		

신영플러스 안정형투자 회사11(채권 혼합)	107-86-73808	2018.02.21	장내매수(+)	의결권있는 주식	0	1	1	66,600	-
신영플러스 안정형투자 회사11(채권 혼합)	107-86-73808	2018.02.22	장내매수(+)	의결권있는 주식	1	55	56	66,820	-
신영플러스 안정형투자 회사11(채권 혼합)	107-86-73808	2018.02.23	장내매수(+)	의결권있는 주식	56	36	92	66,392	-
신영플러스 안정형투자 회사11(채권 혼합)	107-86-73808	2018.02.27	장내매수(+)	의결권있는 주식	92	30	122	67,547	-
신영자산운 용(주)	116-81-60433	2018.02.05	장내매도(-)	의결권있는 주식	421,800	-2,629	419,171	60,276	일임매매분
신영자산운 용(주)	116-81-60433	2018.02.05	장내매수(+)	의결권있는 주식	419,171	1,623	420,794	60,762	일임매매분
신영자산운 용(주)	116-81-60433	2018.02.06	장내매도(-)	의결권있는 주식	420,794	-2,235	418,559	57,452	일임매매분
신영자산운 용(주)	116-81-60433	2018.02.07	장내매수(+)	의결권있는 주식	418,559	136	418,695	65,320	-
신영자산운 용(주)	116-81-60433	2018.02.07	장내매도(-)	의결권있는 주식	418,695	-1,180	417,515	63,832	일임매매분
신영자산운 용(주)	116-81-60433	2018.02.07	장내매수(+)	의결권있는 주식	417,515	2,582	420,097	65,276	일임매매분
신영자산운 용(주)	116-81-60433	2018.02.08	장내매수(+)	의결권있는 주식	420,097	45	420,142	66,307	-
신영자산운 용(주)	116-81-60433	2018.02.08	장내매수(+)	의결권있는 주식	420,142	185	420,327	65,951	일임매매분
신영자산운 용(주)	116-81-60433	2018.02.09	장내매수(+)	의결권있는 주식	420,327	212	420,539	64,982	일임매매분
신영자산운 용(주)	116-81-60433	2018.02.12	장내매도(-)	의결권있는 주식	420,539	-1,559	418,980	66,530	-
신영자산운 용(주)	116-81-60433	2018.02.12	장내매도(-)	의결권있는 주식	418,980	-1,889	417,091	66,514	일임매매분
신영자산운 용(주)	116-81-60433	2018.02.13	장내매수(+)	의결권있는 주식	417,091	56	417,147	66,791	일임매매분
신영자산운 용(주)	116-81-60433	2018.02.19	장내매수(+)	의결권있는 주식	417,147	1,811	418,958	66,234	-
신영자산운 용(주)	116-81-60433	2018.02.19	장내매수(+)	의결권있는 주식	418,958	1,539	420,497	66,227	일임매매분
신영자산운 용(주)	116-81-60433	2018.02.20	장내매도(-)	의결권있는 주식	420,497	-925	419,572	65,100	-

※ 빨간색 박스: 최근 신영자산운용 매매수량 분석(-는 매도, +는 매수), 파란색 박스: 매매단가

신영자산운용은 21년간 가치투자 철학원칙으로 가치주, 배당주를 일관성 있게 유지하며 매력적인 기업을 발굴하는 운용사로 알려져 있다. 2018년에는 장기간 시장에서 소외되었던 저평가 중소형주에서 투자의 기회를 찾기 위해 중소형주 펀드를 출시해 기대 이상의 관심을 받기도 했다.

워낙 수익률이 높은 운용사로 알려져 있기 때문에, 신영자산운용이 투자하는 종목을 찾기 위해 다트를 통해 역으로 종목을 검색하는 방식이라 보면 될 것이다. 아무래도 기관투자자는 개인투자자보다 정보가 빠르기 때문에 기관의 수급을 체크하는 분석방법이라 보면 된다. 반드시 올라간다는 보장은 없지만, 안전하게 분할 투자하다 보면 좋은 결과를 맺을 수 있다고 생각한다.

신영자산운용은 최근 원익머트리얼즈 종목을 꾸준히 담아가고 있는 모습이 포착된다. 최근 수급을 분석해보면 신영자산운용은 2월 20일부터 28일까지 6만 5천~6만 7천 원 사이에서 1만 5천 주 정도 매수를 했다. 대략 매수금액은 10억 원 정도로 추정할 수 있다.

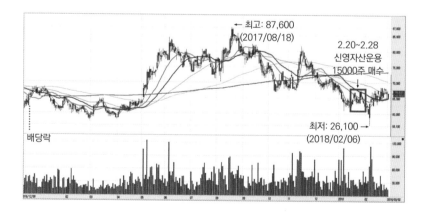

원익머트리얼즈 일봉차트에서 위 종목은 박스권 하단에서 반등하는 모습이 나타나고 있다.

한국투자밸류자산운용

다음은 한국투자밸류자산운용으로 종목을 찾아보겠다.

1. 기관(한국투자밸류자산운용)을 검색한다.

2. 공시체크 후 자세히 검색한다.

다. 세부변동내역

보고사유	변동일*	특정증권등의 종류	소유 주식 수 (주)			취득/처분 단가(원)**	비 고
			변동전	증감	변동후		
장내매수(+)	2018년 02월 21일	보통주	5,215,529	13,000	5,228,529	15,080	-
장내매수(+)	2018년 02월 22일	보통주	5,228,529	1,000	5,229,529	15,200	-
장내매수(+)	2018년 02월 23일	보통주	5,229,529	9,813	5,239,342	15,050	-
장내매수(+)	2018년 02월 26일	보통주	5,239,342	3,000	5,242,342	14,991	-
장내매수(+)	2018년 02월 27일	보통주	5,242,342	1,000	5,243,342	15,150	-
합 계			-	27,813	-	-	-

※ 빨간색 박스: 주식수 증가, 파란색 박스: 취득단가. 평균 단가 약 15,000원 취득

한국투자밸류자산운용은 현재의 주가보다 내재가치가 우수한 기업을 발굴해 분석하는 운용사다. 빙산의 일각보다 바닷속에 잠겨 있는 빙산 전체를 읽는 투자방식을 채택하고 있다.

NICE는 1986년 한국신용정보 주식회사로 출발해 2004년 2월 유가증권시장에 상장되었다. 2010년 11월 투자사업부문과 신용조회사업부문을 인적분할했으며, 동일자로 동사의 투자사업부문을 존속법인으로 해 한국신용평가정보(주)로부터 인적분할된 투자사업부문을 흡수합병하고 상호를 한국신용정보 주식회사에서 주식회사 나이스홀딩스로 변경했다. 현재 26개의 종속회사를 두고 있으며, 종속회사 및 기타 투자회사로부터의 배당수익, 상표권 사용수익 등으로 수익을 올리는 회사다. 어떠한 이유로 최근 매집을 했는지는 확인하기는 어렵지만 최근 외국인과 기관의 매수세가 계속해서 들어오고 있다.

한국투자밸류자산운용은 1만 5천 원 부근에서 2만 8천 주 매수했다. 약 4억 2천만 원 정도 매수를 한 것이다. 그 후 최근 거래량이 터지면서 주가가 강하게 올라가는 모습이 나타났다.

최고: 17,650(2017/10/10)

최저: 13,800 →
(2017/12/20)

배당락

14,744(02/21)

한국투자밸류
자산운용
25000주 매수

    일봉차트는 고점과 저점을 낮추는 우하향 차트를 보여주고 있다. 한국
투자밸류자산운용에서 지분공시가 나온 후 7일 내에 거래량이 실리면서
20% 가까이 상승했다.

슈퍼개미

마지막으로 슈퍼개미가 취득한 지분을 통해 주가의 움직임이 어떻게 되
었는지 살펴보자.

1. 슈퍼개미(유준원)를 검색한다.

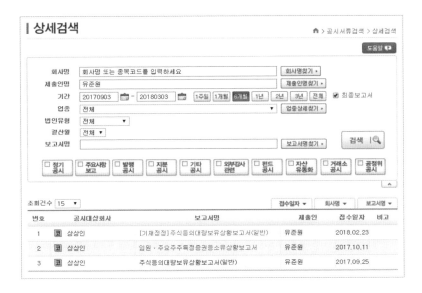

상세검색
🏠 > 공시서류검색 > 상세검색

도움말 ❓

회사명	회사명 또는 종목코드를 입력하세요	회사명찾기 ▸
제출인명	유준원	제출인명찾기 ▸

기간 20170903 📅 - 20180303 📅 1주일 1개월 **6개월** 1년 2년 3년 전체 ☑ 최종보고서

업종	전체 ▾	업종상세찾기 ▸
법인유형	전체 ▾	
결산월	전체 ▾	
보고서명		보고서명찾기 ▸

검색 🔍

☐ 정기공시 ☐ 주요사항보고 ☐ 발행공시 ☐ 지분공시 ☐ 기타공시 ☐ 외부감사관련 ☐ 펀드공시 ☐ 자산유동화 ☐ 거래소공시 ☐ 공정위공시

조회건수 15 ▾   접수일자 ▾ 회사명 ▾ 보고서명 ▾

번호	공시대상회사	보고서명	제출인	접수일자	비고
1	🔲 상상인	[기재정정]주식등의대량보유상황보고서(일반)	유준원	2018.02.23	
2	🔲 상상인	임원·주요주주특정증권등소유상황보고서	유준원	2017.10.11	
3	🔲 상상인	주식등의대량보유상황보고서(일반)	유준원	2017.09.25	

2. 공시체크 후 자세히 검색한다.

2. 세부변동내역

성명 (명칭)	생년월일 또는 사업자등록번호 등	변동일*	취득/처분 방법	주식등의 종류	변동 내역 변동전	변동 내역 증감	변동 내역 변동후	취득/처분 단가**	비고
김진수	630415	2017.05.19	장내매도(-)	의결권있는 주식	63,028	-11,000	52,028	(8,047)	-
김진수	630415	2017.05.22	장내매도(-)	의결권있는 주식	52,028	-10,000	42,028	(8,158)	-
김진수	630415	2017.05.23	장내매도(-)	의결권있는 주식	42,028	-10,000	32,028	(8,115)	-
김진수	630415	2017.05.24	장내매도(-)	의결권있는 주식	32,028	-3,050	28,978	(8,006)	-
김진수	630415	2017.05.25	장내매도(-)	의결권있는 주식	28,978	-11,000	17,978	(7,823)	-
김진수	630415	2017.05.26	장내매도(-)	의결권있는 주식	17,978	-10,010	7,968	(7,825)	-
김진수	630415	2017.05.29	장내매도(-)	의결권있는 주식	7,968	-7,968	0	(7,808)	-
김진호	720420	2017.06.16	장내매도(-)	의결권있는 주식	5,555	-2,500	3,055	(9,800)	-
김진호	720420	2017.06.19	장내매도(-)	의결권있는 주식	3,055	-3,055	0	(9,803)	-
제갈태호	601028	2017.06.19	장내매도(-)	의결권있는 주식	22,000	-15,000	7,000	(9,956)	-
제갈태호	601028	2017.06.20	장내매도(-)	의결권있는 주식	7,000	-1,750	5,250	(9,986)	-
제갈태호	601028	2017.06.21	장내매도(-)	의결권있는 주식	5,250	-5,250	0	(9,477)	-
유준원	740904	2017.08.16	장내매수(+)	의결권있는 주식	10,650,000	18,608	10,668,608	(9,522)	-
유준원	740904	2017.08.17	장내매수(+)	의결권있는 주식	10,668,608	4,392	10,673,000	(9,570)	-
유준원	740904	2017.08.18	장내매수(+)	의결권있는 주식	10,673,000	12,000	10,685,000	(9,577)	-
유준원	740904	2017.09.22	장내매수(+)	의결권있는 주식	10,685,000	7,700	10,692,700	(9,238)	-
유준원	740904	2017.09.25	장내매수(+)	의결권있는 주식	10,692,700	2,500	10,695,200	(9,096)	-

※빨강색 박스: 매수 수량, 파랑색 박스: 취득단가(평균 9,400원)

2018년 2월 슈퍼개미 유준원의 이슈였다. 최근 골든브릿지투자증권 인수와 관련해서 뉴스가 나와, 다트를 통해 '유준원'을 검색했다. 공시를 보니 2017년 9월 25일 텍셀네트컴 지분취득 공시가 있었다. 현재는 상상인으로 사명을 변경했다.

    유준원이라는 사람은 2009년 35세 때 증권시장에 모습을 드러낸 사람이다. 1974년생으로 연세대 법대를 나오고 일반회사의 대표를 맡았다. 상상인 경영을 맡은 후에는 금융사 네트워크 솔루션을 본업으로 하고 지주사 형태로 사업체 인수를 시작했다. 코스닥 상장사를 주고객으로 하며 명동 사채시장에서 자금을 조달하던 기업 고객을 싹쓸이했다.

    유준원 대표는 다양한 기업을 직접 경영하고 투자하면서 외부 노출이 드물었다. 다만 이례적으로 2017년 상상인 투자자 설명회에서 경영전략을 설명하며 자기자본이익률이 8% 이상으로 경쟁 금융회사보다 높은 부분을 강조했다. 이런 부분들이 투자자에 좋은 투자 아이디어를 불러일으키며 상상인의 주가도 크게 올라가게 되었다.

상상인 지분공시를 보면 유준원 대표는 9,500원대에서 4만 5천주 정도를 추가 매수한 공시가 있다. 약 4억 3천만 원 정도 매수를 한것이다. 슈퍼개미의 지분취득을 알았다면 분명 좋은 기회가 되었을 것이라 생각한다.

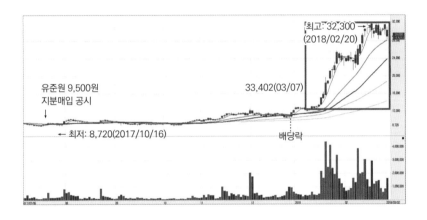

일봉차트를 보자. 2017년 9월 최대 주주가 바뀌는 지분 공시 3개월 후 거래가 실리면서 본격적인 상승랠리가 시작했다. 3개월 만에 약 3배 이상 상승했다.

공급/수주 계약공시 보는 법

1. 금감원 전자공시시스템 홈페이지 메인 화면의 [공시서류 검색]에서 [통합검색]을 클릭한다.

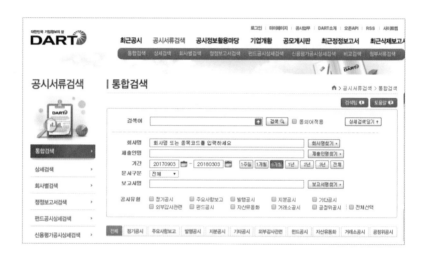

2. 공급계약 기입 후 검색한다.

3. 종목 선별 후 계약공시를 자세히 검색한다.

기 신텍 단일판매 · **공급계약체결**(자율공시)

한솔신텍/단일판매 · **공급계약체결**(자율공시)/(2018.03.02)단일판매 · **공급계약체결**(자율공시) 단일판매 · **공급계약** 체결(자율공시) 1. 판매 · **공급계약** 내용 Saudi SABIC EO/EG MUA110 BOILER...

[거래소공시] [본문] 제출인 : 신텍   2018.03.02

코 에코마이스터   [기재정정] 투자설명서

...체결) 06 현대제철과 SAP **공급계약** 체결 11 자회사 ㈜에코큐빅타이 설립 11 일본 OSAKA SHOJI사와 제강컨설팅 및 장비공급 계약 12 ㈜에코마이스터 동해공장 설치(동부메탈) 12 제49회 무역의 날...

[발행공시] [본문] 제출인 : 에코마이스터   2018.03.02

코 기가레인   단일판매 · **공급계약체결**

기가레인/단일판매 · **공급계약체결**/(2018.03.02)단일판매 · **공급계약체결** 단일판매 · **공급계약** 1. 판매 · **공급계약** 내용 식각장비 2. 계약내역 계약금액(원) 9,317,700,000 최근 매출액(원)...

[거래소공시] [본문] 제출인 : 기가레인   2018.03.02

코 CS   단일판매 · 공급계약체결(자율공시)

CS/단일판매 · **공급계약체결**(자율공시)/(2018.03.02)단일판매 · **공급계약체결**(자율공시) 단일판매 · **공급계약** 체결(자율공시) 1. 판매 · **공급계약** 내용 LTE RF중계기 **공급계약** 2. 계약내역 계약금액 (원)...

[거래소공시] [본문] 제출인 : CS   2018.03.02

코 디이엔티   단일판매 · 공급계약체결

디이엔티/단일판매 · **공급계약체결**/(2018.03.02)단일판매 · **공급계약체결** 단일판매 · **공급계약** 1. 판매 · **공급계약** 내용 OLED 제조장비 2. 계약내역 계약금액(원) 7,121,079,000 최근 매출액(원)...

[거래소공시] [본문] 제출인 : 디이엔티   2018.03.02

코 테스   단일판매 · 공급계약체결(자율공시)

테스/단일판매 · **공급계약체결**(자율공시)/(2018.03.02)단일판매 · **공급계약체결**(자율공시) 단일판매 · **공급계약** 체결(자율공시) 1. 판매 · **공급계약** 내용 반도체 제조장비 2. 계약내역 계약금액 (원)...

[거래소공시] [본문] 제출인 : 테스   2018.03.02

코 시공테크   단일판매 · 공급계약체결(자율공시)

시공테크/단일판매 · **공급계약체결**(자율공시)/(2018.03.02)단일판매 · **공급계약체결**(자율공시) 단일판매 · **공급계약** 체결(자율공시) 1. 판매 · **공급계약** 내용 경기도학생종합안전체험관 전시 체험시설 설계 및 제작설치...

[거래소공시] [본문] 제출인 : 시공테크   2018.03.02

(주)테스 (정정)단일판매·공급계약체결(자율공시)
테스

정정신고(보고)

	정정일자	2018-01-29

1. 정정관련 공시서류	단일판매·공급계약 체결(자율공시)
2. 정정관련 공시서류제출일	2018.01.02
3. 정정사유	납기일정 변경에 따른 정정

4. 정정사항

정정항목	정정전	정정후
5. 계약기간 종료일	2018-02-01	2018-02-26

-

단일판매·공급계약 체결(자율공시)

1. 판매·공급계약 내용		반도체 제조장비
2. 계약내역	계약금액 (원)	13,500,000,000
	최근 매출액 (원)	178,907,933,853
	매출액 대비 (%)	7.5
3. 계약상대방		SK하이닉스
-회사와의 관계		-
4. 판매·공급지역		대한민국
5. 계약기간	시작일	2017-12-29
	종료일	2018-02-26
6. 주요 계약조건		-
7. 판매·공급 방식	자체생산	해당
	외주생산	미해당
	기타	-
8. 계약(수주)일자		2017-12-29

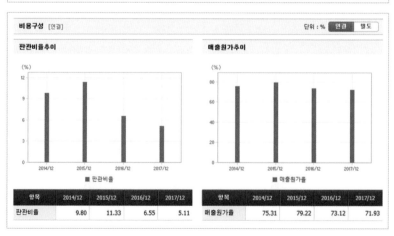

비용구성 [연결]　　　　　　　　　　　　　　단위:% 연결 별도

판관비율추이

항목	2014/12	2015/12	2016/12	2017/12
판관비율	9.80	11.33	6.55	5.11

매출원가추이

항목	2014/12	2015/12	2016/12	2017/12
매출원가율	75.31	79.22	73.12	71.93

Financial Highlight [연결|전체]				단위 : 억원, %, 배, 천주	연결 별도	전체	연간	분기
IFRS(연결)	Annual				Net Quarter			
	2015/12	2016/12	2017/12	2018/12(E)📄	2018/03	2018/06	2018/09	2018/12(E)📄
매출액	1,003	1,789	2,758	2,915	1,004	950	464	552
영업이익	95	364	633	568	233	202	77	81
당기순이익	125	313	543	447	204	127	67	

테스는 반도체 장비의 제조 및 개조사업을 영위하기 위해 2002년에 설립되었다. 반도체 장비 중에서도 전 공정 핵심장비인 CVD와 ETCH장비 제조를 주력으로 영위하고 있으며, 2010년도부터 가스방식의 Dry Etcher 장비의 개발에 성공하며 건식기상식각 장비시장에 진입했고, 2012년도엔 여러 공정을 동시에 수행하는 복합장비(Hybrid System) 양산에 성공했다. 2013년은 반도체 전공정 장비인 LPCVD와 새로운 PECVD의 양산에 성공했으며, 2017년 반도체 호황으로 삼성전자, SK하이닉스 등의 업체가 투자를 늘리면서 매출이 2배가량 증가했다

위 회사는 최근 자율공시로 공급계약 공시를 했다. 계약기간은 1개월짜리며 공급계약은 SK하이닉스로부터 135억 원 정도 나왔다. 아직 2017년 감사보고서가 나오지 않았기 때문에, 2016년 매출액인 1,789억 원 대비해서는 7.5% 수준 정도다. 2018년 매출추정 대비해서는 약 6% 정도 될 것이다.

매출 공급계약 공시로 영업이익을 추정했을 때는 매출원가율과 판관비율을 따져서 대략적인 영업이익을 추정해볼 수 있을 것이다.

2016년 매출원가율이 73%, 판관비율은 6.5% 수준이다. 이 부분은 비용적인 측면이기 때문에 줄어들수록 수익성이 좋아진다. 2014년과 2015년 대비 매출원가율과 판관비율은 줄어들고 있다.

공급계약 150억 원에 매출원가율이 73%면 매출원가는 약 110억 원 정

도 나온다. 매출액 150억 원에서 매출원가 110억 원을 차감해주면 매출 총
이익은 40억 원 정도 나올 것으로 계산된다.

판관비율은 공급예약의 6.5%인 약 10억 원을 차감해주면 영업이익은
30억 원이 계산될 것이다. 영업이익률은 20% 정도 나오는 것이다.

2017년 영업이익이 630억 원으로 추정했을 때 약 6% 정도 공급계약에
대한 영업이익이 증가하기 때문에 단순히 보면 주가는 5~6% 정도 올라가
야 맞다고 볼 수 있다.

공급계약 공시는 회사의 호재다. 계약공시가 나오면 오르는 경향이 더
많다. 각 회사의 판관비율과 매출원가율을 살피면서 영업이익 추정치를
계산해보면 주가의 업사이드를 예측할 수 있다. 다만 기업은 다양한 사업
을 하고 있기 때문에 해당 사업의 판관비율과 매출원가율이 맞는지는 기
업에 확인한 후 투자하는 것이 바람직할 것이다.

오버행 이슈 물량 체크하는 방법

기업이 자금조달을 했을 때 전환되지 않는 물량이나, 신주물량이 추가 상
장될 때 보통 전환가보다 주가가 높거나 신주인수권 행사가액보다 주가가
높게 형성되어 있다. 이때 추가 대기물량을 오버행 물량이라고 한다. 이는
주가 상승에 걸림돌이 된다.

회사의 분기보고서, 사업보고서를 보면 주석부분에 미상환되거나 미전
환된 사채 물량들이 있다. 보통주로 유입되는 것이기에 보통 차익물량으
로 출회될 수 있으며, 주가가 굉장히 무거워질 수 있다.

전환사채나 신주인수권부사채 발행공시가 떴을 때 해당 보고서에서 전

환청구기간과 신주인수권부여 기간을 잘 파악해서 미리미리 오버행 이슈를 점검해야 된다.

다음 자료는 과거에 아프리카TV, 바이넥스, 주성엔지니어링에서 메자닌채권을 발행한 내역이다.

사례 1 | 아프리카TV

미상환 신주인수권부사채 등 발행현황

(기준일 : 2016.06.30)

(단위 : 원, 주)

종류 \ 구분	발행일	만기일	권면총액	행사대상 주식의 종류	신주인수권 행사가능기간	행사조건 행사비율 (%)	행사가액	미행사신주인수권부사채 권면총액	행사가능 주식수	비고
제4회 무기명식 이권부 무보증 분리형 사모 신주인수권부사채	2011.12.28	2017.12.28	6,000,000,000	보통주	2012.12.28 ~2017.11.28	100	7,550	3,000,000,000	397,350	주1)
합 계	-	-	6,000,000,000	-	-	-	-	3,000,000,000	397,350	-

주1) 제4회 무기명식 이권부 무보증 분리형 사모 신주인수권부사채는 권리자의 조기상환 청구에 따라, 2013년 12월 30일 전액 취득(금액 : 6,497,142,000원, 이자 포함) 후 소각되었습니다.

주) 제3회 무기명식 이권부 무보증 분리형 사모 신주인수권부사채는 권리자의 조기상환 청구에 따라, 2013년 6월 28일 전액 취득(금액 : 6,369,120,000원, 이자 포함) 후 소각되었고, 2016.05.27 미행사 신주인수권 397,350주가 행사되어 3회차 신주인수권부사채는 모두 소멸되었습니다.

만기 6년

신주인수권 행사기간 발행 1년 후부터

행사가능 주식 약 40만 주

아프리카TV가 2012년 12월 28일~2017년 11월 28일까지 주가가 7,550원 위에 있다고 가정하면 신주인수권을 행사해 보통주를 받아서 차익물량이 출회될 수 있다. 다만 위 신주인수권부사채는 공시에 나오다시피 권리자의 조기상환 청구에 따라 모두 소멸되었음을 확인할 수 있다.

사례 2 | 바이넥스

나. 미상환 전환사채 발행현황

(기준일 : 2016년 03월 31일)   (단위 : 원, 주)

종류\구분	발행일	만기일	권면총액	전환대상 주식의 종류	전환청구가능기간	전환조건 전환비율 (%)	전환조건 전환가액	미상환사채 권면총액	미상환사채 전환가능주식수	비고
제4회 사모 전환사채	2015년 06월 01일	2020년 06월 01일	20,000,000,000	보통주	2016.06.01~ 2020.05.01	100%	14,400	20,000,000,000	1,388,888	-
합 계	-	-	20,000,000,000	보통주	-	100%	14,400	20,000,000,000	1,388,888	-

전환가액의 조정

1. 조정에 관한 사항	회차	조정전 전환가액 (원)		조정후 전환가액 (원)	
	4	14,400		10,080	
2. 전환가능주식수 변동	회차	미전환사채의 권면총액 (통화단위)		조정전 전환가능 주식수 (주)	조정후 전환가능 주식수 (주)
	4	20,000,000,000	KRW : South-Korean Won	1,388,888	1,984,126
3. 조정사유	시가하락에 따른 전환가액 조정				

만기 5년

전환청구기간 발행 후 1년부터

전환가액 14,400원, 미상환사채 200억 원. 오버행 이슈물량 존재.

환권 행사시 상장물량 주식수 1,388,888주

바이넥스는 미전환된 물량이 200억 원이나 있다. 그리고 3월 2일 주가는 10,700원에 머물러 있다. 아마 전환사채 발행 시 주가하락에 대한 전환가액조정(Refixing)조건이 붙었다. 현재 전환가액은 10,080원이다. 전환가가 낮아졌기 때문에, 전환주식수는 1,984,126주로 증가했다.

2018년 3월 2일 기준 시가총액은 3,350억 원이고 200억 원이 미전환되었기 때문에 전환 시 시총 비중의 약 6~7%로 주가는 6~7% 정도 하락 조정이 나올 수 있다.

사례 3 | 주성엔지니어링

미상환 전환사채 발행현황

(기준일 : 2016년 03월 31일) (단위 : 백만원, 주)

종류\구분	발행일	만기일	권면총액	전환대상 주식의 종류	전환청구가능기간	전환조건 전환비율 (%)	전환조건 전환가액	미상환사채 권면총액	미상환사채 전환가능주식수	비고
제 4회 무기명식 무보름 사모 전환사채	2011년 01월 21일	2016년 01월 21일	30,000	보통주	2012.01.21 ~ 2016.01.14	100	15,547	0	0	-
합 계	-	-	30,000	-	-	-	-	0	0	-

- 제 4회 전환사채는 전전기 중 주주배정 유상증자를 실시하였기에 전환가액이 조정되었습니다. (관련공시 : 2014.07.14 전환가액의 조정)
- 제 4회 전환사채는 당분기 중 만기 상환 하였습니다.

만기 5년

전환청구기간 발행 후 1년부터

전환청구 가액 155억 원

전환청구가 이루어지지 않았고, 채권자는 만기까지 보유 후 만기상환 이루어졌다.

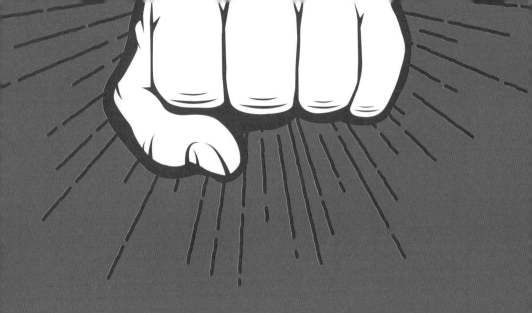

PART 02

기술적 분석

과거 주식의 가격이나 거래량 등을 바탕으로 주가를 예측하는 기술적
분석. 이번 파트에서는 기술적 분석을 통해 최적의 매매타이밍을 알
아보자. 다양한 차트 자료와 데이터를 바탕으로 한 기술적 분석은 처
음 투자를 시작하는 사람들도 쉽게 이해할 수 있을 것이다.

이동평균선
주가의 평균치를 나타내는 지표

이동평균선이란 일정 기간 동안의 주가(종가 기준)를 산술 평균한 값으로 주가의 이동평균을 차례로 연결해 만든 선이다. 해당 시점에서 시장의 전반적인 주가 흐름과 주가의 추이를 파악해 미래의 움직임을 예상하는 데 사용되는 지표다.

이동평균선의 종류

단기 이동평균선 3일, 5일, 10일, 20일

중기 이동평균선 60일, 120일

장기 이동평균선 200일

대표 이동평균선의 정의와 성질을 정리해보자.

종류	정의
5일 이동평균선	· 1주일 동안의 평균 매매가격. 단기매매선이라 하며 '생명선'으로 불림 · 단기추세 파악 및 데이트레이더와 단기매매자에게 중요한 역할을 한다. 현재 주가 수준과 가장 밀접하게 움직이는 이동평균선으로 5일선의 기울기와 현 주가 대비 위치를 살펴야 한다.
20일 이동평균선	· 1개월 동안의 평균 매매가격. 중기매매선이라 하며 '세력선'으로 불림 · 20일선의 기울기는 현 주가 흐름 방향을 나타내는 지표다. 상승기울기인지, 하락기울기인지, 횡보인지 살펴야 한다.
60일 이동평균선	· 4개월 동안의 평균 매매가격. 중기적 추세선이라 하며 '수급선'으로 불림 · 하락조정 시 60일선에서 지지가 이루어지지만, 60일선 아래 위치에서 상승 시 매물부담이 작용된다. 추세전환 시 많이 사용한다.
120일 이동평균선	· 6개월 동안의 평균 매매가격. 장기적 추세선이라 하며 '경기선'이라 불림 · 기울기를 통해 현 시장의 전체적인 흐름을 본다.

이동평균선의 특징

관성의 법칙

주가가 움직이는 방향으로 계속 움직이는 경우다. 흔히 말해서 "추세를 탄다"라고 한다. 상승추세를 타게 되면 주가는 지속적으로 우상향하게 된다. 저점과 고점이 높아지면 이동평균선은 정배열 상태로 지속하게 된다. 5일 → 20일 → 60일 → 120일 이동평균선이 순서대로 상승하게 된다.

반대로 하락추세가 된다면 주가는 지속적으로 우하향하게 된다. 저점과 고점이 낮아지면서 이동평균선은 역배열 상태로 지속하게 된다. 120일→ 60일 → 20일 → 5일 이동평균선이 순서대로 하락하게 된다.

회귀현상

주가가 이동평균선을 향해 회귀하는 것을 말한다. 이동평균선과 주가와의 간격(갭)이 크면 가격을 줄이는 성질이다. 이동평균선은 후행적인 지표다. 주가가 크게 오르게 되면 이동평균선은 후행적으로 올라간다. 이동평균선과 주가와의 갭이 커지게 되면 주가는 낮아져서 이동평균선의 갭을 줄이게 된다. 반대로 주가가 크게 하락하게 되면 이동평균선은 내려간다. 주가와의 갭이 커지게 되면 주가가 오르게 되어 이동평균선과 주가와의 갭을 줄이게 된다. 이러한 현상을 회귀 또는 이격을 좁힌다고 말한다.

정배열과 역배열

정배열은 5일 〉 10일 〉 20일 〉 60일 〉 120일 〉 200일 순으로 단기 이동평균선에서 장기 이동평균선으로 배열된 상태를 지칭한다. 반대로 역배열은 200일 〉 120일 〉 60일 〉 20일 〉 10일 〉 5일 순으로 장기 이동평균선에서 단기 이동평균선으로 배열된 상태를 지칭한다.

배열도를 분석할 때는 완전한 정배열이 되기 전에 각 이동평균선 간에 각도를 벌리면서 상승할 때 가장 신뢰할 수 있다.

크로스분석

이동평균선을 그리다 서로 교차하게 되는 것을 크로스라고 한다. 단기 이동평균선이 장기 이동평균선을 위로 뚫었을 때를 골든크로스, 단기 이동평균선이 장기 이동평균선을 아래로 뚫었을 때를 데드크로스라고 한다. 보통 골든크로스는 매수신호, 데드크로스는 매도신호로 생각한다. 주로 크로스분석에는 5일, 10일, 20일, 60일 이동평균선을 많이 사용한다.

그동안의 필자의 경험을 바탕으로 한 이동평균선 매매기법에 대해서 설명하겠다. 바로 '밀집도 분석'이다. 이동평균선 간의 간격이 멀어질수록 기존 추세가 계속되고, 멀어지던 간격이 좁혀지기 시작하면 추세 전환이 가까워짐을 예고한다. 이동평균선이 수렴하게 되면, 즉 한 점에 모이게 되면 시세 반전이 나타날 수 있다. 주로 수렴형은 바닥권에서 많이 나타나며 이동평균선이 모인 상태해서 급등하는 양상이 자주 나타난다.

Check Point _____

✔ 이동평균선은 일정 기간 동안의 주가를 산술평균한 값이며, 주가 이동평균선을 차례로 연결해 만든 선이다.

✔ 이동평균선은 시장의 전반적인 주가 흐름을 판단하고 향후 주가 추이를 전망하는 데 사용되는 주식시장의 대표적인 기술지표다.

35일 이동평균선 매매기법

필자가 자주 사용하는 이동평균선 매매기법을 사례를 통해 살펴보자. 먼저 35일 이동평균선 매매기법이다. 일봉상 정배열(60일, 120일, 200일 이동평균선 정배열)일 때 주가가 35일 이동평균선까지 가격조정 시 1분할 매수하는 방법이다. 차트에서 보라색은 35일 이동평균선, 분홍색은 60일 이동평균선, 회색은 120일 이동평균선, 파랑색은 200일 이동평균선을 나타낸다.

사례 1 | 에코프로

에코프로는 환경오염 방지 관련 소재 및 설비 산업, 정리화학 소재 제조 및 판매업, 에너지 절약 소재 및 설비 산업, 2차전지 소재(양극제) 제조 및 판매업, 부동산 및 설비 임대업 등을 주요 사업으로 영위하고 있다. 그럼 일봉차트를 살펴보자.

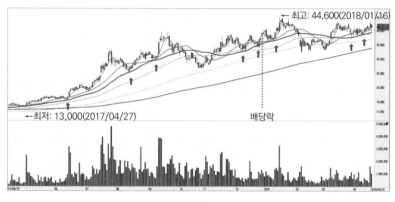

보라색: 35일, 분홍색: 60일, 회색: 120일, 파랑색: 200일

60일, 120일, 200일 이동평균선이 차례로 위치하면서 주가조정이 나타나면서 35일선에서 지지를 받고 가는 모습이다. 2017년 4월부터 2018년 4월까지 총 7번의 35일 이동평균선 지지를 받아주면서 올라갔다. 지지라인마다 화살표 표시를 했으니 확인해보자. 35일 이동평균선을 아래로 깼을 때가 2번이 있었지만 확률상 35일 이동평균선을 맞고 올라갔을 때가 많았기 때문에 신뢰도가 높다.

100% 집중 투자가 아니기 때문에 분할 투자 시 1차적으로 35일선 매매 기법을 활용하면 좋다.

사례 2 | 티웨이홀딩스

티웨이홀딩스는 1945년 태화고무공업사로 설립됐으며 1977년 상장되었다. PHC파일 사업 부문을 운영 중이며 2014년 반도체 회사(한국화천)를 합병해 반도체 패키징 사업 부문도 영위하고 있다. 테마파크 사업 부문은 2013년 물적 분할 후 신규회사를 설립해 전문성, 책임경영 등을 강화했다. 동사의 종속회사는 국내외 항공운송업을 영위하는 LCC(저가항공사) 티웨이항공 1개사가 있다. 다음은 티웨이홀딩스의 일봉차트다.

보라색: 35일, 분홍색: 60일, 회색: 120일, 파랑색: 200일

2018년 1월 26일, 29일 대량거래가 터지고 장대양봉을 만들면서 이동평균선이 정배열로 바뀌었다. 60일, 120일, 200일 이동평균선이 정배열되면서 주가조정이 나왔을 때 35일 이동평균선을 지지하면서 눌림목 매수가 형성되었다. 이후 주가는 전고점을 돌파하면서 신고가 랠리가 나타나고 있다.

사례 3 | 신흥에스이씨

신흥에스이씨는 1979년 5월에 설립되어 리튬이온전지 부품제조업, 자동화기계 제작업 등을 영위하고 있으며, 2017년 3분기 현재 4개의 해외 비상장 계열회사를 보유 중이다. 2016년 기준으로 소형제품의 경우 원형 1위, 각형 1위, 중대형제품 각형 1위, 캔 2위 등 모든 제품 영역에서 시장 점유율이 상위권에 위치하고 있다. 일봉차트를 살펴보자.

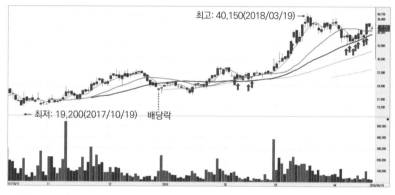

보라색: 35일, 분홍색: 60일, 회색: 120일, 파랑색: 200일

  신흥에스이씨도 2017년 9월 말 상장 이후 3개월여 동안 조정을 거친 후 주가가 상승하기 시작했다. 상장한 지 얼마 안 됐기 때문에 200일 장기 이동평균선은 만들어지지 않았다. 60일과 120일 이동평균선이 정배열로 바뀌었기 때문에 주가가 상승하면 35일 이동평균선 지지 후 재차 상승하는 모습을 보여주고 있다.

35일 이동평균선 매매기법은 거래량이 터지고 주가가 오르면서 단기 이동평균선부터 차례로 우상향하는 기울기가 만들어진다. 60일, 120일, 200일선이 차례로 위치하면서 우상향 기울기가 만들어질 때 주가가 35일 이동평균선까지 조정 시(눌림목 시) 매수하는 기법이다. 35일 이동평균선을 이탈할 가능성도 있기 때문에 1차로 분할매수를 하고, 추가적인 조정 시 2차, 3차 매매전략으로 접근하면 된다.

200일 이동평균선 매매기법

200일 이동평균선 매매기법은 주가가 200일 이동평균선까지 가격조정이 나타났을 시 매수하는 기법이다. 주가가 상승하면서 정배열로 만들어졌던 이동평균선이 차례로 주가가 이동평균선을 깨면서 200일 이동평균선에서 마지막으로 매수하는 방법이다. 다만 200일 이동평균선의 기울기는 하락 기울기 시에는 매수하면 안 된다. 기울기가 완만하게 상승했을 때 지지 매수기법으로 활용한다.

예시를 통해 살펴보겠다.

사례 1 | 덱스터

덱스터는 영화 〈신과 함께〉, 〈국가대표〉 등을 제작한 김용화 감독을 중심으로 2011년 12월 설립된 한국 최고의 영상제작물 시각특수효과(VFX) 전문기업이다. VFX의 디지털 사업 외에 광고 및 영화 관련 제작, 콘텐츠 개발 등 사업영역을 확장하기 위해 덱스터디지털에서 덱스터로 상호를 변경했다. 자체 개발 소프트웨어를 활용해 동물 크리쳐, 디지털 휴먼, 메카닉

등 다양한 분야에 적용 가능한 제작 능력을 확보한 국내 유일의 업체다. 일
봉차트를 살펴보자.

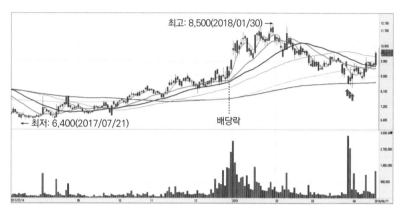

보라색: 35일, 분홍색: 60일, 회색: 120일, 파랑색: 200일

　35일 이동평균선을 지지하면서 올라갔던 주가가 1월 30일 이후 힘에 부
치면서 12,150원에서 8,320원선까지 주가조정이 나타났다. 이때 주가는
거래량이 동반되면서 200일 이동평균선을 종가상 지지해주며 다시 반등
하게 되었다. 매수세가 강한 거래량이 동반하면서 200일 이동평균선을 지
지해주었을 때, 바닥 시그널로 보면 된다. 즉 아래에서 강하게 하방을 막아
주는 세력이 들어왔다고 해석할 수 있다.

　200일 이동평균선을 최후의 마지막 지지선이라고 생각하고 매수하면
된다.

사례 2 | 액토즈소프트

액토즈소프트는 1996년에 설립된 온라인 및 모바일게임 개발업체로 2001년 코스닥시장에 상장했다. 동사의 최대 주주인 중국 샨다게임즈가 100%를 보유하고 있는 샨다게임즈 코리아 인베스트먼트로, 51.1%의 지분을 소유하고 있다. 과거 매출의 대부분은 중국 샨다를 통해 서비스되는 '미르의 전설2'에서 발생했으며, 2012년 12월 출시된 모바일게임 '밀리언아서'의 흥행으로 모바일게임 개발사로 변모했다. 국내 기업 3개, 중국 기업 2개 포함 총 5개의 계열사를 보유하고 있다. 다음은 액토즈소프트의 일봉차트다.

보라색: 35일, 분홍색: 60일, 회색: 120일, 파랑색: 200일

액토즈소프트는 거래가 계속해서 많은 종목이다. 2018년 3월 12일 2만 4천 원 고점을 만들며, 지속적으로 하락해 1만 7천 원까지 조정이 나왔다. 고점 대비 약 30% 정도 조정이 나타났다. 이후 거래가 다시 증가하면서 200일 이동평균선 지지 후 반등에 성공했다.

사례 3 | 인지콘트롤스

인지콘트롤스는 1978년 자동차 부품 제조, 판매를 목적으로 설립되었다. 동사는 자동차 엔진 냉각제어 분야에서 핵심적인 기술력을 바탕으로 온도제어시스템 부품 등을 납품한다. 현재 관련 부품 시장에서 90% 이상 점유율을 지속적으로 차지하고 있다. 친환경차에 적용하게 될 전자식 써모스타트와 멀티밸브의 연구개발, 양산화에 매진하고 있다. 최근 주력품목으로 부상한 엔지니어링 플라스틱 부품도 국내 시장에서 40% 비중을 차지하고 있다. 일봉차트를 보자.

보라색: 35일, 분홍색: 60일, 회색: 120일, 파랑색: 200일

인지컨트롤스는 세 차례 200일 이동평균선 지지의 모습을 보였다. 2017년 12월에 두 차례 200일 이동평균선을 지지해주며 이중바닥을 만든 후 대량거래가 터지면서 주가가 크게 올랐다. 이후 조정이 나타나면서 35일선 지지를 한 번 해주고 오르다가, 다시 주가조정이 나타나면서 2018년 3월 이후 가격조정이 나타났고 4월 중순에 다시 200일선을 터치하며 반등하는 모습이다.

200일 이동평균선도 35일 이동평균선과 마찬가지로 지지선 매매기법으로 활용한다. 다만 200일 이동평균선은 가격이 이미 충분히 오른 후 조정이 나타났을 때(30~50% 내) 가격조정이 형성된다면 매수하는 기법이다. 200일 이동평균선 부근에서 대량 매수세가 강한 거래량이 터졌을 때는 신뢰도가 더 높아진다.

35일 이동평균선 매매기법을 1분할 매수기법이라고 하면, 200일 이동평균선은 2분할 매수기법이라고 보면 된다.

200일 이동평균선 매도기법

반대로 매수한 후 보유 중인 가운데 매도를 하는 기법에 대해 설명하도록 하겠다. 바로 200일 이동평균선 매도기법이다. 조건은 역배열이 진행되고 있을 때 매도하는 것이다.

사례 1 | 덕성

덕성은 1966년 설립된 국내 최초 합성피혁 전문생산 업체다. 수원, 인천, 오산, 평택, 중국(광주)에서 생산공장을 가동 중이다. 2002년 한일월드컵 공인구인 피버노바, 2006년 독일월드컵 공인구인 팀가이스트, 2014년 브라질월드컵 공인구인 브라주카의 원단을 공급함은 물론 유로2004, 2008의 공인구 원단도 아디다스에 독점 공급했다. IT기기 관련 액세서리와 화장품용 소재 분첩도 공급하고 있다. 일봉차트를 살펴보자.

보라색: 35일, 분홍색: 60일, 회색: 120일, 파랑색: 200일

덕성은 3천 원대 초중반 바닥권에서 상승했지만 매도세 거래량이 계속 나타나며 200일선에서 저항을 받으며 주가가 내려오는 모습을 보였다. 2018년 1월과 4월 두 차례 부딪치며 주가가 힘을 못 받는 모습이다. 하방은 막아주고 있지만 고점은 계속해서 낮아지고 있다. 만약 거래가 터지면서 200일 이동평균선을 세게 돌파하면 추세 전환의 의미가 나타날 수 있지만, 거래량 없이 주가가 간다면 결국 200일선에서 저항을 받으며 주가가 지지부진한 모습을 보일 것이다.

사례 2 | SH에너지화학

EPS시장 1위 업체로서 합성수지 제조사업을 주력 사업 부문으로 영위하고 있다. 대표적인 생산품인 EPS는 스티로폼의 원료로 건축단열재 및 고급 포장 완충재로 쓰이며, 농수산물 상자와 토목공사용으로 연약지반 대책공법에도 활용되는 등 용도가 확대되고 있다. 경쟁업체로는 제일모직, LG화학 등 6개 업체가 있으며, 합성수지 부문에서 2017년 3분기 동사의 시장점유율은 약 20.7%로 추정된다.

최고: 1,565(2017/09/13)

최저: 1,335(2017/09/26)

배당락

보라색: 35일, 분홍색: 60일, 회색: 120일, 파랑색: 200일

SH에너지화학 차트를 살펴보면 역배열 상황에서 200일 이동평균선이 두 차례 저항에 부딪치면서 가격 하락조정이 나타나고 있다. 덕성과 마찬가지로 고점이 낮아지면서 하방은 막아주는 모습이 나타나고 있다. 마지막 거래량과 이전 거래량에서 매수세가 강한 거래량이 나타났다는 게 덕성과 다른 점이다.

이 점은 전에 손실을 보고 있는 투자자 매물대를 소화하고 있는 것으로 해석된다. 하지만 아직 대량거래량이 터졌다고 보기는 어렵고 더 지켜봐야 될 상황이다. 보수적 관점에서 200일선까지 간다면 매도 후 재차 매수하는 방법으로 접근하는 것이 유효할 것으로 보인다.

사례 3 | 아이콤포넌트

아이콤포넌트는 무선통신시스템용 중계기를 통신사업자에게 공급하고 있다. 주요 고객으로는 이동전화 사업자인 SK텔레콤, 주파수공용통신 사업자인 케이티파워텔, 디지털지상파방송 사업자인 KBS를 비롯한 각 방송사 등이 있다. 매출은 중계기류가 약 58.7%, 기타 41.3% 구성되어 있다. 일봉차트를 살펴보자.

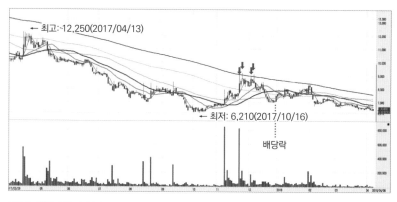

보라색: 35일, 분홍색: 60일, 회색: 120일, 파랑색: 200일

2017년 11월 이후 200일 이동평균선은 다섯 차례 종가상 저항을 받았다. 특별한 이슈나 모멘텀이 부재한 상황에서 주가는 계속해서 지지부진한 모습을 보였다. 주가가 올랐을 때 매도를 해 손실 폭을 줄이거나 또는 바닥권에서 매수했을 때 200일선에서 매도해 수익을 챙겨가는 전략을 취한다면 올바른 대응전략이 될 것이다.

200일 이동평균선 매도기법은 역배열(장기, 중기, 단기 이동평균선 차례)인 상황에서 주가가 바닥 또는 낙폭과대로 반등이 나타났을 때 200일 이동평균선에서 매도를 하는 것이다. 역배열 상황에서 매매하는 것이기 때문에 정배열 전환에 대한 부분은 조금 더 살펴보고 진행을 해야 한다.

지속적으로 주가가 낮아진다는 것은 거래도 부진하고, 센티멘털도 약해지는 상황이기 때문에 주가를 끌어올릴 만한 이슈와 모멘텀이 없어 주가가 회복을 못하는 상황인 것이다.

Check Point ──────────────────────────────

✓ 이동평균선 매매기법은 이동평균선의 중점을 두어 매매를 하는 것이다. 정배열과 역배열을 바탕으로 매매하는 것이며 거래량도 참고사항이 된다.

✓ 35일, 200일 이동평균선 매수기법은 주로 눌림목 매수 패턴 매매기법이며, 200일 이동평균선 매도기법은 반등 시 200일선 저항을 통한 매도기법으로 활용하면 된다.

거래량
투자를 결정하는 보편적인 지표

거래량은 투자 결정을 확인하는 데 가장 일반적이고 보편적인 지표다. 주가는 시장의 일시적인 흐름을 나타내는 경우가 있으나, 거래량은 시장의 매수세와 매도세의 힘겨루기로 나타나는 결과물이기 때문에 시장의 실체라고 볼 수 있다.

거래량은 일반적으로 추세가 진행되고 있는 방향으로 가격이 움직일 때 거래량이 증가한다. 주가가 올라가고 있을 때 거래량이 세게 붙어서 매수 체결량이 많아지면 매수세가 많은 것이고, 이와는 반대로 주가가 하락하고 있을 때 거래량이 세게 붙어서 매도 체결량이 많아지면 매도세가 많아지는 것이다.

거래량을 통해 매집의 흔적을 찾을 수 있으며, 세력의 진입과 이탈의 시점을 감지할 수 있다. 세력의 의도를 파악하기 위해서는 거래량 분석이 중요하다.

거래량의 특성

- 주가는 속일 수 있어도 거래량은 속일 수 없다.

- 거래량은 주가의 위치에 따라 다르게 해석된다.

- 주가가 바닥일 때 거래량이 증가하면 주가가 오를 것으로 예고한다.

- 주가가 상투에서 거래량이 증가하면 주가가 하락할 것으로 예고한다.

- 주가와 거래량은 연관성이 많으며 사이클이 있다.

주가가 바닥권에서 거래량이 증가한다는 것은 낮은 가격에 물량을 매집한다는 의미로 주가가 곧 상승할 것이라는 의미다. 주가가 천장권, 즉 크게 오른 상태에서 거래량이 증가하는 것은 차익실현 매물이 쏟아지는 것을 의미해 주가는 곧 하락한다는 것을 의미한다.

주가와 거래량의 사이클은 거래량 바닥(주가 바닥) → 거래량 증가(주가 상승) → 거래량 폭증(주가 상투) → 거래량 감소(주가 하락) → 거래량 바닥(주가 바닥)을 의미한다.

거래량 차트의 의미

거래량 양봉차트 매수세가 강한 거래량을 의미

거래량 음봉차트 매도세가 강한 거래량을 의미

거래량에 대해서 다시 한 번 정리해보자. 거래량은 세력의 진입과 이탈을 알려주는 신호다. 바닥권에서 거래량이 증가하면 곧 주가가 강하게 상승한다는 신호다. 천장권에서 거래량이 증가하면 곧 주가가 강하게 하락한다는 신호다.

거래량이 감소하더라도 반드시 주가가 하락하는 것은 아니다. 매집이 이루어진 상태를 뜻한다. 거래량이 증가하더라도 반드시 주가가 상승하는 것은 아니다. 매물대에서 저항을 받게 되는 상태를 뜻한다.

거래량을 통한 분석사례

오르비텍의 사례를 들어 거래량을 통한 분석을 해보자. 오르비텍은 1991년 3월에 설립되어 2010년 6월에 코스닥시장에 상장한 방사선 안전관리 및 원자력발전소 가동중검사 전문업체다. 주요 경쟁업체로는 방사선 안전관리 분야의 세안기술과 원자력발전소 가동중검사 분야의 한전KPS 등이 있다. 2015년 기준 동사의 각 시장점유율은 8.16%와 9.48%였다. 2013년부터 Bulkhead Ass'y 등 항공기 정밀부품 제조 판매업을 진행하고 있다.

오르비텍은 항공기 부품사업 분야로 매출 비중이 늘어나면서 매출 성장 및 수익성이 점차적으로 개선되고 있다. 또한 2018년 3월에는 통일 이야기와 원자력발전소 해체 소식이 이슈로 부각되면서 통일 테마주로 주가가 급등했다.

본격적으로 거래량을 보자. 1~6, "1"~"6"번까지 차트에 표시해놓았다. 각 차트번호는 거래량(1~6)과 주가("1"~"6")의 차트로 표시했다. 다음의 차트를 보면 일반적으로 거래량이 증가할 때 주가가 올라가는 모습이 나타나고 있다. 번호별로 거래량과 주가에 대해 설명해보겠다.

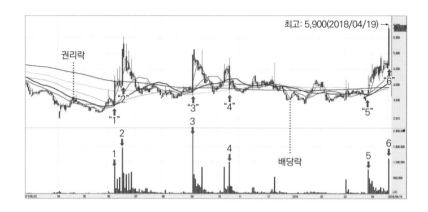

최고: 5,900(2018/04/19) →

권리락

"1" "2" "3" "4" "5" "6"

1 2 3 4 배당락 5 6

1번 거래량과 "1"번 캔들: 2017년 6월 9일 과거 6개월 평균 거래량에 비해 10배 이상 거래량이 터지면서 장대양봉을 그리며 주가는 20% 이상 급등했다. 이 말은 세력이 대량매집에 들어갔다고 해석할 수 있다.

2번 거래량과 "2"번 캔들: 1번에서 시세가 나온 후 5일간의 조정을 거치고, 1번 거래량보다 2배 가까이 증가하면서 상한가로 마감했다. 매수세가 강하게 들어오면서 주가를 강하게 올린 모습이다.

3번 거래량과 "3"번 캔들: 3개월간의 조정이 나타나면서 거래량이 없이 주가는 가격조정과 기간조정이 생겼다. 다만 3개월 안에 2번을 능가하는 거래량이 나타나지 않았기 때문에 매수세로 들어온 투자자가 빠지지 않았다고 볼 수 있다. 이후 3번에서 2번의 20% 이상 더 거래량이 증가한 대량거래가 터졌고 주가는 상한가로 마감했다. 거래가 수반하는 과정에서 1, 2번에 들어갔던 소액 개인투자자들은 차익매물 또는 원금매도 등으로 소화하는 과정도 거쳤다.

4번 거래량과 "4"번 캔들: 주가가 큰 폭으로 하락하면서 매물대에서 주가를 뚫지 못하고 가격이 조정되는 모습이다. 다만 4번 거래량은 매수세가 강한 파란 음봉을 그린 거래량이 나타났다.

5번 거래량과 "5"번 캔들: 2017년 10월부터 2018년 3월까지 약 6개월 동안 주가는 박스권에서 거래되고 있다. 간헐적(12월 초, 3월 초)으로 거래량이 실리면서 주가가 장중 크게 올랐지만 매물대에서 저항에 부딪치면서 윗꼬리 캔들로 마감되었다. 이후 3월 28일 5번에서 평소보다 강한 거래량이 동반되면서 다시 한 번 매물대 소화과정을 거쳤다. 4번과 5번 사이의 과정은 세력이 주가를 계속해서 대량매집을 했다고 해석할 수 있다.

6번 거래량과 "6"번 캔들: 1개월 동안 주가는 꾸준히 오름세가 나타났다. 큰 폭의 거래량이 없더라도 주가는 계속해서 올랐다. 결국 어느 정도 대량매집이 되었기 때문에 작은 거래량으로도 주가를 탄력적으로 크게 올릴 수 있다고 볼 수 있는 것이다. 제한된 유통주식수에서 세력의 물량이 많다면 그만큼 주가는 가벼워질 수 있다. 6번 거래량에서 5번보다 더 많은 대량거래가 터지면서 박스권 상단(5천~5만 4천 원) 부근을 강하게 돌파하는 캔들이 형성됐다. 결국 저항선이 지지선으로 바뀌는 모습이 되는 것이다.

이렇듯 1~6번, "1"~"6"번 거래량과 캔들을 보면서 거래량의 흐름에 따라 주가의 캔들을 분석할 수 있다.

급등주 초기의 거래량 변화

급등주 초기 거래량 변화가 어떤지 살펴보자.

1. 급등 전 주가 변동 폭은 크지 않음

급등 전에는 보통 지루한 횡보세를 나타낸다. 급등 타이밍을 기다리는 구간으로 거래량 변화도 없고 주가 변동 폭도 크지 않다. 횡보 중에는 매수세 호가가 얇기 때문에 큰 거래량 없이도 주가를 한 단계 하락시켜 개인투자자들의 투매를 유도하기도 한다.

2. 급등시점이 다가오면 거래량 변화가 옴

급등시점이 임박할수록 거래량 증가와 감소가 반복된다. 하지만 주가는 큰 폭의 변화가 없다. 물량을 매집하는 시기라고 볼 수 있다.

3. 거래량의 점진적 증가

주가가 저점을 높이면 1개월 평균 거래량을 상회하는 계단식 거래량 증가가 일어나면서 매수시점으로 접근할 수 있다. 대형주일수록 거래량 증가는 뚜렷하지만, 소형주는 적은 금액으로도 주가를 마음대로 좌지우지 할 수 있기 때문에 거래량만 보고 매수시점을 잡기는 거의 불가능하다. 이때는 단기 지지선과 저항선을 설정해서 매매시점을 포착하는 것이 좋다.

4. 거래량 증가 후 급감한 다음 다시 증가

가장 정석적인 급등주 초기 거래량 모습이다. 일단 거래량이 증가하면서 투자자들의 관심을 끈다. 그러다 다시 감소하면 이내 관심을 보였던 투자자들이 관망하며 매수시점을 다소 늦춘다. 이 시점에서 다시 거래량이 증가하면 대기 매수자들은 이전과 같은 패턴을 보일 것으로 예상해 적극적인 매매를 자제한다. 이때를 틈타 세력은 주가를 급등시킨다.

5. 거래량 증가와 함께 급등세 연출

대표적인 세력 관리주에서 흔히 볼 수 있다. 이미 물량매집은 완료된 상태이기 때문에 대기 매수자가 추격할 틈도 없이 곧바로 급등시킨다. 이런 급등주는 대부분 세력이 매우 철저하게 관리하기 때문에 어지간해서는 개인투자자가 선취매하지 못한다. 급등시킬 명분만 찾으면 호재공시를 이용해 급등시킨다.

앞서 이야기했던 오르비텍도 대표적인 세력 급등주라고 볼 수 있다. 이외에 대표적인 급등주 종목들을 차트로 예시를 들어보겠다.

사례 1 │ 대아티아이

대아티아이는 철도신호제어 시스템 개발 및 공급업을 주사업으로 영위하
고 있다. 1995년 설립돼 2001년 코스닥 증권시장에 상장했고, 코마스인
터렉티브, 대아글로벌, 워터멜론, 북경코마스광고유한공사 등 4개의 연결
대상 종속회사를 보유하고 있다. 이들이 영위하는 사업으로는 온라인광고
대행업, 철도신호 관련 용역 등이 있다. 총 매출액의 85.89%는 철도에서,
14.11%는 광고에서 나온다.

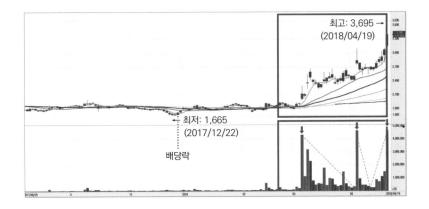

　　최근 급등한 이유는 남북관계 개선에 따른 통일부각론으로 인해 철도 관
련 인프라가 깔릴 것으로 기대되었기 때문이다. 주가가 급등하기 전에는
거래량이 크게 실린 것을 확인할 수 있다. 이후 꾸준하게 거래량이 유지되
면서 주가는 상승랠리가 나타났다.

사례 2 │ 티웨이홀딩스

티웨이홀딩스는 PHC파일의 제조, 유통과 반도체 패키징사업을 주요 사업으로 영위하고 있다. 연결대상 종속회사로는 국내외 항공운송업을 하는 티웨이항공과 항공운송 관련 지상조업 사업을 하는 티웨이에어서비스가 있다. 티웨이항공은 2017년 매출은 50% 이상, 영업이익은 370% 이상 증가했다. 2018년에는 새 항공기 5대를 추가할 예정이며 상장을 계획하고 있다. 중장거리 노선을 모두 운항할 수 있는 항공사로 거듭나겠다는 계획이다.

위 회사는 사드로 인해 주가에 타격을 받았다가 해빙기에 들어서면서 중국과의 분위기 개선과 평창올림픽, 동남아시아 항공편 증대, 티웨이항공 상장이슈, 환율 하락에 따른 원화강세 등으로 성장성과 실적이 개선되면서 주가가 큰 폭으로 올랐다.

위 종목도 주가가 크게 오를 때 대량거래가 터졌다. 매집을 마쳤기 때문에, 적은 거래량으로도 주가가 빠지지 않고 올라가는 모습이 나타났다.

사례 3 ｜ 파미셀

파미셀은 세계 최초의 줄기세포치료제(하티셀그램-에이엠아이)를 개발한 바이오 제약 전문기업이며 2개의 사업부(바이오제약사업부, 바이오케미컬사업부)를 두고 있다. 바이오제약사업부는 줄기세포치료제 개발을 핵심사업으로 하며, 성체줄기세포 보관사업도 수행하고 있다. 바이오케미컬사업부는 2012년 원료의약품 등의 정밀화학 제품을 생산하는 아이디비켐(주)을 자회사로 인수한 후 2013년 3월 합병을 통해 신설된 사업부다.

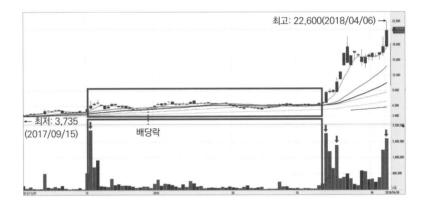

파미셀은 제약바이오 업황의 센티 개선과 문재인 정부의 대표적인 치매 관련주로 부각되면서 급등했다. 대량거래가 터지고 난 후 기간조정 후 다시 큰 거래량이 실리며 주가는 급등했다. 2018년 4월 이후에 지속해서 많은 거래량이 나타나며, 단기 차익매물을 소화하며 재차 고점을 터치하는 모습이 나타났다.

앞서 오르비텍은 대량거래가 나타난 후 주가가 급등한 사례다. 엄청난 거래량과 함께 대량 매집이 이루어진 후 주가는 강한 탄력을 받았다. 반면 티웨이홀딩스, 파미셀은 대량거래가 터지고 횡보기간을 거친 후 재차 대량거래가 나타나며 주가를 강하게 올린 사례다. 대량거래가 들어온 날에는 반드시 종목을 체크하고, 정보를 찾아내는 습관을 길러야 한다.

거래량을 통한 매매기법

필자가 사용하는 거래량 매매기법에 대해 알아보도록 하자. 앞서 거래량 분석 사례를 통해 거래량을 통한 매수기법을 활용해보겠다. 본 매매기법은 필자가 주관적으로 생각하는 매수기법이기 때문에 유의하기 바란다.

　매도에 대한 부분은 매도세 대량거래량을 동반하는 장대음봉 또는 밸류에이션상으로 목표가 도달 시를 매도시점으로 잡는다. 먼저 매수조건을 알아보자. 매수조건은 거래량이 터진 다음 날로부터 10거래일 내로 해당 주가에 오면 매수가를 잡는다.

매수조건

1. 거래량이 과거 3~6개월치 평균 거래량에 대비해 5배 이상 터진 종목을 찾는다. 기간이 길수록 매집의 응축도는 더 강해질 것이다.
2. 매수세 양봉거래량이 나타나며, 주가도 크게 올라야 한다.
3. 이동평균선이 정배열로 바뀌었다.
4. 첫 번째 거래량이 터졌던 날 주가의 저가와 고가의 중간값에서 1차 매수가를 잡는다.
5. 2차 매수시점은 거래량이 터졌던 그날 시가로 2차 매수가를 잡는다.
6. 3차 매수시점은 거래량이 터졌던 그날 저가로 3차 매수가를 잡는다.

이제 사례를 들어 매매기법을 설명하도록 하겠다.

사례 1 │ 파미셀 일봉차트

1. 2017년 11월 15일 3개월 평균 거래량보다 10배가 많은 800만 주 대량 거래가 발생했다.
2. 양봉거래량이 나타나며 주가는 강하게 올라갔다.
3. 이동평균선이 정배열로 바뀌었다.
4. 1차 매수가는 저가 4,500원, 고가 5,500원의 중간값인 5천 원으로 1차 매수가를 잡는다.
5. 다음 날 1차 매수가 도달로 매수진입되었다.
6. 2차 매수가는 11월 15일 캔들 시가인 4,600원이다.
7. 2차 매수가는 11월 23일 편입되었다. 비중을 동일하게 넣었다면 평균 매입가는 4,800원이다.
8. 3차 매수가는 11월 15일 저가인 4,500원이다. 하지만 4,500원에 도달하지 않고 2차 매수 이후 주가는 급등했다.

사례 2 | 동성제약 일봉차트

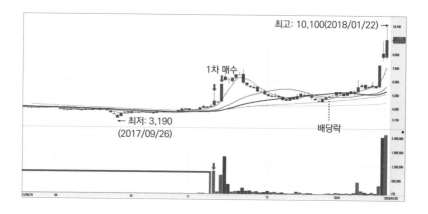

1. 2017년 11월 10일 과거 6개월 평균 거래량 대비 90배 많은 960만 주 이상 대량거래가 발생했다

2. 양봉거래량이 나타나며 주가는 강하게 오르면서 종가상 윗꼬리를 달고 내려왔다.

3. 단기 이동평균선이 정배열로 바뀌었다.

4. 1차 매수가는 저가 4,080원과 고가 5,130원의 중간값인 4,605원으로 잡는다.

5. 1차 매수가 11월 10일 종가상 위에 있기 때문에 아래에 받혀두는 매매가 아닌 주가가 올라갔을 때 따라가는 추격매수를 한다.

6. 다다음 날인 장대양봉 발생 시 추격매수하면서 1차 매수가 4,605원 진입에 성공했다.

7. 2차 매수가, 3차 매수가는 시가와 저가 미달로 진입하지 못했다.

8. 1차 진입한 후, 대량 음봉거래량 및 음봉캔들이 발생하지 않으면 홀딩을 하고 관망한다.

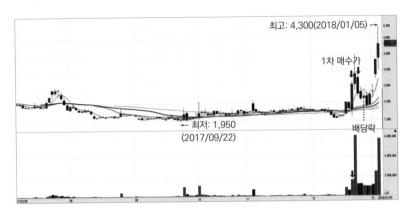

1. 2017년 12월 21일 과거 6개월 평균 거래량 대비 10배 많은 1,600만 주 이상 대량거래가 발생했다.

2. 양봉거래량이 나타나며 주가는 강하게 오르면서 장대양봉을 만들었다.

3. 단기 이동평균선이 정배열로 바뀌었다.

4. 1차 매수가는 저가 2,065원과 고가 2,925원의 중간값인 2,495원으로 잡는다.

5. 1차 매수가 12월 23일에 2,495원에 도달하면서 편입되었다.

6. 2차 매수가는 12월 21일 시가 2,220원, 3차 매수가인 저가 2,065원에 도달하지 못해 진입하지 못했다.

7. 이후 거래량이 감소하면서 가격조정을 거친 후, 2018년 1월 5일 다시 대량거래가 터지면서 주가는 랠리를 한다.

8. 1차 진입한 후, 대량 음봉거래량 및 음봉캔들이 발생하지 않으면 홀딩을 하고 관망한다.

지금까지 거래량을 통한 매수기법에 대해서 살펴보았다. 매도기법은 매수기법과 반대로 고점에서 대량 음봉거래량이 발생하고, 주가도 장대음봉 캔들을 만들었을 때 매도를 하고 대응을 하면 된다. 거래량을 통한 매매기법 조건을 정리해보자.

거래량을 통한 매매기법 조건

1. 과거 3~6개월 평균 거래량 대비 5배 이상 발생한 종목을 검색한다. 기간
   이 길수록 응축은 강하다.
2. 매수세 대량 양봉거래량이 나타나며, 주가도 크게 상승해야 한다.
3. 이동평균선이 정배열로 전환되어야 한다.
4. 1차 거래량이 터졌던 날 주가의 저가와 고가의 중간값에서 1차 매수시
   점을 잡는다.
5. 2차 매수시점은 거래량이 터졌던 날의 시가로 2차 매수가를 잡는다.
6. 3차 매수시점은 거래량이 터졌던 날의 저가로 3차 매수가를 잡는다.

추세선
추세선을 통한 지지선 이용하기

주가흐름의 특성 가운데 일반적으로 어느 기간 동안 같은 방향으로 움직이는 경향이 있는데 이것을 '추세'라고 한다. 그리고 차트의 캔들을 직선 또는 곡선으로 나타내는 선을 추세선이라 한다. 추세선의 종류는 상승추세선, 하락추세선, 평행추세선이 있다.

주가가 상승할 때 투자자 입장에서는 앞으로 주가가 더욱 상승할 것이라고 기대하게 된다. 이 때문에 주가의 현재 방향으로 계속 진행되는 경향을 갖게 된다. 반대로 주가가 하락하는 경우에도 떨어진다는 사실 자체가 주가 하락을 더욱 부채질한다. 이와 같이 주가는 일정한 추세선을 따라 상당한 기간 동안 상승과 하락을 반복하는 경향이 있다.

추세선은 주로 단기적인 변동보다는 장기적인 변동을 그리는 데 사용한다. 주가에서 추세선이 꺾일 때 새로운 전환 추세의 시작을 나타내기도 한다. 추세선을 그리면 지지선과 저항선을 찾을 수 있다. 지지선과 저항선의 정의 및 특징에 대해서 알아보도록 하자.

166

지지선과 저항선, 그리고 추세선

주가가 하락과 상승을 반복하면서 어떤 일정한 가격 수준까지 하락하면 매수세력이 등장해 더 이상의 하락을 막아주는데 이를 지지선이라 한다. 반면 일정 수준 이상 주가가 상승하면 매도세력이 등장해 더 이상의 상승을 억제하는데 이를 저항선이라 한다.

지지선과 저항선을 바탕으로 상승추세선, 하락추세선, 수평추세선을 그릴 수 있다. 다음으로 상승추세선과 하락추세선, 수평추세선의 특징에 대해서 알아보도록 하자.

상승추세선 vs. 하락추세선 vs. 수평추세선

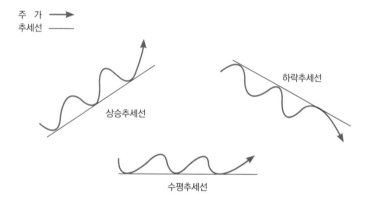

상승추세선은 상승추세 중 각각의 의미 있는 저점을 연결해서 선으로 표시한 것이다. 이 경우 주가의 저점이 높아지면서 저점라인을 지지라인으로 작용한다.

하락추세선은 하락추세 중 각각의 의미 있는 고점을 연결해서 선으로 표시한 것으로, 주가의 고점이 낮아지면 주가의 고점라인을 저항라인으로 작용한다.

수평추세선은 횡보구간 중 각각의 의미 있는 저점을 연결해서 선으로 표시한 것이다. 보통 박스권이라 말하며, 횡보기간 중에 나타난다.

수평추세선, 상승추세선, 하락추세선, 지지선, 저항선을 사례를 통해 살펴보도록 하자.

수평추세선 사례 │ 호전실업 일봉차트

호전실업은 1985년 설립됐으며, 스포츠 의류 및 고기능성 아웃도어 의류를 제조, 판매, 수출하고 있다. 동사는 1994년부터 인도네시아에서 가죽 가공사업을 영위하고 있으며, 원피를 구매해 일련의 가공공정을 거쳐 운동화에 활용되는 가죽 제품을 인도네시아 내의 나이키, 아디다스 등 주요 신발 브랜드 현지 공장에 공급하고 있다. 동사는 우븐(Woven)의 원단을 사용하는 스포츠웨어 및 아웃웨어 시장에서 1.41%의 글로벌 점유율을 차지하고 있다.

그러나 환율이 하락(원화 절상)함에 따라 환차손이 발생하고, 섬유의류 시장의 업황부진으로 상장 이후 공모가의 40% 이상이 하락했으며, 2017년 10월 이후 6개월 동안 박스권 장세가 나타나고 있다.

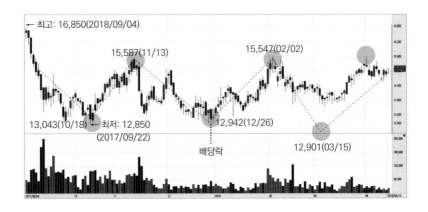

최고: 16,850(2018/09/04)

15,587(11/13)   15,547(02/02)

13,043(10/18)   최저: 12,850   12,942(12/26)
                (2017/09/22)

배당락   12,901(03/15)

차트를 보자. 박스권 하단인 1만 2천 원대 후반, 박스권 상단인 1만 5천
원대 중반에서 박스권이 나타나고 있다. 하단은 지지라인으로 작용하는
지지선이고, 상단은 저항라인으로 작용하는 저항선이다. 지지라인에서는
매입세력이 등장해 주가를 방어해주고, 저항라인에서 매도세력이 등장해
주가를 떨어뜨리고 있다.

지지선과 저항선이 수평으로 되어 있기 때문에 수평추세선이라고 하며,
박스권이라고도 한다. 여기서 만약 저항선을 상향 돌파하는 강한 양봉거
래량과 양봉캔들이 실리면 새로운 상승추세로 바뀌게 될 것이다. 반면 지
지선을 하향 돌파하는 강한 음봉거래량이 실리면 새로운 하락추세의 신
호가 될 것이다.

상승추세선 사례 │ 제이엠티 일봉차트

제이엠티는 1998년 설립되어 TFT-LCD 패널의 주요 부품 중 하나인 PBA
를 전문으로 생산하는 업체로서, 생산설비를 이용해 전자제품 제조 및 납
품에 관한 서비스를 일괄 제공하고 있다. PBA는 TFT-LCD 내에서 신호

의 변환 및 송출을 담당하는 장치로서, 모니터, LCD TV 등의 핵심부품으로 이용된다. 고객사의 예측(Forecast) 기준으로 동사의 시장점유율은 30~35%로 추정되며, 수출이 전체 매출의 약 70%가량을 차지하고 있다.

2017년 아이폰 OLED 채택으로 캐파(Capa, 생산량) 증설 및 가동률 증가에 따라 생산성이 높아지면서 매출성장이 급격하게 증가했다. 시가총액 대비 벨류에이션이 저평가된 종목이라 부각을 받지 못했으나, IT 및 디스플레이 업종의 업황개선과 실적 증가에 힘입어서 주가는 1년 동안 4배 이상 상승했다.

차트를 보자. 2016년 11월 대량거래가 발생하면서 추세가 전환되었다. 이후 1,900원에서 3천 원으로 1개월 동안 1차 상승을 하고 고점을 만든 후 조정을 거쳤다. 2차 지지선은 1차 지지선보다 높은 가격인 2,600원대에서 지지해주면서 2차 상승랠리를 펼치다 2017년 7월 2차 고점인 5,600원에서 저항을 맞고 가격조정 기간을 거치게 되었다.

2017년 10월에 3차 지지선인 3,800원대에서 지지해주면서 3차 상승랠리를 시작했다. 12월에 저항선인 7천 원대에서 저항라인에 부딪치면서 주가는 재차 하락했다. 2018년 2월 지지선인 4,300원선이 깨지면서 결국 하락추세로 전환되었다. 지지라인이 깨지면 손절을 하는 것이 일반적이다.

현재 추세선을 깬 후, 지지선이 저항선으로 바뀌게 되면서 저항선 돌파 유무를 살펴보고 대응을 하면 될 것이다. 거래량을 동반한 저항 돌파면 매수신호로 접근하면 된다.

하락추세선 사례 │ 중앙백신 사례

중앙백신은 2003년 7월 코스닥시장에 상장된 동물약품 전문 제조업체로 동물 백신의 생산 및 판매를 주력으로 하고 있으며 사료첨가제, 구충제 등의 상품 판매도 하고 있다. 가축 종류에 따라 양돈백신, 포울샷가금백신, 캐니샷애견백신, 보비샷축우백신 등의 동물 백신을 제조·판매하고 있다.

조류인플루엔자 테마주로서 백신 관련주로 부각되고 있는 회사다. 다만 일시적인 매출 증가 발생이 커서 회사의 실적 성장성이 결핍되어 주가가 하락했다.

2016년 6월에 4만 1,650원 최고점을 만든 후 하락을 시작했다. 1차 하락은 4만 1천 원대에서 하락을 하고 잠깐 반등을 하면서 3만 2천 원대에서 하락을 했다. 이후 2만 원대까지 50% 하락을 했다. 흔히 말해서 고점 대비 반토막이 난 것이다. 2만 원에서 1차 지지라인을 만들고, 낙폭과대에 따른 1차 반등이 나타났다.

2016년 9월 1차 고점인 3만 원에서 저항을 받았다. 3만 2천 원 고점에서 한 단계 레벨다운된 3만 원에서 저항선이 생기게 되었다. 2차 지지선은 2만 원대이나 내려오지 않고 주가가 다시 올랐는데, 2016년 11월에 저항선인 2만 9천 원대에서 부딪치면서 고점을 낮추게 되었다.

이후 2차 하락구간은 2017년 3월 말까지 4개월 동안 하락을 하면서 2만 원보다 저점을 더 낮춘 1만 7천 원대까지 추가로 하락을 했다. 1만 7천 원대에서 지지를 성공한 후 2017년 6월 2만 2천 원에서 다시 저항을 받았다. 이때는 장대 음봉거래량이 터지면서 추세는 지속적으로 하락할 것으로 신호를 보냈다. 이후 주가는 저점을 한 번 더 갱신하면서 1만 6천 원대까지 하락했다.

3차 하락을 끝낸 후 주가가 반등하면서 2017년 10월 27일 저항선을 뚫으면서 하락추세에서 상승추세의 전환인 시그널로 바뀌는 모습이 나타났다.

정리해보자. 추세선은 주가의 흐름을 예측하는 데 많이 사용하는 지표다. 그 종류에는 상승추세선, 하락추세선, 수평추세선이 있으며, 지지선과 저항선과 같이 사용된다. 상승추세선인 경우에는 저점과 고점이 높아지는 경향이 있다. 하락추세선인 경우에는 고점과 저점이 낮아지는 경향이 있다. 수평추세선인 경우에는 횡보기간에서 나타나며, 박스권이라 한다. 박스권 하단에서는 지지, 박스권 상단에서는 저항받으며, 거래가 적은 것이 특징이다.

추세를 통한 매매기법

앞서 거래량의 사례를 통해 배웠던 매매기법과 함께 추세를 통한 매매기법을 활용해보겠다.

상승추세선을 이용한 매매기법 │ 대주전자재료 일봉차트

상승추세 차트다. 2018년 4월 13일 저항라인인 1만 7천 원대 후반 주가를 뚫어주면서 매수시그널이 발생했다. 2018년 4월 17일 거래량이 실린 음봉거래량이 나오면서 하락시그널이 발생했다.

이후 가격조정이 나타나면 1만 7천 원대에서 재차 매수진입을 잡는다.

삼표시멘트의 경우 하락추세형 흐름이다. 하방은 막혀 있고, 고점은 낮추는 삼각수렴형 패턴이다.

2018년 3월 15일 대량 양봉거래가 터지면서 저항선을 뚫고 나갈 것으로 보였으나, 종가상 저항선에 부딪쳤다. 이후 거래량이 없이 가격조정이 나타나는 흐름으로 나타났다. 2018년 4월 19일 2번째 대량 양봉거래가 터지면서 완벽하게 저항선을 뚫었다. 이후 5,100원대인 전고점에서 저항을 맞고 내려왔다.

수평추세선을 이용한 매매기법 │ 피엔티 일봉차트

피엔티 일봉차트는 박스권 장세 흐름이다. 1만 5,500원이 중요한 구간으로 종가상 거래량이 실리고 돌파하면 추가 상승이 예상된다. 목표가는 전 저항구간인 1만 9천 원까지 본다. 하지만 1만 5,500원에서 거래량이 적고 재차 하락한다면, 지지라인인 1만 2천 원대 중반에서 매수를 준비한다.

Check Point ————————————————————————————

✔ 추세매매기법에서는 지지선과 저항선이 존재해야 된다. 시가와 종가를 바탕으로 추세가 그려지며 추세의 의미를 파악해 매매에 대응하는 것이다.

✔ 상승추세매매기법은 저가와 고가가 높아지는 것을 말하며 추세지지선에서 매수를 하는 것이다.

✔ 하향추세매매기법은 고가와 저가가 낮아지는 것을 말하며, 추세저항선에서 매도를 하는 것이다.

✔ 수평추세매매기법은 박스권이라고 하며 박스권 하단에서 매수를 하고, 박스권 상단에서 매도를 하는 것이다.

✔ 추세를 그리면 미래에 고점과 저점을 예상을 할 수 있다. 지지하는 추세선을 하향 돌파하면 저항선으로 바뀌기 때문에 매도 대응을 하고, 저항받는 추세선을 상향 돌파하면 지지선으로 바뀌기 때문에 매수 대응을 하면 된다.

보조지표
매매타이밍을 잡는 데 도움을 주는 지표

주식투자를 하는 데 이동평균선, 거래량 등 주요지표뿐만 아니라 주요지표를 보조해주는 보조지표가 있다. 보조지표는 말 그대로 매매타이밍을 잡는 데 보조로 참고할 수 있는 지표를 말한다.

보조지표는 MACD, 스토캐스틱, CSI, ADX, RSI, OBV, VR, 엔벨로프, 볼린저밴드, 일목균형표 등 다양한 종류가 있다. 보조지표의 내용을 간략히 정리해보자.

보조지표의 종류

종류		내용
가격지표	가격이동평균	주식 가격으로 계산한 이동평균, 이동평균선
	볼린저밴드	주가 변동에 따라 상하밴드의 폭이 같이 움직이게 해 주가의 움직임을 밴드 내에서 판단하는 지표
	일목균형표	일본에서 개발된 지표로, 주가의 움직임을 5개의 선으로 주가 변화를 판단하는 데 사용하는 시간적 지표
	엔벨로프	이동평균선의 회귀성향을 가지고 비율로 상한과 하한을 설정 후 지지선과 저항선으로 사용하는 기법

추세지표	MACD	단기이평과 장기이평의 멀어질 시 가까워지게 되는 성질을 고안해서 만든 주가의 추세를 파악하는 지표
	MACD Oscilator	MACD선에서 신호선을 차감한 값을 히스토그램으로 나타낸 지표
	DMI	전일 대비 당일의 고가, 저가, 종가의 최고값을 이용해 추세와 매매시점을 판단해주는 시장 방향성 지표
	ADX	당일의 주가 움직임과 전일의 주가 범위와의 이탈 정도를 파악해서 매수/매도세의 강도를 파악하는 지표
모멘텀지표	이격도	주가와 이동평균선 간의 괴리 정도를 보여주는 지표
	RSI	추세의 강도를 백분율로 나타내 언제 주가 추세가 전환될 것인가를 예측하는 데 사용되는 지표
	삼선전환도	주가가 상승에서 하락 또는 하락에서 상승으로 전환하는 시점을 포착하는 데 사용하는 지표
	스토캐스틱	주가 수준이 일정 기간 동안의 가격 변동 속에서 어느 정도의 수준에 있는지를 백분율로 보는 지표
변동성지표	볼린저밴드	주가의 변동에 따라 상하밴드의 폭이 같이 움직이게 해 주가의 움직임을 밴드 내에서 판단하는 지표
	엔벨로프	일본에서 개발된 지표로 주가의 움직임을 5개 선으로 주가의 변화를 판단하는 데 사용하는 시간적 지표
시장강도지표 (거래량지표 포함)	OBV	주가의 움직임과 밀접한 관계가 있는 거래량의 변화를 나타내는 지표
	VR	일정 기간 동안의 주가 상승일의 거래량과 주가 하락일의 거래량을 비율로 분석한 것
	CCI	시장 가격이 순환적인 움직임을 보인다는 점에 만든 기술적 지표. 이격도 개념이 내포
	MFI	추세 전환 시기를 예측하거나 시세 과열 및 침체 정도를 파악하는 데 사용되는 지표

이번 챕터에서는 필자가 자주 사용하는 MACD, 스토캐스틱, 볼린저밴드 대해 설명하겠다. 각 보조지표의 정의 및 매매의 활용에 대해서 알아보도록 하자.

MACD

단기 이동평균선과 장기 이동평균선이 멀어지게 되면 다시 가까워지게 되는 성질을 이용한 것으로 해당 종목에 대한 단기지수 이동평균선에서 장기지수 이동평균을 차감해서 주가의 추세를 파악하려는 기술적 지표로서 모멘텀과 추세를 하나의 지표에 종합한 지표다.

MACD에는 12일 단기 이동평균선, 26일 장기 이동평균선, 9일 시그널선이, 기준선 "O"값이 있다. 시그널선이란 단기 MACD선을 9일 지수 이동평균한 값이다.

주가가 오를 때는 단기 이동평균값이 장기 이동평균값보다 높기 때문에 MACD는 양의 값을 가진다. 주가가 빠른 속도로 계속 오르면 단기 이동평균선과 장기 이동평균선 간격이 커지게 되므로 MACD값이 높아진다. 반대로 주가가 떨어질 때는 단기 이동평균선이 장기 이동평균선 아래로 가기 때문에 MACD는 음의 값을 가진다.

MACD선이 양의 값인 상태로 기준선(0)에서 멀어지고 있다면 이는 주가가 상승추세가 진행 중이라는 의미이고, 양의 값을 갖기는 하지만 기준선에 점점 가까워지면 이는 주가 상승추세가 약화되고 있음을 의미한다. 이와 반대로 MACD선이 음의 값인 상태에서 기준선(0)에서 점점 아래로 멀어지고 있다면 이는 주가가 하락추세가 진행 중임을 의미한다. MACD값이 음의 값이긴 하지만 기준선(0)에 가까워지면 이는 주가하락세가 약화되고 있음을 의미한다.

지표의 계산방식

먼저 12일 종가지수 이동평균(단기이평)과 26일 종가지수 이동평균(장기이평)을 계산한다. 단기 이동평균(12일)에서 장기 이동평균(26일)을 차감한 차이를 계산한다. 이 값을 연결한 선을 단기 MACD라고 한다.

단기 MACD선을 9일 지수 이동평균한다. 이를 장기 MACD 또는 시그널선이라고 한다.

매매적용방법 1 │ 기준선(0)을 활용한 매매방법

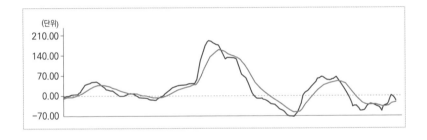

매매조건: 12일/26일 MACD가 기준선을 돌파 시

1. 수평으로 그려진 기준선(0값)을 MACD 12일, 26일선이 상향 돌파 시 매수한다.

2. 수평으로 그려진 기준선(0값을) MACD 12일, 26일선이 하향 돌파 시 매도한다.

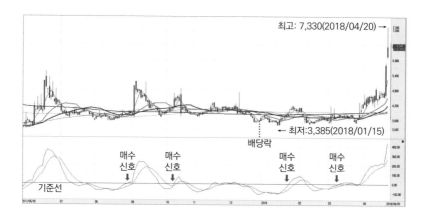

MACD와 기준선매수접근법을 사례를 보며 이야기해보자. 위 차트는 오르비텍 일봉차트다. 매수조건은 MACD 12일/26일선이 기준선을 상향 돌파 시로 잡으면 된다. 오르비텍 일봉차트에서는 매수신호가 총 4회 발생했다. 수평기준선을 4회 상향 돌파했다. 이렇게 상향 돌파 시에 매수관점으로 본다.

다음은 MACD와 기준선매도접근법이다. 자화전자 일봉차트를 보자. 매도조건은 MACD 12일/26일선이 기준선을 하향 돌파 시로 잡으면 된다.

자화전자 일봉차트에서는 매도신호가 총 1회 발생했다. 수평기준선을 1회 하향 돌파했다. 하향 돌파 시 매도관점으로 본다.

매매적용방법 2 │ 시그널선(MACD 9일 이동평균)활용방법

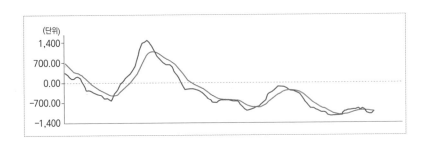

매매조건: 12일/26일 MACD가 시그널선을 돌파 시

1. MACD 12일/26일선(빨간 선)이 시그널선(하늘색 선) 상향 돌파 시 매수한다.

2. MACD 12일/26일선(빨간 선)이 시그널선(하늘색 선) 하향 돌파 시 매도한다.

MACD와 시그널선매수접근법을 사례를 보며 이야기해보자. 엑시콘 일봉차트다. 매수조건은 MACD 12일/26일선이 시그널선을 상향 돌파 시로

잡으면 된다. 엑시콘 일봉차트에서는 매수신호가 총 4회 발생했다. 상향 돌파 시에 매수관점으로 본다.

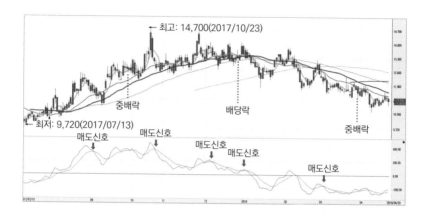

다음으로 MACD와 시그널선매도접근법이다. 위는 한온시스템 일봉차트다. 매수조건은 MACD 12일/26일선이 시그널선을 하향 돌파 시로 잡으면 된다. 한온시스템 일봉차트에서는 매도신호가 총 5회 발생했다. 하향 돌파 시에 매도관점으로 본다.

매매적용방법 3 | 다이버전스(Divergence) 활용방법

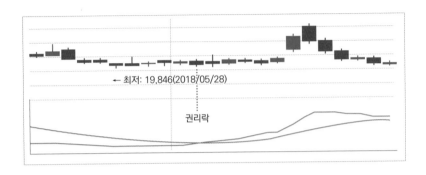

주가의 저점은 낮아지나 MACD는 저점을 높이는 경우 매수조건으로 잡는다. 주가는 낮아지고 있으나, MACD선이 높아지는 그래프다.

주가와 MACD 간의 다이버전스매수접근법을 사례를 들어 살펴보자.

한국컴퓨터 일봉차트다. 매수조건은 주가는 하락하는데 MACD 12일/26일선이 상승을 하는 경우 매수시점으로 보면 된다. 한국컴퓨터 일봉차트에서는 박스 내에서 다이버전스가 발생했다.

다음으로 우리은행 일봉차트를 보며 주가와 MACD 간의 다이버전스매도접근법을 살펴보자. 매도조건은 주가는 상승하는데 MACD 12일/26일선이 하락을 하는 경우 매도시점으로 보면 된다. 우리은행 일봉차트에서는 박스 내에서 다이버전스가 발생했다.

정리해보자. MACD지표는 단기이평 평균에서 장기이평을 차감해서 주가의 추세를 파악하려는 기술적 지표로서 모멘텀과 추세를 하나의 지표에 종합한 지표다. 매도와 매수 포인트는 다음과 같다.

- MACD가 기준선을 상향 돌파 시 매수, 하향 돌파 시 매도한다.
- MACD가 시그널선을 상향 돌파 시 매수, 하향 돌파 시 매도한다.
- MACD가 상승하는데, 주가가 하락하면 매수관점으로 접근한다.
- MACD가 하락하는데, 주가가 상승하면 매도관점으로 접근한다.

스토캐스틱

스토캐스틱(Stochastics)은 주어진 기간 n일 동안 고가와 저가 사이(변동폭)에서 금일의 종가가 어느 위치에 있는가를 백분율로 나타낸 것이다. "가격이 하락 추세일 때는 종가가 가격의 변동폭의 고가(아랫부분)에 가깝게 형성되는 경향이 있고 현재 시장이 상승추세일 때는 종가가 가격의 변동폭의 고가(윗부분)에 가깝게 형성되는 경향이 있다"라는 전제하에서 시장에서의 과매도 및 과매수 상황을 나타내주는 지표다.

지표의 값은 0~100 사이의 값을 갖는다. 예를 들어 9일간의 고가가 1천원, 저가가 500원일 때를 가정해보자. 만약 현재의 주가가 저가와 같은 값의 500원이라면 0%, 중간의 750원이라면 50%, 고가와 같은 1천 원이라면 100%가 된다 .

지표의 계산방식

$$\text{Fast \%K} = 100 \times \frac{\text{당일 종가 - 최근 n일간의 저가}}{\text{최근 n일간의 고가 - 최근 n일간의 저가}}$$

2) Slow %K = Fast %K의 n일간 이동평균

3) Slow %D = Slow %K의 n일간 이동 평균

Fast 스토캐스틱과 Slow 스토캐스틱은 어떤 차이일까? Fast 스토캐스틱은 급등주나 환율 등 특히 변동성이 자주 발생했을 때, 단기매매에 유리한 지표로 사용한다. 반면 Slow 스토캐스틱은 잦은 변동으로 투자 판단에

어려움이 발생했을 때, 문제를 해결하기 위해 만든 지표다.

Slow %K를 활용한 매매사례를 알아보도록 하겠다.

매매적용방법 1 ┃ 기준선 활용

매매조건 Slow 스토캐스틱이 기준선(50)을 돌파 시

　　0~100 사이의 중간값인 50을 기준선으로 활용한다.

　　1. 수평으로 그려진 기준선(50값)을 Slow 스토캐스틱 상향 돌파 시
　　　매수한다.

　　2. 수평으로 그려진 기준선(50값)을 Slow 스토캐스틱 하향 돌파 시
　　　매도한다.

최고: 124,100(2018/04/05) →

최저: 41,850(2017/10/31)

배당락

매수신호　매수신호　매수신호　매수신호　매수신호　매수신호　매수신호
　　　　　매수신호　　　　　매수신호

　사례를 통해 살펴보자. Slow 스토캐스틱과 기준선을 사용한 매수접근
법이다. 제넥신 일봉차트다. 매수조건은 Slow 스토캐스틱 기준선을 상향
돌파 시 잡으면 된다. 제넥신 일봉차트에서는 매수신호가 총 8회 발생했
다. 수평기준선을 8회 상향 돌파했다. 상향 돌파 시에 매수관점으로 본다.

최고: 11,800(2017/11/21) →

최저: 8,010(2017/09/28) →

배당락

매도신호　매도신호　매도신호

　다음은 Slow 스토캐스틱과 기준선을 사용한 매도접근법이다. 위는 예
림당 일봉차트다. 매도조건은 Slow 스토캐스틱이 기준선을 하향 돌파 시

잡으면 된다. 예림당 일봉차트에서는 매도신호가 총 3회 발생했다. 수평기준선을 3회 하향 돌파했다. 하향 돌파시에 매도관점으로 본다.

매매적용방법 2 │ 침체권(20 이하), 과열권(80 이상) 활용

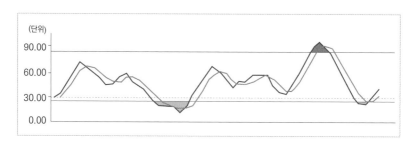

매매조건 침체선(20)과 과열선(80) 값 돌파 시

  1. 분홍선 값(20)을 상향 돌파 시 매수시점으로 한다.

  2. 보라선 값(80)을 하향 돌파 시 매도시점으로 한다.

사례를 통해 살펴보자. Slow 스토캐스틱과 침체선을 사용한 매수접근법이다. 일진머트리얼즈 일봉차트다. 매수조건은 Slow 스토캐스틱이 침체권 파란 웅덩이에서 분홍선(침체선=20)을 상향 돌파 시 잡으면 된다. 일진머트리얼즈 일봉차트에서는 매수신호가 총 3회 발생했다. 즉 침체선을 3회 상향 돌파했다. 상향 돌파 시에 매수관점으로 본다.

다음으로 Slow 스토캐스틱과 침체선을 사용한 매도접근법이다. 대현 일봉차트 살펴보자. 매도조건은 Slow 스토캐스틱이 과열권 빨간 천장에서 보라선(과열선=80)을 하향 돌파 시 잡으면 된다. 대현 일봉차트에서는 매도신호가 총 2회 발생했다. 다시 말해 과열선을 2회 하향 돌파했다. 이렇게 하향 돌파 시에 매도관점으로 본다.

매매적용방법 3 │ 지표(%K)와 기준선(%D) 활용

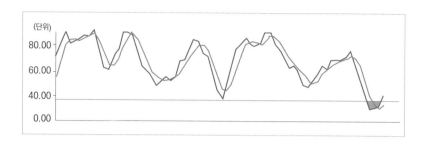

매매조건 Slow %K가 Slow %D 돌파 시

1. Slow %K가 Slow %D 상향 돌파 시 매수시점으로 한다.

2. Slow %K가 Slow %D 하향 돌파 시 매도시점으로 한다.

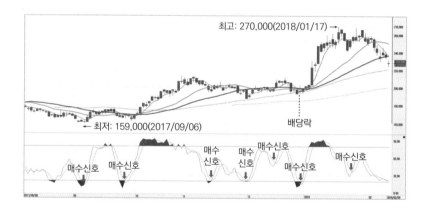

 사례를 통해 알아보자. Slow %K가 Slow %D를 상향 돌파한 사례다. 삼성에스디에스 일봉차트에서 볼 수 있다. 매수조건은 Slow %K가 Slow %D를 상향 돌파 시 잡으면 된다. 삼성에스디에스 일봉차트에서는 매수신호가 5회 이상 발생했다. Slow %K가 Slow %D를 8회 상향 돌파했다.

다음은 Slow %K가 Slow %D를 하향 돌파한 사례를 보자. CJ대한통운 일봉차트다. 매도조건은 Slow %K가 Slow %D를 하향 돌파 시 잡으면 된다. CJ대한통운의 일봉차트에서는 매도신호가 10회 이상 발생했다. Slow %K가 Slow %D를 10회 이상 하향 돌파했다.

이렇듯 스토캐스틱은 과열권, 침체권 매매기법으로 많이 사용하는 모멘텀 지표다. 100% 보조지표대로 움직이지는 않지만 통계적으로 일치할 확률이 매우 높다. 매도 및 매수 포인트를 정리해보자.

- Slow %D가 기준선(50)을 상향 돌파 시 매수, 하향 돌파 시 매도한다.
- Slow %D가 침체선(20)을 상향 돌파 시 매수, Slow %D가 과열선(80)을 하향 돌파 시 매도한다.
- Slow %K가 Slow %D를 상향 돌파 시 매수, Slow %K가 Slow %D를 하향 돌파 시 매도한다.

볼린저밴드

볼린저밴드(Bollinger Band)는 주가데이터의 분포가 정규분포를 이루고 있다고 가정할 경우 연속적인 주가데이터의 95%가 평균으로부터 표준편차의 ±2배 내에 위치하게 된다는 통계적 원리를 이용해 주가의 변동가능 범위를 나타내주는 기법이다. 볼린저밴드는 중심선을 이동평균선으로 사용했으며 상하변동 가능범위(간격)는 주어진 대상기간 동안의 표준편차를 사용했다. 상층밴드와 하층밴드는 단순 이동평균 위와 아래에 일정한 표준편차값을 더한 값과 뺀 값으로 나타낸다.

볼린저밴드는 이동평균선을 중심으로 고정비율을 사용해서 일정한 간격의 밴드를 그리는 일반적인 트레이딩밴드와 달리 변동성을 명쾌하게 보여줄 수 있는 표준편차를 사용함으로써 여타의 밴드를 이용한 지표에 비해 각광받게 되었다.

볼린저밴드를 사용하는 이유를 간단히 정리하면 시장의 변동성이 높은 상태에서는 주가가 평균을 중심으로 보다 더 멀리 움직임을 보이기 때문이다. 이로 인해 볼린저밴드의 폭이 넓어지고, 주가가 횡보국면을 보이는 시장의 변동성이 낮은 상태에서는 주가의 표준편차값이 적어지므로 밴드가 평균을 중심으로 보다 가까워짐으로써 밴드의 폭(상·하한폭)이 좁아지게 된다. 따라서 수렴과 확장을 반복하는 주가데이터를 흐름을 따라가는 볼린저밴드로 수렴과 확장의 반복을 예상하는 것이다.

지표의 계산방식

- 중심선밴드: n일 이동평균선

- 상한밴드: n일 이동평균＋폭×n일 표준편차

- 하한밴드: n일 이동평균－폭×n일 표준편차

* n일은 이동평균일수

* 밴드 내에 포함될 데이터의 빈도에 따라 폭의 값을 조정한다.

매매적용방법(박스권, 언더슈팅, 오버슈팅 활용)

먼저 조건 및 특징을 살펴보자.

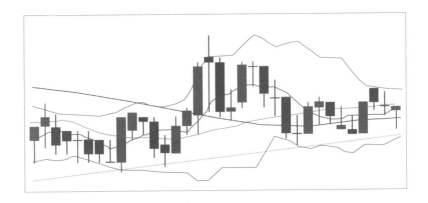

1. 기간은 10, 승수는 2로 설정한다.

2. 볼린저밴드 하한선(분홍선) 0~3% 하향 이탈 시 매수, 볼린저밴드 상한선(갈
   색선) 0~3% 상향 이탈 시 매도한다.

3. 볼린저밴드는 횡보 시(박스권)에 활용하면 신뢰도가 높다.

4. 볼린저밴드 하단에서는 장중 밑꼬리를 달고 올라오고, 볼린저밴드 상단
   에서는 장중 윗꼬리를 달고 내려오는 경향이 높다.

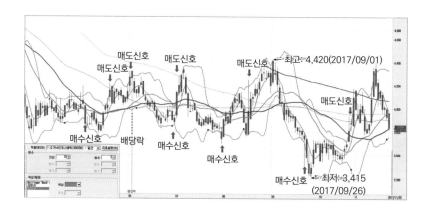

본격적인 볼린저밴드 활용법을 사례로 살펴보자. 오가니틱코스메틱 일봉차트다. 볼린저밴드 하한선(분홍선)이 0~3% 하향 이탈 시 매수, 볼린저밴드 상한선(갈색선)이 0~3% 상향 이탈 시 매도한다. 오가니틱코스메틱 일봉차트에서는 매수신호가 총 4회 발생했으며, 매도신호는 5회 발생했다.

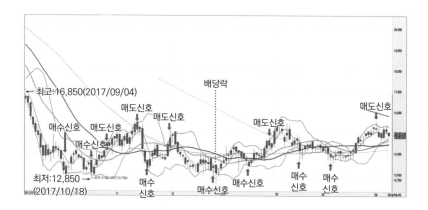

호전실업 일봉차트다. 볼린저밴드 하한선(분홍선)이 0~3% 하향 이탈 시 매수, 볼린저밴드 상한선(갈색선)이 0~3% 상향 이탈 시 매도한다. 호전실업 일봉차트에서는 매수신호가 총 7회 발생했으며, 매도신호는 6회 발생했다.

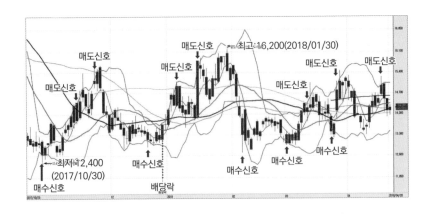

　피엔티 일봉차트다. 볼린저밴드 하한선(분홍선)이 0~3% 하향 이탈 시 매수, 볼린저밴드 상한선(갈색선)이 0~3% 상향 이탈 시 매도한다. 피엔티의 일봉차트에서는 매수신호가 총 5회 발생했으며, 매도신호는 7회 발생했다.

　볼린저밴드는 박스권에서 언더슈팅, 오버슈팅을 할 때, 즉 하락폭과대, 상승폭과대 반발매매로 많이 사용한다. 후행성지표이기 때문에 추세를 따라 지속적으로 따라가는 단점이 있다. 하지만 박스권에서는 하방과 상방을 막아주기 때문에 볼린저밴드의 사용이 신뢰도를 높일 수 있다.

　볼린저밴드 하한선(분홍선)이 0~3% 하향 이탈 시 매수, 볼린저밴드 상한선(갈색선)이 0~3% 상향 이탈 시 매도한다.

일목균형표

일목균형표에 대해서는 간단히 내용만 정리하겠다. 일목균형표는 호소다 고이치(필명:일목선인)라는 사람에 의해 1935년에 '신동전환선'이라는 이름으로 일본의 동경신문사에 처음으로 발표된 지표다. 5개의 선으로 구성되어 있으며, 시간개념도 포함되어 있다. 각 선을 그리는 방법으로는 일목균형표의 대등수치 개념에서 중요한 일수로 인식되는 9, 26, 52를 사용하며, 역사적 고가와 저가의 중간값을 다양한 방식으로 이용한다.

그럼에도 불구하고 이를 이용해서 완성된 차트들은 가격의 전반적인 흐름 등 인간의 눈에 보이지 않는 투자자의 심리와 그 변화를 한눈에 알아볼 수 있도록 파노라마식의 가격흐름 화면을 제공해준다. 작성방법은 다음과 같은 5개의 선을 사용한다.

일목균형표 지표의 종류

전환선	과거 9일간(당일 포함)의 (최고치+최저가)/2
기준선	과거 26일간(당일 포함)의 (최고치+최저가)/2
선행스팬1	(전환선+기준선)/2
선행스팬2	과거 52일간(당일 포함)의 (최고치+최저가)/2
후행선	당일 종가를 과거 26일 이전(당일 포함)에 써넣음
구름대	선행스팬1과 선행스팬2 사이의 구간

여기에서 구름대는 주가가 그 구름보다 위에 있을 때는 구름대가 지지선으로 작용하고, 주가가 그 구름대보다 아래에 있을 때는 저항선으로 작용한다. 주가가 구름대 위에 위치할 경우 시장은 강세를 의미하고, 구름 아래 위치할 경우 약세를 의미한다. 일목균형표는 사람에 따라 의견이 나뉜다. 난해한 부분이 많지만 일반적으로 폭넓게 받아들여지고 있다.

수급 및 거래원
수급과 거래원 매칭하기

수급이란 수요와 공급을 이루는 말이다. 경제학적으로 수요가 많아지면 가격이 오르고, 공급이 많아지면 가격이 내려간다. 주식에서도 수급이라는 용어가 쓰인다. 매수하는 투자자가 많으면 주가가 오르고, 매도하는 투자자가 많으면 주가가 내려간다.

매수하는 사람들이 많은 이유는 주가가 오를 만한 여러 이슈들이 존재하고 있기 때문이다. 실적성장, 모멘텀, 이벤트, 테마 등 다양한 긍정적인 이슈들이 나타나면 주가는 오르는 경향이 높다. 반대로 실적악화, 모멘텀 부재, 이벤트 소멸, 테마 소멸 등의 이슈들이 나타나면 주가가 내리는 경향이 높다.

이처럼 여러 이유로 수급이 붙거나 떨어지는 경우가 있다. 수급 참가자들에 대해 알아보고, 수급과 거래원을 매칭하는 방법에 대해 알아보겠다. 그리고 마지막으로 세력주의 진입 여부를 판단해보도록 하겠다.

수급의 주체

삼성전자 투자자 동향을 사례로 들어 개념과 주체별 특징을 살펴보자.

| 일자별 | 현재가 | 전일비 | 등락률 | 거래량 | 프로그램 | 개인 | 외국인 | 기관계 | 기관 | | | | | | | | 기타법인 |
									금융투자	보험	투신	은행	기타금융	연기금등	사모펀드	국가/자치	
2018/04/20	49,850 ▼ 250	0.57	7,209,124	147,090	1,084,579	-1,252,675	215,106	402,705	-23,921	-54,814	-63,986	-16,895	-344,086	-90,737	346,966	-47,110
2018/04/23	2,595,000 ▲ 14,000	0.54	232,390	-15,979	19,990	-38,626	14,013	7,126	+1,291	478	-327	610	2,615	7,814	-3,012	4,623
2018/04/20	2,581,000 ▲ 58,000	2.20	235,220	-30,847	43,519	-73,992	26,050	14,988	984	-4,816	517	700	3,589	-91	8,700	4,423
2018/04/19	2,639,000 ▲ 71,000	2.76	343,811	72,499	-67,986	77,525	-13,120	-9,407	-1,148	-4,114	498	47	5,781	-3,295	-1,541	3,461
2018/04/18	2,568,000 ▲ 69,000	2.76	269,252	41,952	-78,437	67,500	10,672	11,424	1,195	-24	-516	-413	-6,114	8,452	-3,272	265
2018/04/17	2,499,000 ▼ 18,000	0.72	155,440	-30,405	22,943	-27,209	3,784	854	-2,053	-1,016	359	140	1,507	1,784	2,210	462
2018/04/16	2,517,000 ▲ 27,000	1.08	157,549	-4,874	-27,550	12,966	14,368	-140	2,203	5,197	377	548	-1,332	6,924	581	516
2018/04/13	2,490,000 ▲ 40,000	1.63	205,566	28,424	-42,289	44,565	-3,084	-24,749	5,283	6,243	920	258	3,421	4,050	1,520	696
2018/04/12	2,450,000 ▲ 7,000	0.29	249,325	41,809	5,739	31,421	-39,821	-39,299	1,322	-4,056	224	582	9,001	1,495	-9,980	2,882
2018/04/11	2,443,000 ▼ 1,000	0.04	201,022	19,209	8,078	13,222	-20,192	-23,556	-1,014	1,680	-186	292	12,586	-988	-9,976	-1,136
2018/04/10	2,444,000 ▲ 16,000	0.65	219,687	3,266	19,310	-21,422	1,508	4,524	1,875	-674	138	-27	-654	-1,944	-1,729	3
2018/04/09	2,469,000 ▲ 40,000	1.65	199,008	616	-21,212	-13,850	34,172	16,715	734	3,773	-62	522	9,560	-2,844	6,774	690
2018/04/06	2,420,000 ▼ 17,000	0.70	250,854	-33,684	38,501	-47,044	7,872	9,181	2,725	2,209	970	-351	10,641	-24,712	6,329	871
2018/04/05	2,437,000 ▲ 81,000	3.89	264,912	17,626	-53,610	-6,432	60,054	25,175	2,798	8,197	1,378	808	-3,091	15,253	8,746	-12
2018/04/04	2,346,000 ▼ 60,000	2.49	247,684	-10,434	102,861	-55,456	-50,960	-23,348	-568	-4,273	-183	139	-6,537	-7,529	-8,861	3,555
2018/04/03	2,406,000 ▼ 21,000	0.87	255,365	-18,138	63,055	-44,019	-21,168	-5,169	-1,483	1,483	-77	233	-6,004	-10,060	-63	1,532
2018/04/02	2,427,000 ▼ 34,000	1.38	142,313	-16,492	52,203	-38,107	-13,986	-3,484	-1,552	-9,166	139	-7	678	-6,183	-411	-110
2018/03/30	2,461,000 ▲ 9,000	0.37	155,542	-5,048	11,185	-92,767	17,369	10,710	-680	1,438	-233	-327	6,360	2,051	-2,010	4,233

| 프로그램 | 개인 | 외국인 | 기관계 | 기관 | | | | | | | | 기타법인 |
				금융투자	보험	투신	은행	기타금융	연기금등	사모펀드	국가/자치	

수급동향표를 보며 각 항목을 설명하겠다. 현재가는 시장가격을 뜻하며, 현재 시장에서 거래되고 있는 가격이다. 전일대비는 전일대비 가격의 변동폭을, 등락률은 전일대비 가격의 등락률을 %로 나타낸다. 거래량은 매수, 매도 체결 거래량을 말한다. 프로그램은 시스템을 통한 매매를, 개인은 일반적인 소액투자자를, 외국인은 외국계 운용사 펀드를 일컫는다. 국내에 투자하는 국가 중에는 중동국가 자금 비중이 대부분이다. 기관은 금융투자(증권사), 보험, 투신(운용사), 은행, 기타금융, 연기금, 사모펀드, 국가를 의미한다.

투자주체별 특징을 좀 더 자세하게 살펴보자.

투자주체별 특징

개인		일반투자자. 주로 소액으로 운용하는 사람이 많음
외국인		다른 국적을 갖고 있는 투자자. 거래소 장내거래를 통해 거래된 투자자 데이터를 볼 수 있음
기관	금융투자	금융투자업자의 고유자산을 자체운용하는 주체. 증권사, 선물사, 자산운용사, 투자자문사 등
	보험	보험사 내의 자산운용. 생명보험, 손해보험, 보증보험 등
	투신	투자신탁, 투자회사, 투자조합, 투자합자회사 등의 공모펀드. 펀드를 통해 자산을 운용함
	은행	일반은행이 운용. 농협중앙회, 수산업협동조합중앙회, 특수은행 (수출입은행, 산업은행)
	기타금융	종금사, 저축은행, 자금중개회사, 여신전문금융회사, 신협중앙회
	연기금	연금, 기금 및 공제회에서 자산운용
	국가	국가, 지자체 등 공익 목적 전문투자자인 비금융기관
	사모펀드	50인 미만 펀드. 사모투자전문회사
기타		금융기관과 공공기관을 제외한 나머지 기관

금융투자는 주로 증권사 계정에서 많이 매수세가 들어온다. 국가지차체로는 예금보험공사, 한국자산관리공사, 한국투자공사, 금융투자협회 등이 있다. 기타는 흔히 일반법인(상장, 비상장) 등이 주체로 많이 참여한다. 개인투자자 중 수백억 원대를 운용하는 사람은 슈퍼개미라고 일컫는다.

프로그램 매매는 외국인 또는 기관이 프로그램을 통해 매매하는 것을 말한다. 어느 주가 수준으로 오르거나 떨어뜨렸을 때 자동적으로 매매가 이루어진다. 수량이 반복적으로 나오는 것이 일반적이다.

세력이란 흔히 자금이 많아서, 주가를 좌지우지할 수 있는 힘 있는 투자자를 말한다. 주로 시장가 매수 또는 매도를 통해 주가를 상승시키거나 하락시키는 경우가 많다. 일반 개인투자자들은 조금이라도 더 싸게 사거나 더 비싸게 팔기 위해 지정가매매(가격을 정하는 매매)를 하는 경우가 많다. 그러나 세력은 개인투자자들에 매매가를 잘 안 주는 경우가 많다. 그렇기 때문에 세력의 매매패턴에 대해서도 인지하는 것이 중요하다.

수급과 거래원 매칭하기

거래원이란 흔히 말해서 증권사 창구를 말한다. 미래에셋대우, 삼성증권, NH투자증권, 키움증권 등 여러 증권사를 통해 수급주체와 거래창구를 찾을 수 있다. 여기서 하나 미리 알아야 될 것은 개인투자자가 가장 많이 사용하는 증권사는 키움증권이라는 것이다. 그래서 키움증권의 창구는 대개 개인투자자의 단타 물량들이 굉장히 많다. 급등주, 세력주를 좋아하기 때문이다.

수급을 통해 기관, 외국인 거래원을 매칭시키는 과정은 다음과 같다.

매칭 과정

1. 투자자 수급동향 파악

2. 거래원 분석: 대량매집 또는 대량매도 거래원 분석

3. 거래원 분석: 실시간 매매패턴 분석

4. 매매단가 파악

5. 전체 유통주식수 대비 비중 추정

6. 전환사채, 유상증자, 신주인수권부사채, 상환전환우선주 등 오버행 물량 파악

호전실업의 사례를 보며 차트, 수급, 거래원 동향을 파악해보자.

현재 호전실업의 차트는 수평추세선(박스권)의 차트흐름을 보이고 있다. 주가가 1만 2천 원 중반에서는 하방경직이 나타나고 있으며, 1만 5천 원 중후반대에서는 상방저항을 받고 있다. 거래는 점진적으로 감소하는 하락추이가 나타나고 있으며 이동평균선은 수렴하는 방향으로 흐르고 있다.

수급과 거래원 동향을 파악해보자.

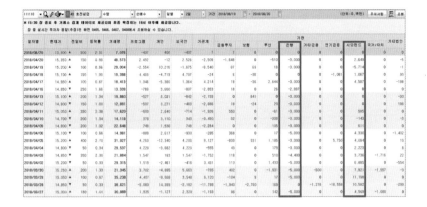

호전실업 거래원을 보면 지속적으로 은행에서는 매도세, 사모펀드에서는 매수세가 들어오고 있다. 은행과 사모펀드의 거래를 좀 더 자세하게 살펴보도록 하자.

호전실업 특정 증권사 거래원 동향

순위	회원사	매도수량	매수수량	순매수수량	순위	회원사	매도수량	매수수량	순매수수량
1	NH투자증권	258,826	674,408	416,082	1	신한투자	367,055	216,039	-151,016
2	한국증권	263,733	320,056	56,323	2	IBK증권	148,744	26,793	-122,951
3	리딩투자	2,185	54,048	51,863	3	이래에셋대우	447,989	375,555	-72,434
4	JP모간	28,913	53,881	24,969	4	삼성증권	265,291	208,394	-56,897
5	씨엘	21	24,481	24,460	5	키움증권	876,583	821,183	-55,400
6	비엔피	0	21,667	21,667	6	CS증권	119,654	66,715	-52,939
7	신영증권	6,496	23,546	17,050	7	모간서울	93,846	43,129	-50,717
8	BNK증권	4,587	19,327	14,740	8	DB금투	221,536	180,966	-40,570
9	UBS	5,628	20,114	14,486	9	유진증권	152,376	119,295	-33,081
10	KTB증권	193,775	206,888	13,113	10	유안타증권	133,902	104,135	-29,767
11	부국증권	4,061	16,734	12,673	11	현대차증권	42,118	13,384	-28,734
12	유화증권	0	11,721	11,721	12	하나금융투자	193,257	168,157	-25,100
13	코리아에셋	2,096	12,783	10,687	13	한화투자	53,240	82,273	-20,967
14	비모증권	5,692	15,624	9,932	14	대신증권	134,052	116,910	-17,142
15	다이와	0	9,224	9,224	15	하이증권	38,926	32,806	-6,120
16	HSBC증권	0	9,156	9,156	16	KB증권	377,601	376,294	-1,307
17	CGS-CIMB	0	8,468	8,468	17	한양증권	18,317	18,165	-152

증권사별 창구를 보면 국내는 NH투자증권, 한국투자증권, 해외는 JP모건, 씨엘증권에서 6개월 동안 매수 유입이 증가하고 있으며, 매도세는 신한금융투자, IBK투자증권, 키움증권 등에서 매도물량이 증가했다.

호전실업 IBK증권 수급 동향

일자	주가	전일대비	동락률	거래량	순매수	매수수량	매도수량
2018/04/23	16,150 ▲	800	5.21	44,932	-450	0	450
2018/04/20	15,350 ▲	150	0.99	48,573	-3,000	0	3,000
2018/04/19	15,200 ▲	100	0.66	29,004	-3,200	0	3,200
2018/04/17	14,950 ▲	100	0.67	16,413	-3,000	0	3,000
2018/04/16	14,850 ▼	250	1.66	13,339	-2,898	0	2,898
2018/04/13	15,100 ▲	200	1.34	19,860	-3,015	0	3,015
2018/04/12	14,900 ▼	150	1.00	12,891	-3,015	0	3,015
2018/04/11	15,050 ▲	350	2.38	17,620	-3,000	0	3,000
2018/04/10	14,700 ▼	200	1.34	14,118	-3,000	0	3,000
2018/04/09	14,900 ▼	200	1.32	22,648	-3,070	0	3,070
2018/04/06	15,100 ▼	100	0.66	14,981	-5,000	0	5,000
2018/04/05	15,200 ▼	400	2.70	31,027	-4,000	0	4,000
2018/04/04	14,800 ▼	50	0.34	29,537	-3,000	0	3,000
2018/04/03	14,850 ▼	350	2.30	21,884	-4,400	0	4,400
2018/04/02	15,200 ▼	50	0.33	29,315	-5,000	0	5,000
2018/03/30	15,250 ▲	200	1.33	21,345	-6,659	0	6,659
2018/03/29	15,050 ▲	100	0.67	35,238	-4,929	72	5,000
2018/03/27	15,000 ▲	150	1.01	30,888	-4,968	32	5,000

일자별 수급을 살펴보면 IBK투자증권에서 지속적으로 3천~5천 주 사이의 매도 물량이 나오고 있다.

호전실업 NH투자증권 수급동향

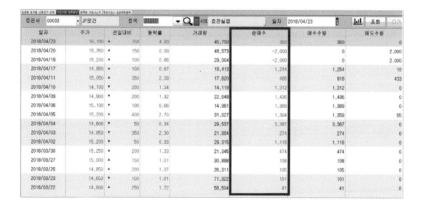

일자별 수급을 살펴보면 NH투자증권에서 매수세가 많이 유입되었으며, 18거래일 중 4거래일을 제외하고 매수를 했다.

호전실업 JP모건 수급동향

일자별 수급을 살펴보면 JP모건에서 매수세가 많이 유입되었으며, 18거래일 중 2거래일을 제외하고 매수를 했다.

상장 당시 지분구조

가. 5% 이상 주주와 우리사주조합 등의 주식소유 현황

(증권신고서 작성기준일 현재)

구분	주주명	소유주식수	지분율	비고
5% 이상 주주	한국산업은행	599,993주	8.73%	-
	엔에이치엔인베스트먼트㈜	500,000주	7.28%	-
	㈜케이오인베스트먼트	500,000주	7.28%	-
	중소기업은행	433,326주	6.31%	-
	한국투자 Future Growth투자조합	387,920주	5.64%	
우리사주조합		236,865주	3.45%	-

매출대상주식의 소유자에 관한 사항

(단위: 주)

보유자	회사와의 관계	보유증권 종류	매출전 보유증권수	매출증권수 주1)	매출후 보유증권수 주2)
산업은행	-	기명식 보통주	599,993주	266,660주	333,333주
기업은행	-	기명식 보통주	433,326주	150,000주	283,326주
㈜케이오인베스트먼트	-	기명식 보통주	500,000주	120,000주	380,000주
합계			1,533,319주	536,660주	996,659주

상장 당시 지분 소유현황은 한국산업은행, 엔에이치엔인베스트먼트, 케이오인베스트먼트, 중소기업은행, 한국투자 Future Growth투자조합(사모펀드 추정)으로 되어 있다. 이 중 매출, 즉 매도를 한 기관은 산업은행, 기업은행, 케이오인베스트먼트다. 구주 매출을 한 후 보유증권 수는 산업은행 33만 3,333주, 기업은행 28만 3,326주, 케이오인베스트먼트 38만 주다.

다음은 순매수와 순매도로 호전실업의 평균 가격을 살펴보자. 거래원을 살펴볼 때는 매집세력 및 대주주 보유지분 창구 위주로 수급과 평균 거래를 살피면 된다.

거래원별 평균 가격: NH투자증권

일자	매수	매도	순매수	평균가격
2018/04/23	0	1,296	-1,296	15,753
2018/04/20	19,882	947	18,935	15,321
2018/04/19	1,138	2,987	-1,849	15,163
2018/04/18	324	296	28	15,042
2018/04/17	6,105	450	5,655	14,910
2018/04/16	6,247	480	5,767	14,912
2018/04/13	12,258	5,452	6,806	14,943
2018/04/12	7,460	68	7,392	14,901
2018/04/11	10,779	34	10,745	14,874
2018/04/10	6,352	1,710	4,642	14,698
2018/04/09	11,330	594	10,736	14,913
2018/04/06	464	460	4	15,159
2018/04/05	127	470	-343	15,172
2018/04/04	15,203	2,107	13,096	14,705

종목 111110 증 40% 호전실업
회원사 00012 NH투자증권 -1,296 시간별 일별 조회

NH투자증권에서 1개월 동안의 거래내역을 보면 평균 가격 1만 4천 원대 중후반에서 1만 5천 원대 중후반에 거래된 것을 볼 수 있다. 매수한 세력은 대략 1만 5천 원 가격대에서 매수한 것으로 볼 수 있다.

거래원별 평균 가격: JP모건

일자	매수	매도	순매수	평균가격
2018/04/23	360	0	360	15,450
2018/04/20	0	2,000	-2,000	15,300
2018/04/19	0	2,000	-2,000	15,050
2018/04/17	1,254	10	1,244	14,800
2018/04/11	918	433	485	14,792
2018/04/10	1,312	0	1,312	14,679
2018/04/09	1,436	0	1,436	14,895
2018/04/06	1,389	0	1,389	15,194
2018/04/05	1,359	55	1,304	15,069
2018/04/04	3,367	0	3,367	14,729
2018/04/03	274	0	274	15,066
2018/04/02	1,118	0	1,118	15,255
2018/03/30	474	0	474	15,064
2018/03/27	108	0	108	14,922

종목 111110 ▾ 🔍 🔧 증 40% 호전실업

회원사 00033 ▾ JP모간 360 ○시간별 ⊙일별 📊 조회

마찬가지로 JP모건 창구에서 1개월 동안의 거래내역을 보면 평균 가격 1만 4천 원대 중후반에서 1만 5천 원대 초중반에 거래된 것을 볼 수 있다. 매수한 세력은 대략 1만 4천 원대 후반 가격대에서 매수한 것으로 볼 수 있다.

거래원별 평균 가격: IBK증권

일자	매수	매도	순매수	평균가격
2018/04/23	0	450	-450	15,500
2018/04/20	0	3,000	-3,000	15,322
2018/04/19	0	3,200	-3,200	15,096
2018/04/17	0	3,000	-3,000	14,840
2018/04/16	0	2,898	-2,898	14,939
2018/04/13	0	3,015	-3,015	14,959
2018/04/12	0	3,015	-3,015	14,875
2018/04/11	0	3,000	-3,000	14,902
2018/04/10	0	3,000	-3,000	14,689
2018/04/09	0	3,070	-3,070	14,871
2018/04/06	0	5,000	-5,000	15,156
2018/04/05	0	4,000	-4,000	15,116
2018/04/04	0	3,000	-3,000	14,817
2018/04/03	0	4,400	-4,400	15,036

종목 111110 증 40% 호전실업
회원사 00068 IBK증권 -450 시간별 일별 조회

IBK투자증권의 매도 가격대는 1만 4천 원대 중후반에서 1만 5천 원대 초중반에서 매도가 나왔다. IBK투자증권 매도물량을 NH투자증권, JP모건에서 매수물량으로 받아준 것으로 해석할 수 있다. 1만 4,500~1만 5,500원 주가에서 거래가 이루어진 것으로 추정할 수 있다.

지금까지 본 수급과 공시자료를 통해 호전실업을 세부적으로 분석해보자.

호전실업 분석

1. 투자자 수급동향 파악

- 호전실업은 2018년 3월 이후 기관 매집이 강해졌다. 매수주체는 주로 투신, 사모펀드에서 매수를 했다.
- 호전실업은 2017년 9~11월에는 금융투자업자 매수세가 강했다. 자사주 신탁을 통한 물량 매수세가 유입되었다. 자사주 신탁 지분매입 공시는 주가방어 및 경영권 방어를 위한 물량 유입으로 해석할 수 있다.
- 2018년 3월 중순 이후 은행에서 매도 물량이 출회했다.

2. 거래원 분석

- 은행 매도 물량출회: 기업은행 물량이 IBK투자증권으로 매도가 나왔다. 이유는 과거 상장 전 전환사채 물량이 보통주로 전환되면서 시장에 나오고 있기 때문이다. 산업은행은 전환사채가 이미 보통주로 전환되어 매도 물량 출회가 끝났다.
  기업은행의 전환사채 전환가액은 1만 원 초반대 물량이다. 28만 주 중 약 12만 주 물량이 나왔다. 여기서 확인할 수 있는 것은 IBK증권과 은행 물량의 수급이 일치하고 있다는 것이다.
- NH투자증권 물량 대량매집: NH투자증권 창구로 대량의 물량이 들어오고 있다. 주 수급주체는 사모펀드와 개인으로 추정된다. 최근 공시를 보면 최대 주주가 책임경영을 위해 장내매수했다고 공시했다.
- JP모건 매수세 지속: 외국인 매수는 주로 JP모건 창구로 들어오고 있다. JP모건은 1개월 동안 2거래일을 제외하고 지속적으로 매수세 유입했다. JP모건과 외국인 수급물량은 대부분 일치했다.

- 개인: 개인물량은 주로 키움증권에서 매도되고 있었다.

- 투신: 한국투자증권에서 투신물량이 간헐적으로 보였다. 한국투자밸류자
  산운용에서 운용하는'가치주 펀드'로 추정했다.

3. 매매단가 파악

- NH투자증권: 1만 4천 원대 중후반에서 1만 5천 원대 중반대가까지 꾸준
  히 매집했다. 평균 단가는 1만 4천 원 후반 가격이다. 최대 주주의 물량이
  대부분일 것이라 추정된다.

- JP모건: NH투자증권가 마찬가지로 평균 단가 1만 4천 원 후반 물량으
  로 추정된다.

- IBK증권: 1만 원대 초반 전환된 물량으로 차익매물 출회했다. 매도단가
  는 1만 4,000~1만 5,500원에서 꾸준히 나오고 있다.

4. 전체 유통주식수 대비 비중

- NH투자증권: 2017년 10월~2018년 4월까지 6개월 동안 전체 유통주식수 800만 주 중 약 42만 주를 매수했다. 전체 물량의 5% 이상을 매수했다.

- 한국투자증권: 2017년 10월~2018년 4월까지 6개월 동안 전체 유통주식수 800만 주 중 5만 6천 주 매수했다. 전체 물량의 0.7%를 매수했다.

- JP모건: 2017년 10월~2018년 4월까지 6개월 동안 전체 유통주식수 800만 주 중 2만 5천 주 매수했다. 전체 물량의 0.3%를 매수했다. 다만 최근에 JP모건 매수세가 지속적으로 유입되고 있는 것에 관심을 가져볼 필요가 있다.

- IBK증권: 2017년 10월~2018년 4월까지 6개월 동안 전체 유통주식수 800만 주 중 12만 주 매도했다. 전체 물량의 1.5%를 매도했다. 전환사채 물량 매도가 나오고 있는 중이며, 약 16만 주가 남은 것으로 추정된다.

5. 전환사채, 유상증자, 신주인수권부사채, 상환전환우선주 오버행 물량 파악

- 산업은행 전환사채 물량은 이미 출회되었다.
- 기업은행 전환사채 물량은 출회 중이다. 12만 주 정도 전환 후 매도되었다.
- 케이오인베스트먼트는 아직 미전환된 것으로 판단된다. 우호적인 재무적 투자자로 판단된다.

지금까지 호전실업 사례를 통해 수급과 거래원을 매칭시켜보았다. 세력주는 전체 주식수 대비 5% 이상 매집이 들어오고, 대주주 지분이 많다면 세력주라고 판단할 수 있다. 대주주는 경영책임의 일환으로 특별한 이슈(구조조정, 자산매각 등)가 없으면, 시장에 매물출회를 하지 않는다. 그리고 개인이 컨트롤하는 세력주는 시가총액이 낮은 종목을 대상으로 작전을 편다.

주가가 높거나 유통주식수가 많으면 자금에 부담이 되기 때문에 대부분은 시가총액과 주가가 낮고, 유통주식수의 제한이 있는 종목을 대상으로 하며, 앞으로 나올 정보 및 이슈, 테마를 판단하고 선취매수해서 매집하는 경우가 많다.

3.3.3 매매기법
승률 70% 필살 매매기법

3.3.3 매매기법은 필자가 사용하고 있는 매매기법으로 3일 동안 1~3분할 매수를 통해 제세금을 제외한 3% 수익을 추구하는 기법이다. 손절가는 제세금을 포함한 3%에 매도하는 것으로 한다. 스윙매매를 원칙으로 하며 거래일수는 7거래일로 3% 수익 또는 3% 매도가 안될 시에는 7거래일째 매도를 하는 것으로 한다.

지금까지 승률은 70% 이상을 유지했다. 3.3.3 매매기법은 총 2가지다.

3.3.3 매매기법 "1"번 매매기법

종목 선정조건은 다음과 같다.

종목 선정조건

1. 장 종료 후 당일 상승률 4~10% 이내 종목

2. 수급확인(외국인 또는 기관) 연속 순매수 또는 거래량 100만 주 이상 종목

3. 영업이익, 매출액 성장률 10% 이상, 다만 부채비율 150% 이상인 종목은

    제외, 유보율 500% 이상 종목

4. 시가총액 1천억~5천억 원 이내 종목

5. 대주주, 특수관계인 포함 50% 이상 종목

6. 추세매매, 눌림목매매, 바닥권 탈출 종목

거래량 조건에서 3개월 평균 거래량 대비 당일 거래량이 3배 이상 터진 것도 포함한다. 반드시 양봉캔들이 나타나야 한다. 모든 선정조건을 부합해야 되는 것은 아니나, 보통은 6개 선정조건 중 5개 이상은 부합하는 종목위주로 필터링한다.

캔들을 간단히 설명하면 다음과 같다.

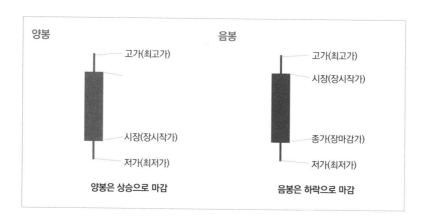

매수시점을 정리해보자.

캔들매매 매수시점

1차 매수	시가와 종가 몸통의 30% 할인된 가격
2차 매수	시가와 종가 몸통의 50% 할인된 가격
3차 매수	전일 시가

매수는 1/3씩 3번에 거쳐 분할매수한다. 1차 분할매수 후 오를 경우 2차 매수, 3차 매수는 하지 않는다.

사례를 통한 매매기법을 살펴보자.

사례 1 │ 해마로푸드서비스

'맘스터치'라는 브랜드로 프랜차이즈 사업을 영위하고 있으며, 동시에 가공식품/식자재 유통업을 영위하고 있다. 2004년 설립 이후 지속적으로 성장했으며, 2011년 이후 치킨과 버거를 동시에 판매하는 형식으로 가맹사업 부문을 변화시켜 2017년 상반기 기준 가맹점 1,061곳을 보유하고 있다. 유통사업 부문은 선진화된 물류시스템을 이용해 약 120개의 업체에 납품을 수행하고 있다. 매출구성은 프랜차이즈 유통 79.2% 등으로 이루어져 있다.

시세현황 [2018/08/17]
단위 : 원, 주, %

항목	값	항목	값
종가/ 전일대비	3,050/ +135	거래량	2,115,406
52주.최고가/ 최저가	3,320/ 1,785	거래대금 (억원)	64
수익률 (1M/ 3M/ 6M/ 1Y)	-3.33/ +18.22/ +41.86/ +52.12	외국인 보유비중	8.39
시가총액 (억원)	2,864	베타 (1년)	0.59345
발행주식수 (보통주/ 우선주)	93,897,786/ 0	액면가	100
유동주식수 (보통주)	28,105,063	유동주식비율 (보통주)	29.93

주주현황
단위 : 주, %

항목	주권의 수	지분율	최종변동일
정현식(외 6인)	65,792,723	70.07	2017/04/10
와이지-아이비케이씨...	0	0.00	2017/07/28

주주구분 현황
단위 : 주, %

주주구분	대표주주수	주권의 수	지분율	최종변동일
최대주주등 (	1	65,792,723	70.07	2017/04/10
10%이상주...				
5%이상주주	1	0	0.00	2017/07/28
임원 (5%미...				
자기주식 (자...				

Financial Highlight [연결|전체]			단위 : 억원, %, 배, 천주 연결 별도 전체 연간 분기				

IFRS(연결)	Annual				Net Quarter			
	2015/12	2016/12	2017/12	2018/12(E)	2017/09	2017/12	2018/03	2018/06(E)
매출액	5,995	4,654	5,020		1,243	1,241	1,133	
영업이익	293	107	149		32	25	15	
당기순이익	132	74	59		26	-2	-6	
지배주주순이익	128	79	60		21	-2	5	
비지배주주순이익	4	-5	-1		5	0	-11	
자산총계	5,285	5,142	5,092		5,341	5,092	5,025	
부채총계	3,138	2,933	2,663		2,892	2,663	2,628	
자본총계	2,147	2,208	2,429		2,449	2,429	2,397	
지배주주지분	1,911	1,972	2,210		2,219	2,210	2,186	
비지배주주지분	235	237	218		230	218	211	
자본금	149	149	149		149	149	149	
부채비율	146.19	132.83	109.67		118.05	109.67	109.61	
유보율	1,232.61	1,272.77	1,433.30		1,439.14	1,433.30	1,417.15	
영업이익률	4.88	2.31	2.97		2.59	2.04	1.36	
지배주주순이익률	2.14	1.70	1.20		1.70	-0.16	0.47	
ROA	2.56	1.41	1.16		1.97	-0.13	-0.47	
ROE	6.96	4.07	2.88		4.03	-0.35	0.97	
EPS (원)	431	266	202		71	-7	18	
BPS (원)	6,663	6,864	7,666		7,696	7,666	7,586	
DPS (원)	100	120	120			120		
PER	7.70	14.40	14.93					
PBR	0.50	0.56	0.39		0.40	0.39	0.47	

최고:3,575(2018/07/16) →

2018년 4월 12일 6.96% 상승

최저:1,775
(2017/10/18)

거래량 3,000만 주 이상

배당락

먼저 앞서 말한 종목 선정조건에 해마로푸드서비스가 부합하는지 알아
보자.

종목 선정조건	부합 여부
전일 상승률 4~10% 이내 종목	○
수급확인(외국인 또는 기관) 연속 순매수 또는 거래량 100만 주 이상 종목	○
영업이익, 매출액 성장률 10% 이상, 다만 부채비율 150% 이상인 종목은 제외, 유보율 500% 이상 종목	○
시가총액 1천억~5천억 원 이내 종목	○
대주주, 특수관계인 포함 50% 이상 종목	○
추세매매, 눌림목매매, 바닥권 탈출 종목	○ (추세매매)

종목에 부합하니 매수조건 가격을 설정해보자. 시가 2,300원, 종가
2,460원으로 종가에서 시가를 뺀 금액은 160원이다(2,460-2,300=160). 1차
매수가격은 종가와 시가의 30%, 2차 매수가격은 종가와 시가의 50%로 산
정해 계산하면 다음과 같다. 3차 매수가격은 전날 시가와 같다.

1차 매수가격=48원(반올림 50원)=160원×0.3(30% 할인)

2차 매수가격=80원=160원×0.5(50% 할인)

3차 매수가격=2,300원

매수조건 가격 설정

매수시점(4월 12일 캔들매매)		목표가(매도) 및 손절가	
1차 매수가	2,430원	1차 목표가	2,505원(2,430원×1.03)
2차 매수가	2,380원 (가격 미진입으로 매수 안 됨)	2차 목표가	2,480원(2,405×1.03)
3차 매수가	2,300원 (가격 미진입으로 매수 안 됨)	3차 목표가	2,440원(2,370×1.03)
		손절가	2,300원(2,370/1.03)

위 종목은 종목 선별조건에 부합된다. 시가총액, 거래량, 재무제표, 최대주주지분, 외국인과 기관 양 매수 모두 양호한 지표를 갖고 있다. 위 종목을 매수했다고 가정하면 1차 2,405원 매수 후 당일 목표가를 실현하게 된 것이다. 2차와 3차 매수가까지는 가지 않았기 때문에 1차 매수 후 목표가 2,505원을 정하고 수익실현 전략을 취하면 된다.

사례 2 | 인터지스

부두운영사로서 항만하역과 전국 각지의 물류네트워크를 활용해 후판, 형강, 봉강 등의 철강제품과 수출입컨테이너를 운송하는 화물운송을 주요 사업으로 영위하고 있다. 2012년 7월 디케이에스앤드㈜를 합병함으로써 해상운송사업에 진출해 동국제강㈜의 철강원재료 해상운송과 더불어 국내외 유수의 3PL 고객들을 대상으로 남미, 호주, 미국 등에서 곡물, 철광석, 석탄 등을 운송하고 있다.

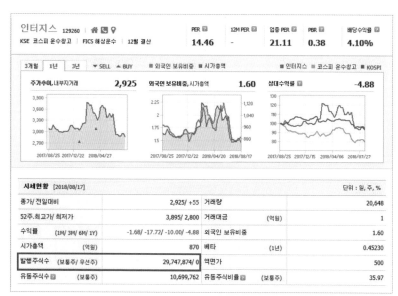

인터지스 129260 🏠📞📍 | PER 14.46 | 12M PER - | 업종 PER 21.11 | PBR 0.38 | 배당수익률 4.10%

KSE 코스피 운수창고 | FICS 해상운수 | 12월 결산

3개월 | 1년 | 3년 | ▼ SELL ▲ BUY | ■ 외국인 보유비중 ■ 시가총액 | ■ 인터지스 ■ 코스피 운수창고 ■ KOSPI

주가추이/내부자거래 **2,925** | 외국인 보유비중/시가총액 **1.60** | 상대수익률 **-4.88**

시세현황 [2018/08/17]
단위 : 원, 주, %

종가/ 전일대비	2,925/ +55	거래량		20,648
52주.최고가/ 최저가	3,895/ 2,800	거래대금 (억원)		1
수익률 (1M/ 3M/ 6M/ 1Y)	-1.68/ -17.72/ -10.00/ -4.88	외국인 보유비중		1.60
시가총액 (억원)	870	베타 (1년)		0.45230
발행주식수 (보통주/ 우선주)	29,747,874/ 0	액면가		500
유동주식수 (보통주)	10,699,762	유동주식비율 (보통주)		35.97

주주현황
단위 : 주, %

항목	주권의 수	지분율	최종변동일
동국제강(주)(외 8인)	17,514,370	58.88	2018/06/15
인터지스 자사주	797,082	2.68	2015/05/13
인터지스 자사주 펀드	736,660	2.48	2015/04/25
린드먼아시아인베스트!	0	0.00	2017/08/14

COMMENT ▼

주주구분 현황
단위 : 주, %

주주구분	대표주주수	주권의 수	지분율	최종변동일
최대주주등 (...	1	17,514,370	58.88	2018/06/15
10%이상주...				
5%이상주주	1	0	0.00	2017/08/14
임원 (5%미...				
자기주식 (자...	2	1,533,742	5.16	2015/05/13

COMMENT ▼

| 129260 ▼ Q ... 인터지스 | 수량 ▼ 운용수 ▼ | 일별 일별 ▼ 기간 2018/00/18 ~ 2018/00/20 | (단위:주,백만) 주의사항 ▼ 갱신 |

※ 15:30 장 종료 후 거래소 집계 데이터로 제공되며 최종 확정까지는 1RE 이후에 제공됩니다.
장 중 실시간 투자자 동향(추정)은 화면 0465, 0466, 0467, 0468에서 조회하실 수 있습니다.

								기관										
일자별	현재가	전일비	등락율	거래량	프로그램	개인	외국인	기관계	금융투자	보험	투신	은행	기타금융	연기금등	사모펀드	국가/지자	기타법인
2018/02/20	2,900 ▼	25	0.85	29,702	1,919	-4,510	4,465	25	0	0	0	0	0	0	0	0	0
2018/02/19	3,815 ▲	300	8.53	1,100,487	2,319	-21,524	1,019	20,847	34,388	0	0	0	0	0	0	-13,541	-341
2018/02/19	3,515 ▲	265	8.15	415,777	24,993	-44,507	25,848	18,777	0	0	18,777	0	0	0	0	0	-18
2018/02/14	3,250 ▲	35	1.09	67,554	-7,839	7,736	-7,739	1	1	0	0	0	0	0	0	0	0
2018/02/13	3,215 ▼	55	1.68	100,746	-18,096	17,105	-7,188	-11,910	-2	0	-11,908	0	0	0	0	0	1,993
2018/02/12	3,270 ▲	45	1.40	136,308	-2,651	-4,906	-2,687	6,955	63	0	50	0	0	6,896	0	0	-2
2018/02/09	3,225 ▼	55	1.68	70,908	6,620	-7,164	5,668	1,351	249	0	0	0	0	1,102	0	0	145
2018/02/08	3,280 ▲	95	2.98	93,172	7,043	-6,885	5,957	729	-17	-6	-102	0	0	848	0	0	-5
2018/02/07	3,185 ▼	45	1.39	187,625	-9,129	2,945	-3,761	922	34	9	-1,789	0	0	2,568	0	0	-6
2018/02/06	3,230 ▲	10	0.31	159,603	10,894	-9,040	3,172	6,077	217	0	3,359	0	0	2,501	0	0	-206
2018/02/05	3,220 ▲	15	0.47	138,338	3,120	-5,517	1,904	3,696	480	0	0	0	0	1,216	0	0	-83
2018/02/02	3,205 ▼	15	0.47	57,715	1,971	-1,178	1,671	0	0	0	0	0	0	0	0	0	-493
2018/02/01	3,220 ▼	15	0.46	86,136	11,493	-11,004	11,493	1	1	0	0	0	0	0	0	0	-490
2018/01/31	3,295 ▲	35	1.09	76,695	4,145	-4,273	3,303	970	-6	0	0	0	0	976	0	0	0
2018/01/30	3,200 ▲	0	0	88,093	9,857	-10,124	6,966	2,893	48	0	0	0	0	2,843	0	0	267
2018/01/29	3,200 ▲	63	2.07	153,106	8,360	-13,604	9,032	4,572	-91	0	-1,292	0	0	5,895	0	0	0
2018/01/26	3,135 ▲	10	0.32	79,558	12,331	-17,447	12,297	5,150	-28	-22	0	0	0	5,200	0	0	0
2018/01/25	3,125 ▲	10	0.32	100,118	21,705	-16,087	21,605	-25	-25	0	0	0	0	0	0	0	-5,493
2018/01/24	3,115 ▲	35	1.14	190,839	9,552	17,402	4,208	-547	14	0	0	0	-561	0	0	0	-21,143
2018/01/23	3,080 ▲	45	1.48	153,329	5,224	14,891	-1,428	-24	-24	0	0	0	0	0	0	0	-13,539

| | Financial Highlight [연결\|전체] | | | | 단위 : 억원, %, 배, 천주 | 연결 | 별도 | 전체 | 연간 | 분기 |

IFRS(연결)	Annual				Net Quarter			
	2015/12	2016/12	2017/12	2018/12(E)	2017/09	2017/12	2018/03	2018/06(E)
매출액	5,995	4,654	5,020		1,243	1,241	1,133	
영업이익	293	107	149		32	25	15	
당기순이익	132	74	59		26	-2	-6	
지배주주순이익	128	79	60		21	-2	5	
비지배주주순이익	4	-5	-1		5	0	-11	
자산총계	5,285	5,142	5,092		5,341	5,092	5,025	
부채총계	3,138	2,933	2,663		2,892	2,663	2,628	
자본총계	2,147	2,208	2,429		2,449	2,429	2,397	
지배주주지분	1,911	1,972	2,210		2,219	2,210	2,186	
비지배주주지분	235	237	218		230	218	211	
자본금	149	149	149		149	149	149	
부채비율	146.19	132.83	109.67		118.05	109.67	109.61	
유보율	1,232.61	1,272.77	1,433.30		1,439.14	1,433.30	1,417.15	
영업이익률	4.88	2.31	2.97		2.59	2.04	1.36	
지배주주순이익률	2.14	1.70	1.20		1.70	-0.16	0.47	
ROA	2.56	1.41	1.16		1.97	-0.13	-0.47	
ROE	6.96	4.07	2.88		4.03	-0.35	0.97	
EPS (원)	431	266	202		71	-7	18	
BPS (원)	6,663	6,864	7,666		7,696	7,666	7,586	
DPS (원)	100	120	120			120		
PER	7.70	14.40	14.93					
PBR	0.50	0.56	0.39		0.40	0.39	0.47	

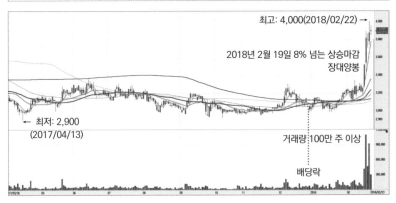

최고: 4,000(2018/02/22) →

2018년 2월 19일 8% 넘는 상승마감
장대양봉

← 최저: 2,900
(2017/04/13)

거래량 100만 주 이상

배당락

인터지스 종목이 선정조건에 부합하는지 살펴보자.

종목 선정조건	부합 여부
전일 상승률 4~10% 이내 종목	○
수급확인(외국인 또는 기관) 연속 순매수 또는 거래량 100만 주 이상 종목	○
영업이익, 매출액 성장률 10% 이상, 다만 부채비율 150% 이상인 종목은 제외, 유보율 500% 이상 종목	○
시가총액 1천억~5천억 원 이내 종목	○
대주주, 특수관계인 포함 50% 이상 종목	○
추세매매, 눌림목매매, 바닥권 탈출 종목	○ (추세매매)

영업이익, 매출액 성장률, 부채비율 모두 부합된다.

매수조건 가격을 설정해보자. 시가 3,285원, 종가 3,515원으로 종가에서 시가를 뺀 금액은 230원이다(3,515-3,285=230). 1차 매수가격은 종가와 시가의 30%, 2차 매수가격은 종가와 시가의 50%로 산정해 계산하면 다음과 같다. 3차 매수가격은 전날 시가와 같다.

1차 매수가격=69원(반올림 70원)=230원×0.3(30% 할인)

2차 매수가격=115원=230원×0.5(50% 할인)

3차 매수가격=3,285원

매수조건 가격 설정

매수시점(2월 19일 캔들매매)		목표가(매도) 및 손절가	
1차 매수가	3,445원	1차 목표가	3,550원(3,445×1.03)
2차 매수가	3,400원 (가격 미진입으로 매수 안 됨)	2차 목표가	3,520원(3,420×1.03)
3차 매수가	3,285원 (가격 미진입으로 매수 안 됨)	3차 목표가	3,455원(3,355×1.03)
		손절가	3,255원(3,555/1.03)

위 종목도 종목 선별조건에 부합된다. 시가총액, 거래량, 재무제표, 최대 주주지분, 외국인과 기관 양 매수 모두 양호한 지표를 갖고 있다. 위 종목을 매수했다고 가정하면 1차 3,445원 매수 후 당일 목표가를 실현하게 된 것이다. 2차와 3차 매수가까지는 가지 않았기 때문에 1차 매수 후 목표가 3,550원을 정하고 수익실현 전략을 취하면 된다.

3.3.3 매매기법 "1"번 매매기법은 캔들을 활용한 매매기법이다. 거래량 동반과 강한 상승이 나타나야 하며, 대주주 지분이 높아야 한다. 이 밖의 재무제표는 매출액과 영업이익의 증가율을 살펴보고, 안정성으로는 부채 비율, 유보율을 본다.

시가총액은 1천 억~5천 억 원대로 외국인 또는 기관의 연속 순매수 종목군으로 필터링하면 된다. 보통 종목을 검색하면 10~20종목 이내가 나오는데, 이 중 눌림목, 추세, 바닥권 탈출이 되는 차트로 검색을 마무리하면 된다.

3.3.3 매매기법 "2"번 매매기법

3.3.3 매매기법 "2"번 매매기법은 기간에 상관없이 목표수익률, 손절률 3%를 잡고 기계적으로 대응하는 전략이다. 마지막에 30일 이동평균선을 이탈했을 때는 손실을 정리하고 마무리한다. 30일 이동평균선을 이탈하지 않을 때까지는 지속적으로 데이트레이딩, 스윙으로 접근하는 매매기법이다.

종목 선정조건은 다음과 같다.

종목선정 조건

1. 13일 이동평균선 돌파 종목

2. 13일 이동평균선 돌파 후 종가지지 매수

3. 30일 이동평균선 종가 이탈 시 매도

4. 13일, 15일, 20일 정배열

5. 과거 3개월 거래량 평균 대비 대량거래 발생(절대적 기준 없음)

6. 시가총액 1천억~5천억 원, 재무상태 양호

7. 영업이익, 매출액 성장률 10% 이상, 다만 부채비율 150% 이상인 종목은 제외, 유보율 500% 이상 종목

매수시점(이동평균선 매매) – 대량거래 후 13일선 종가상으로 돌파한 종목을 관심종목에 편입한다.

매매시점을 정리하면 다음과 같다. 이동평균선을 기준으로 매매한다.

매매시점	
1차 매수	13일 이동평균선 지지 가격 매수(비중: 1/3)
2차 매수	15일 이동평균선 지지 가격 매수(비중: 1/3)
3차 매수	20일 이동평균선 지지 가격 매수(비중: 1/3)
목표가	매수가격의 +3%
손절가	매수가격의 -3%

3.3.3 매매기법 "2"번 매매기법은 13일 이동평균선을 활용한 매매기법이다. 13일, 15일, 20일, 30일 이동평균선을 설정한 후 거래량과 비교해 종목을 선정하면 된다.

사례를 통해 살펴보자.

사례 1 │ 엑시콘

2001년 설립되어 반도체 공정상의 후공정의 마지막 테스트(Fianal test) 공정에 필요한 장비인 반도체 검사장비를 생산하는 업체다. 동사의 주력 제품은 반도체 메모리 콤포넌트(Component), 모듈(Module) 제품 및 광소자 테스트를 위한 시스템 업체다. 종속회사로는 엑시콘 재팬과 MEMORFI LIMITED(미국 법인) 등 2개의 해외법인이 있음. 동사는 2017년 7월 자기주식 17만 8,500주(지분율 2.01%)를 취득했디.

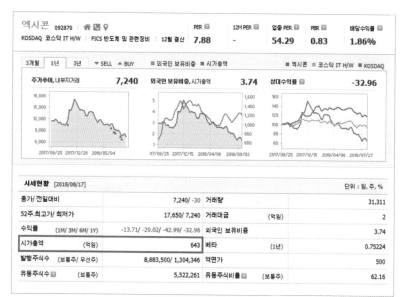

엑시콘 092870	🏠📞📍		PER ❓	12M PER ❓	업종 PER ❓	PBR ❓	배당수익률 ❓
KOSDAQ 코스닥 IT H/W	FICS 반도체 및 관련장비	12월 결산	7.88	-	54.29	0.83	1.86%

3개월 | 1년 | 3년 | ▼ SELL ▲ BUY | ■ 외국인 보유비중 ■ 시가총액 | ■ 엑시콘 ■ 코스닥 IT H/W ■ KOSDAQ

주가추이, 내부자거래 **7,240** | 외국인 보유비중, 시가총액 **3.74** | 상대수익률 ❓ **-32.96**

시세현황 [2018/08/17]

단위 : 원, 주, %

종가/ 전일대비	7,240/ -30	거래량		31,311
52주 최고가/ 최저가	17,650/ 7,240	거래대금	(억원)	2
수익률 (1M/ 3M/ 6M/ 1Y)	-13.71/ -29.02/ -42.99/ -32.96	외국인 보유비중		3.74
시가총액 (억원)	643	베타	(1년)	0.75224
발행주식수 (보통주/ 우선주)	8,883,500/ 1,304,346	액면가		500
유동주식수 ❓ (보통주)	5,522,261	유동주식비율 ❓ (보통주)		62.16

주주현황

단위 : 주, %

항목	주권의 수	지분율	최종변동일
최명배(외 8인) 🔲	3,182,739	35.83	2018/06/26
한충율	638,025	7.18	2014/12/24
아시아인베스트먼트케	565,000	6.36	2018/05/18
고석태	460,000	5.18	2015/05/07
엑시콘 자사주	178,500	2.01	2017/07/19

COMMENTS ▼

주주구분 현황

단위 : 주, %

주주구분	대표주주수	주권의 수	지분율	최종변동일
최대주주등 (...	1	3,182,739	35.83	2018/06/26
10%이상주...				
5%이상주주 ...	3	1,663,025	18.72	2018/05/18
임원 (5%미...	5	10,635	0.12	2018/07/26
자기주식 (자...	1	178,500	2.01	2017/07/19

COMMENTS ▼

Financial Highlight [연결|전체]				단위 : 억원, %, 배, 천주	연결 별도		전체 연간 분기	
IFRS(연결)	Annual				Net Quarter			
	2015/12	2016/12	2017/12	2018/12(E)⑦	2017/09	2017/12	2018/03	2018/06(P)⑦
매출액	530	451	672		232	111	236	
영업이익	54	31	76		39	-10	31	
당기순이익	63	51	82		42	-17	43	
지배주주순이익	63	52	82		42	-18	42	
비지배주주순이익	0	-1	0		0	1	0	
자산총계	901	946	914		980	914	965	
부채총계	246	244	160		210	160	182	
자본총계	656	701	755		771	755	783	
지배주주지분	656	700	753		769	753	781	
비지배주주지분	0	1	2		1	2	2	
자본금	44	44	44		44	44	44	
부채비율⑦	37.49	34.79	21.14		27.24	21.14	23.20	
유보율⑦	1,375.96	1,476.16	1,639.92		1,677.24	1,639.92	1,703.82	
영업이익률⑦	10.15	6.85	11.26		17.00	-8.59	12.95	
지배주주순이익률⑦	11.93	11.44	12.15		18.25	-16.24	17.96	
ROA⑦	8.03	5.53	8.83		17.54	-7.39	18.13	
ROE⑦	12.02	7.62	11.24		22.30	-9.48	22.06	
EPS⑦ (원)	871	581	919		476	-203	476	
BPS⑦ (원)	7,380	7,881	8,700		8,886	8,700	9,019	
DPS⑦ (원)	75	100	135			135		
PER⑦	8.04	18.32	17.84					
PBR⑦	0.95	1.35	1.89		1.22	1.89	1.31	

엑시콘 종목의 선정조건 부합 여부를 살펴보자.

종목 선정조건	부합 여부
13일 이동평균선 돌파 종목	○
13일 이동평균선 돌파 후 종가지지 매수	○
30일 이동평균선 종가 이탈 시 매도	○
13일, 15일, 20일 정배열	○
과거 3개월 거래량 평균 대비 대량거래 발생(절대적 기준 없음)	○

시가총액 1천억~5천억 원, 재무상태 양호	○
영업이익, 매출액 성장률 10% 이상, 다만 부채비율 150% 이상인 종목은 제외, 유보율 500% 이상 종목	○

2017년 11월 20일 대량거래를 수반한 장대양봉이 나타나면서 18%대 상승 마감했다. 기간조정을 거치면서 13일 이동평균선과 이격을 좁히며 7거래일 이후에 첫 번째 13일 이동평균선을 지지받았다. 이후 13일 이동평균선 7번, 15일 이동평균선 3번, 20일 이동평균선 1번을 지지해주면서 3% 익절 데이트레이딩을 할 수 있었다.

1개월 동안 약 10거래일 데이트레이딩을 한 후, 2018년 1월 2일 매수 진입 후 1월 3일 30일 이동평균선을 종가상 이탈했기 때문에 손절을 한다.

사례 2 | 와이엠티

PCB, 반도체의 제조 공정에 필수적으로 사용되는 화학소재를 독자 개발, 판매하는 회사로서 모바일, 전기자동차, 바이오 분야 등에서 제품이 사용되고 있다. PCB의 최종표면처리, 동도금 등 기존 회사가 점유하던 시장에 순수 독자기술로 개발에 성공해 현재는 한국, 중국, 대만에 공급하고 있다. 또한 원천 기술을 이용해 반도체, 디스플레이 극동박의 분야로도 진출했다.

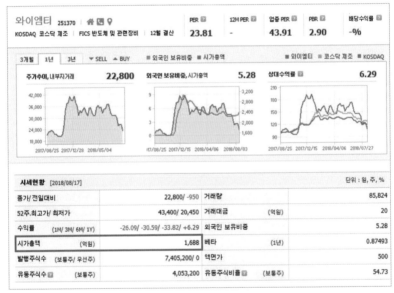

단위 : 억원, %, 배, 천주 연결 별도 전체 연간 분기

IFRS(연결)	Annual				Net Quarter			
	2015/12	2016/12	2017/12	2018/12(E)	2017/09	2017/12	2018/03	2018/06(E)
매출액	459	499	692		194	210	157	
영업이익	80	111	161		59	45	33	
당기순이익	47	77	90		47	32	23	
지배주주순이익	40	65	68		40	25	17	
비지배주주순이익	7	13	22		7	7	6	
자산총계	738	801	1,140		1,059	1,140	1,145	
부채총계	462	369	475		418	475	452	
자본총계	276	432	665		641	665	694	
지배주주지분	229	374	583		563	583	603	
비지배주주지분	47	58	82		79	82	91	
자본금	11	15	19		19	19	37	
부채비율	167.60	85.36	71.39		65.21	71.39	65.09	
유보율	1,902.44	2,356.54	3,046.77		2,938.80	3,046.77	1,528.29	
영업이익률	17.40	22.19	23.24		30.39	21.66	21.04	
지배주주순이익률	8.83	12.93	9.81		20.61	11.81	10.58	
ROA	6.75	10.06	9.29		19.04	11.55	7.93	
ROE	19.66	21.43	14.20		29.58	17.32	11.19	
EPS (원)	871	1,351	958		541	335	224	
BPS (원)	4,920	6,141	7,867		7,597	7,867	8,141	
DPS (원)								
PER			42.04					
PBR			5.12		2.86	5.12	4.05	

와이엠티 종목의 선정조건 부합 여부를 살펴보자.

종목 선정조건	부합 여부
13일 이동평균선 돌파 종목	○
13일 이동평균선 돌파 후 종가지지 매수	○
30일 이동평균선 종가 이탈 시 매도	○
13일, 15일, 20일 정배열	○
과거 3개월 거래량 평균 대비 대량거래 발생(절대적 기준 없음)	○

| 시가총액 1천억~5천억 원, 재무상태 양호 | ○ |
| 영업이익, 매출액 성장률 10% 이상, 다만 부채비율 150% 이상인 종목은 제외, 유보율 500% 이상 종목 | ○ |

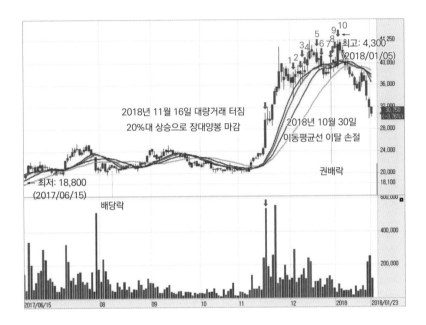

2017년 11월 16일 대량거래를 수반한 장대양봉이 나타나면서 20% 대 상승 마감했다.

기간조정을 거치면서 13일 이동평균선과 이격을 좁히면서, 12거래일 이후에 첫번째 13일 이동평균선 11번, 15일 이동평균선 8번, 20일 이동평균선 6번을 지지받았다. 이후 약 8~10번 3% 익절 데이트레이딩을 할 수 있었다.

1.5개월 동안 11거래일 데이트레이딩을 한 후, 2018년 1월 9일 매수 진입 후 1월 10일 30일 이동평균선을 종가상 이탈했기 때문에 손절을 한다.

3.3.3 매매기법 "2"번 이동평균선 매매기법은 이동평균선을 활용한 매매기법이다. 거래량 동반과 강한 상승이 나타나야 되며, 대주주 지분이 높아야 한다. 3.3.3 매매기법 "1"번과 마찬가지로 재무제표는 매출액과 영업이익의 증가율을 살펴보고, 안정성으로는 부채비율을 본다. 시가총액은 1천억~5천억 원대로 외국인 또는 기관의 연속 순매수 종목군으로 필터링하면 된다.

다만 3.3.3 매매기법 "2"번은 빈번한 매매가 이루지게 된다. 그렇기 때문에 시세를 지속적으로 모니터링해야 한다. 2개월 동안 10번 이상 매매가 이루지기 때문에 빠른 회전율이 나타나며, 거래비용이 증가하는 단점이 있다.

30일 이동평균선 이탈 시에는 과감하게 손절 정리해야 하는 것이 포인트다. 보통 종목을 검색하면 10종목 내외로 나온다, 차트패턴은 바닥권 탈출 종목이 대다수다.

부록

테마별·섹터별
추천종목 정리

1. 셋톱박스

셋톱박스(STB)란 위성이나 케이블 또는 지상파 매체를 통해 디지털 형태로 송출되는 방송을 수신해, TV 혹은 기타 디스플레이어로 영상, 음성 및 기타 방송 구현에 필요한 데이터의 신호를 처리해주는 장치다. 전달매체에 따라 위성, 케이블, 지상파, IPTV, 하이브리드 셋톱박스 등으로 구분된다. 2009년 미국에 이어 2010년 스페인, 이탈리아, 2011년 프랑스, 캐나다, 일본 등 주요 국가들의 아날로그 방송이 디지털로 전환되었고, 우리나라도 2012년 12월 31일에 아날로그 방송이 종료되고 디지털로 전환됨에 따라 부각되었다.

관련주: 디엠티, 휴맥스, 아리온, 토필드, 홈캐스트, 휴맥스홀딩스, 가온미디어

2. 창투사

창의성과 사업성은 있으나 자금력이 부족한 창업자에게 투자 형태로 지원하는 벤처캐피탈 회사인 창투사는 코스닥지수에 선행적인 성격이 강하며, 정부 정책과 투자기업의 상장이나 실적호전 모멘텀에 강한 시세를 분출하는 경향이 있다. 또한 벤처캐피탈은 초기 벤처기업에 투자한 주식을 자본시장에서 매각해 자본이득을 남기는 것을 주요 영업으로 하는 바, 전반적인 주식시장의 움직임, 특히 IPO 시장의 상황과 밀접한 연관을 지녔다.

관련주: 큐캐피탈, SBI인베스트먼트, 제미니투자, 엠벤처투자, 에이티넘인베스트, 대성창투, 우리기술투자, 플랜티넷, DSC인베스트먼트, 티에스인베스트먼트

3. 희귀금속

희귀금속이란 생산량이 적고, 생산지가 한정되어 있는 금속으로 전자제품의 필수 재료인 콜탄(탄탈럼), 전지의 원료인 리튬, 희토류, 몰리브덴 등의 금속들이 포함된다. 특히 희토류의 경우 중국이 전 세계 생산량의 약 95% 이상을 차지하고 있으며, 하이브리드카, 풍력발전용 터빈 등 다방면에서 사용 중이다. 중국과 일본 간의 희토류 분쟁으로 희귀자원사업에 대한 관심이 집중되면서 희귀 금속관련 사업과 연관된 기업군들이 시세를 분출한다.

관련주: LG상사, 혜인, POSCO, 삼화전자, 대원화성, EG

4. 미디어(방송/신문)

대표적인 미디어로 인식되는 신문과 방송 관련 업체들 주수입은 광고와 수신료이며 미디어법, 미디어렙 등 규제 변화 이슈들이 관련주의 주가에 영향을 미치는 특징이 있다. 2009년 7월 22일 국회를 통과한 미디어법은 대기업과 신문사의 방송 진출과 경영 허용 등을 골자로 하고 있으며, 법안 유효 판결로 2009년 11월부터 시행되었다. 이에 따라 케이블TV와 위성방송, IPTV 등을 통해 뉴스, 드라마, 교양, 오락, 스포츠 등 모든 장르를 방송하는 종합편성채널(종편)이 2011년 12월 개국했으며, 종편의 광고 영업을 보장하는 내용을 골자로 한 미디어렙법안이 2012년 1월 5일 국회 상임위를 통과했다.

관련주: IHQ, 디지틀조선, 티비씨, SBS, 제이콘텐트리, 한국경제TV, 스포츠서울, YTN, SBS컨텐츠허브, IMBC, 스카이라이프, KNN, SBS미디어홀딩스, 아시아경제, CJ E&M

5. 가상화폐

가상화폐는 비트코인, 이더리움, 라이트코인 등 실물 형태가 없는 온라인상의 암호화된 디지털통화를 통칭한다. 물리적 실체가 없다는 점에서 기존 전자화폐나 사이버머니와 유사하지만, 정부나 금융기관 등의 개입 없이 발행 및 거래가 이루어지며 관리 주체가 없다는 점에서 차별화된다. 전 세계적으로 온라인뿐만 아니라 오프라인으로 가상화폐의 유통 범위가 확대되면서 새로운 결제수단으로 부각되고 있다.

관련주: SBI인베스트먼트, 에이티넘인베스트먼트, 제이씨현시스템, 카카오, 위지트, SCI평가정보, 버추얼텍, 픽스넷, 우리기술투자, 케

이피엠테크, 주연테크, 한일네트웍스, KG모빌리언스, 한빛소프트, SGA, 라이브플렉스, 피앤텔, 한컴시큐어, 포스링크

6. 리모델링/인테리어

인테리어디자인 및 리모델링 관련 업체들. 국민소득이 향상되고 삶의 질에 대한 중요성이 부각되면서 인테리어와 리모델링에 대한 관심이 높아지고 있으며, 그 범위도 단순한 주거 인테리어에서 사무환경 개선, 환경 디자인, 공간 컨설팅 등으로 확대되고 있는 상황이다. 특히 개·보수가 필요한 노후주택 수가 크게 늘면서 리모델링 및 인테리어 수요 역시 크게 증가할 것으로 전망된다.

관련주: 한국유리, KCC, 선창산업, 대림B&CO, 벽산, 이건산업, 한샘, 아이에스동서, 에넥스, 삼목에스폼, 시공테크, 한솔홈데코, 동화기업, 파세코, 희림, 이건홀딩스, 진양화학, 하츠,국보디자인, 현대리바트

7. 생명보험

생명보험사업 영위 기업군. 국내 보험시장의 60~70%를 차지하고 있는 생명보험은 사람의 생사(生死)를 보험사고로 하고, 보험사고 발생 시 손해의 유무나 다소를 불문하고 일정 금액을 지급하는 정액보험이란 점에서 보험사고 발생 시 그 손해를 실손보상하는 손해보험과는 차이가 있다.

관련주: 코리안리, 삼성생명, 오렌지라이프, 동양생명, 미래에셋생명, 한화생명

8. 증권

증권시장과 가장 밀접한 관계를 가지고 있으며, 증시 활성화 여부가 실적에 미치는 영향이 크다. 지수의 안정과 함께 대세 상승이 진행된다면 은행, 건설주와 함께 유동성 장세의 가장 큰 수혜종목으로 주목받는 경향이 있다.

관련주: 유진투자증권, 부국증권, 골든브릿지증권, SK증권, 신영증권, 한양증권, 유화증권, 유안타증권, 한화투자증권, 대신증권, NH투자증권, 미래에셋대우, 메리츠종금증권, 삼성증권, DB금융투자, KTB투자증권, 교보증권, 키움증권

9. 비철금속

아연, 동, 스테인리스, 알루미늄 등 비철금속 제조 기초소재 기업군이다. 철강, 자동차, 가전, 전기, 건설산업 등의 중요한 기초소재 산업이다

관련주: 대유플러스, 영풍, 알루코, 현대비앤지스틸, 풍산홀딩스, 삼아알미늄, 남선알미늄, 대양금속, 포스코엠텍, 코센, 고려아연, 대창, 조일알미늄, 서원, 이구산업, 황금에스티, 쎄니트, 국일신동, 티플랙스, 풍산

10. 폐기물 처리

환경산업 관련 환경오염 폐기물 처리 관련주다.

관련주: 혜인, 한솔홀딩스, KC그린홀딩스, 서한, 코엔텍, 서희건설, 인선이엔티, 에코마이스터, 와이엔텍, KG ETS

11. 밥솥

밥솥은 전기밥솥, 주물밥솥 등이 있으며, 1인 가구의 증가 및 요식업의 발달 등으로 다양한 크기의 제품이 제조되고 있다. 요우커(중국인 관광객)들 사이에서 한국 밥솥이 높은 인기를 끌고 있으며, 한-중FTA 타결로 중국 관련 매출 성장이 전망되고 있다.

관련주: 신일산업, PN풍년, 어보브판도체, 쿠쿠홀딩스, 쿠첸

12. MVNO(가상이동통신)

이동통신재판매사업, 저가통신사 등으로 불리는 MVNO(Mobile Virtual Network Operator, 가상이동통신망 사업자)는 통신사업자(MNO)가 통신망을 도매대가로 사용해 이동통신서비스를 제공하는 사업을 말한다. 즉 수조 원이 드는 통신 설비를 구축하지 않는 대신 SK텔레콤과 같은 기존 통신사의 설비를 도매

가로 빌려 자체적인 이동통신 서비스를 제공하는 사업이다. 막대한 투자 부담이 없는 만큼 저렴한 요금 설계가 가능하다는 장점이 있다. 통신비 인하를 목표로 내건 정부 정책에 따라 선불제는 2011년 7월, 후불제는 10월부터 시작되었다.

관련주: 인스코비, 에스원, 대성홀딩스, 한국정보통신, 아이즈비전, 세종텔레콤, CJ헬로

13. 광고

광고대행사. 대표적 내수경기 민감주다. 국내 기업들의 해외 마케팅 증가로 올림픽·월드컵 등 해외 스포츠, 공연 및 기획 분야로 영역이 확대되고 있다.

관련주: 오리콤, 제일기획, 지투알, YG플러스, 지어소프트, 나스미디어, 이엠넷, 아시아경제, 이노션, 인크로스, 에코마케팅, 케어랩스

14. 증강현실(AR)

증강현실이란 현실세계에 부가정보를 갖는 3차원 가상정보를 실시간으로 결합해 하나의 영상으로 보여주는 컴퓨터그래픽 기법을 말한다. 눈에 보이는 실물과 관련된 다양한 정보를 즉시 확인할 수 있어 정보 취득이 쉽고 편리하며, 보다 나은 현실감과 몰입감을 제공한다는 장점이 있다. 스마트폰 등 모바일기기의 보급 확대로 모바일 분야에서의 증강현실 기술 도입이 빠르게 이루어지고 있다. 광고, 엔터테인먼트, 교육, 의료 등 다양한 분야에서 활용이 가능해 관련 시장이 지속적으로 확대될 것으로 전망된다.

관련주: 드래곤플라이, 엔씨소프트, 한빛소프트, 이랜텍, 텔레칩스, 엠게임, 다날, 필링크, 손오공, 아이오케이, 팅크웨어, 나노캠텍, 아이엠, 텔루스, 넷마블

15. 카지노

카지노 운영업체 및 관련 기기 생산업체. 도박의 부정적인 이미지에도 불구하고 카지노는 관광산업의 발전과 크게 연관되어 있다. 카지노 산업은 관광객의 체류기간을 연장시키고 지출을 증대시키는 관광산업의 중요 부문 중 하나다. 특히 외화 획득을 실현해 국제수지 개선, 국가재정수입 확대, 지역경제 발전, 투자 자극, 고용 창출 등의 효과를 가져온다. 국내 카지노는 외국인 전용 카지노와 내국인 출입 카지노로 이원화되어 운영되고 있으며, 독과점 내지는 독점적 경쟁구조를 취하고 있다.

관련주: 파라다이스, 강원랜드, 마제스타, 토비스, 코텍, 제이스테판, GKL, 세미콘라이트

16. 건설

국내 대형 건설업체 기업군. 자금과 시공능력을 겸비하고 해외 사업 등으로 사업을 다각화하면서 중소형 건설사와 양극화, 내수경기와 부동산경기, 금리 등에 큰 영향을 받고 있다. 고용 창출, 관련 사업 파급효과 등 국민경제에서 차지하는 비중이 커 증권주, 은행주와 더불어 대표적인 대중주로 인식되고 있다. 2008년 글로벌 금융위기 이후 국내 주택시장의 침체가 장기화되면서 대형 건설사들은 해외 건설시장 진출을 더욱 가속화하고 있다. 또한 국내 부동산 시장에서도 도시형생활주택, 오피스텔, 호텔 등으로 사업을 다각화 중이다.

관련주: 대림산업, 현대건설, GS건설, 현대산업, 삼성물산, 대우건설

17. 일자리

취업 관련 정보 및 교육서비스 제공 등의 인적자원(HR)사업을 영위하는 종목군이다. 국내 HR 시장은 온라인 구인·구직(취업포털) 서비스, 이러닝(E-learning) 등의 온라인 비즈니스 모델이 주류로 자리잡고 있다. 청년실업 해소와 일자리 창출 문제가 사회적 이슈로 대두되면서 관련주들이 주목을 받고 있다.

관련주: 윌비스, 듀오백, 에스코넥, 메가엠디, 사람인에이치알, DSC인베스트먼트

18. 윈도우운영체제(OS)

마이크로소프트(MS)가 후속 윈도우 PC운영체제(OS)를 출시할 때, 수혜 기대감으로 투자자들의 관심이 집중되는 종목군이다. MS에서 새로운 OS를 출시하면 윈도우 프로그램 생산업체(Authorized Replicator)와 프로그램 총판업체, 컴퓨터 하드웨어업체들이 주목받는 경향이 있다.

관련주: 포비스티앤씨, 다우데이타, 제이엠아이, 제이씨현시스템, 주연테크, SGA, 한컴MDS

19. 화장품

화장품 자체 생산, 판매, 개발 및 OEM(주문자 상표 부착 생산), ODM(제조자 개발 생산), 원료 사업, 포장용기 생산 등을 영위하는 업체. 화장품은 대표적인 패션상품으로 한 업체 내 여러 가지 브랜드와 유통경로를 가지고 있다.

관련주: 한국주철관, 삼성제약, 동성제약, 국제약품, 미원상사, 한국화장품제조, 동국바이오제약, 네이처셀, 리더스코스메틱, 애경산업, 글로본, 제이준코스메틱, 코리아나, 한국콜마홀딩스, 바이온, YG플러스, 승일, LG생활건가, 신세계인터내셔날

20. 모바일콘텐츠

모바일콘텐츠란 무선단말기로 서비스되는 모든 콘텐츠를 말하며, 모바일콘텐츠 산업이란 무선 콘텐츠의 기획·제작·유통 및 전송과 관련된 산업을 뜻한다. 현재 통신3사를 통해 벨소리, 게임, 음악, 영화, 은행업무 등 여러 가지 서비스가 제공되고 있다. 최근 애플 앱스토어의 성공으로 인해 단말기, 인터넷, 통신 등 다양한 분야의 기업이 모바일콘텐츠 시장으로 진입함으로써 콘텐츠 수요가 급증하고 있고, 스마트폰의 보급 확산으로 모바일콘텐츠 시장 역시 빠르게 확대되고 있다.

관련주: 카카오, SK텔레콤, 바른손, KT, 한글과컴퓨터, TJ미디어, NAVER, KTH, 인포뱅크, YTN, 인프라웨어, 네오위즈홀딩스, 지니뮤직, KG모빌리언스, 와이디온라인, 소리바다, 한컴시큐어, 와이비엠넷

21. 면세점

면세점은 일정 지역을 지정해 상품에 부과되는 제세금이 유보된 면세상품을 판매하는 곳으로, 국가로부터 설치 및 운영 특허를 받아 운영된다. 매장 이외에 보세창고 및 물류시설, IT 시스템 등 별도 인프라가 필요해 초기 자본 부담이 크고, 장기간 대규모 투자가 필요한 산업이다. 아울러 면세업은 유통업과 관광업, 특허사업이 결합된 형태의 사업구조로, 외국인 관광객 매출이 대부분을 차지하기 때문에 여행시장 동향과 밀접한 관계가 있다. 이에 따라 국제정세 및 주변국과의 관계 등 대외 환경에 많은 영향을 받는다.

관련주: 두산, 삼익악기, 신세계, 호텔신라, 현대산업, 제이에스티나, 한화갤러리아타임월드, 하나투어, 현대백화점, 글로벌텍스프리, 토니모리, JTC

22. 캐릭터

애니메이션 캐릭터 또는 게임 캐릭터 제작 및 완구제작업체. 그리고 드라마콘텐츠를 이용한 각종 상품기획업체.

관련주: 오로라, 대원미디어, 유진로봇, 레드로버, 손오공, 쌍방울, 데브시스터즈

23. 페인트

페인트는 안료를 전색제와 섞어서 만든 도료를 총칭한다. 각종 원자재나 완제품의 노화, 산화 등을 방지하고, 방수, 방오, 내화, 전자파 차폐, 단열 등의 특수 목적 및 주위와 조화로운 색상을 구현하는 핵심소재다. 한편 페인트는 용도에 따라 건축용, 선박용, 자동차용, 공업용으로 나뉘며, 건축용 비중이 높기 때문에 건설경기와 연관성이 높다. 또한 페인트의 원재료(솔벤트, 자일렌, 톨루엔 등)를 석유에서 추출하기 때문에 국제유가와도 밀접한

관련이 있다.

관련주: 노루홀딩스, 삼화페인트, 강남제비스코, KCC, 조광페인트, AK홀딩스, 벽산, 노루페인트

24. 국내 상장 중국 관련주

국내 증시에 상장된 중국계 기업들. 이들 기업의 사업은 중국 내수산업을 기반으로 하기 때문에 중국의 경기와 실적 연관성이 큰 특징을 갖고 있다.

관련주: 차이나그레이트, 글로벌에스엠, 에스앤씨엔진, 차이나하오란, 이스트아시아홀딩스, 씨케이에이치, 크리스탈신소재, 로스웰, 헝셩그룹, 골든센츄리, GRT, 오가닉티코스메틱, 컬러레이

25. 항공

국내 대표 항공운송업체로는 대한항공과 아시아나항공이 있으며, 양사가 과점적 시장지배력을 가지고 있다. 항공주들의 실적과 주가는 무엇보다 항공수요(여객 및 화물 수요)에 가장 큰 영향을 받으며, 항공수요는 사회, 경제, 계절적 환경 변화에 따라 변동하는 특징이 있다. 이 밖에 항공주는 항공기 구입에 따른 외화부채로 인해 환율 하락 수혜주이며, 연료비가 영업비용의 상당 부분을 차지하고 있어 유가 하락 수혜주로 분류되고 있다.

관련주: 대한항공, 아시아나항공, 제주항공, 한진칼

26. 조선기자재

조선업체에 부품 등의 기자재를 생산해 공급하는 기업군이다.

관련주: 하이록코리아, 성광벤드, 한국카본, 태광, 동성화인텍, 조광ILI, 태웅, 현진소재, 중앙오션, 삼영엠텍, 케이프, 삼영이엔씨, 케이에스피, 세진중공업, STX엔진, 한라IMS, 대창솔루션, 디엠씨, 인화정공

27. 출산장려

정부는 국내 저출산 현상을 심각한 국가경쟁력 장애요인으로 판단하고 출산율을 높이기 위해 대규모 예산과 정책적 지원을 추진 중이다. 이러한 국가적 지원으로 출산에 유리한 환경이 조성되어 출산이 증가할 것으로 기대되면서 부각된 섹터다.

관련주: 삼익악기, 남양유업, 깨끗한나라, 아가방컴퍼니, 보령메디앙스, 대교, 예림당, 삼성출판사, 네오팜, 웅진씽크빅, 락앤락, 제로투세븐, 매일유업, 헝셩그룹

28. 공기청정기

공기청정기란 오염된 공기를 정화해 신선한 공기로 바꾸는 장치다. 공기청정기를 직접 생산하거나 필터 등을 제조, 판매, 대여하는 기업군이다. 미세먼지 관련주다.

관련주: 코웨이, 성호전자, 위닉스, 크린앤사이언스, 에스피지, 대유위니아, 쿠쿠홈시스

29. 엔젤산업

엔젤산업은 0~14세 영유아에서 초등학생을 대상으로 한다. 의류, 완구, 애니메이션, 책뿐만 아니라 어린이 전용백화점, 미용실, 사진관, 체인놀이방 등 아이들 관련 모든 사업을 총칭한다. 엔젤산업은 아동인구 감소 추세에도 불구하고 Six Pocket(외동아 양육가정에서 부모, 조부모, 외조부모의 소비가 한 외동아에 집중되는 현상)으로 대변되는 사회현상으로 지속적인 성장세를 기록하고 있다. 특히 의류, 분유, 유모차, 완구 등의 제조업시장에 비해 애니메이션, 캐릭터, 교육 등 콘텐츠 산업이 눈에 띄는 성장을 이어가고 있다.

관련주: 삼익악기, 남양유업, 모나미, 아가방컴퍼니, 보령메디앙스, 대교, 삼천리자전거, 예림당, 오로라, 대원미디어, 유진로봇, 손오공, 삼성출판사, 네오판, 웅진씽크빅, 락앤락, 제로투세븐, 매일유업, 헝셩그룹

30. 게임

PC게임, 온라인게임, 비디오게임, 모바일게임 등 게임 관련 콘텐츠 개발, 수입판매하는 퍼블리싱업체. 경기불황 시 가정에서 보내는 시간이 많아짐에 따라 게임이용자가 늘어나 불경기 수혜 산업으로 분류되고 있다. 환율 상승 시 수출로열티 등의 수혜를 입으며, M&A와 신작 모멘텀 등으로 부각되는 경향이 있다.

관련주: 플레이위드, 드래곤플라이, NAVER, 바른손이앤에이, 엔씨소프트, 넥슨지티, 네오위즈홀딩스, 한빛소프트, 이스트소프트, 대원미디어, 와이디온라인, 액토즈소프트, 엠게임, 게임빌, 조이시티, 웹젠, 컴투스, 네오위즈, 위메이드, 썸에이지, 액션스퀘어

31. 은행

은행은 기업, 가계 등 불특정 다수인으로부터 예금이나 금융채 등의 형식으로 자금을 조달해 자금이 필요한 각 경제주체에 자금을 공급하는 자금의 중개기능을 수행하고 있다는 점에서 국민경제의 중추적 역할을 담당한다. 이러한 이유로 은행업은 일반기업과 달리 고도의 공공성이 요구되는 사업이다. 이 밖에 환업무, 지급보증 등 광범위한 금융업무를 취급하고 있고, 국고수납, 보호예수 등 은행법에서 정하는 각종 부수업무를 취급하고 있으며, 신탁업무, 신용카드업무, 방카슈랑스 등 비은행업무도 일부 취급하고 있다.

관련주: 우리은행, 제주은행, 기업은행, 신한지주, 하나금융지주, KB금융, BNK금융지주, DGB금융지주, JB금융지주, 광주은행

32. 환율 하락 수혜주

외화 부채가 많거나 원재료 수입 비중이 높아 환율 하락으로 인한 비용 절감 효과가 큰 기업군이다.

관련주: 삼양홀딩스, 하이트진로, 대한제분, 동국제강, 대상, 대한제당, 한국제지, 한탑, 혜인, 대한항공, 현대제철, 농심, POSCO, 대한

해운, 오뚜기, 고려아연, S-Oil, 한국전력, 아시아나항공, 한국가스공사

33. 건설기계

건설기계 및 중장비 부품/완제품 생산, 판매업체. 건설기계란 토목공사 및 건축공사 등의 건설공사에 쓰이는 기계 또는 중장비를 통칭하며, 대표적으로 덤프트럭, 불도저, 굴삭기(포크레인), 로우더, 크레인 등이 있다. 국내외 국가 주도 대규모 SOC 사업, 인프라공사 등의 추진에 따라 부각되는 경향이 있다.

관련주: 혜인, 흥국, 대창단조, 서연탑메탈, 진성티이씨, 에버다임, 두산인프라코어, 프리엠스, 디와이파워, 동일금속, 두산밥캣, 현대건설기계

34. 손해보험

손해보험사업 영위 기업군. 손해보험은 생명보험의 주요보장은 물론 화재보험, 자동차보험, 배상책임보험과 각종 기업보험에 이르기까지 폭넓고 다양한 위험을 보장한다. 그러나 보험사고 발생 시 물건 또는 그 밖의 재산적 손실을 보상하는 점(실손보상)에서 일정한 금액을 지급하는 정액보험인 생명보험과는 차이가 있다.

관련주: 메리츠화재, 한화손해보험, 롯데손해보험, 흥국화재, 삼성화재, 현대해상, 코리안리, DB손해보험

35. LNG(액화천연가스)

LNG(액화천연가스)란 가스전(田)에서 채취한 천연가스를 정제해 얻은 메탄을 냉각해 액화시킨 것으로, 주성분이 메탄이라는 점에서 LPG와 구별된다. 순수 메탄의 성분이 매우 높고 수분의 함량이 없는 청정연료로, 주로 도시가스로 사용된다. 정부의 신재생에너지 정책이 본격화되면서 부각되고 있다.

관련주: 삼천리, POSCO, 대한해운, 현대중공업, 삼성중공업, 현대미포조선, 한국전력, 한국카본, 팬오션, 동성화인텍, SK, 한국가스

공사, 두산인프라코어, 지역난방공사, GS, 비에이치아이, 엔케이, 대창솔루션, 한진중공업

36. 자원개발

해외 유전개발, 가스전개발 등의 해외 자원개발 사업을 영위하고 있는 종목군. 세계적으로 자원의 고갈 및 고유가 지속에 따른 자원 확보 경쟁이 치열해지면서 자원개발 사업에 대한 기업들의 관심이 고조되고 있다. 우리나라 자원개발은 주로 정부 주도의 공기업, 해외 네트워크에 강점이 있는 종합상사나 에너지 기업 중심으로 이루어지고 있다. 대규모의 투자비와 장기간의 회수기간 때문에 체계적이고 장기적인 투자가 가능한 공기업 또는 종합상사 등이 그 역할을 수행하기에 적합하다. 유가 상승 시 자원개발 이익도 늘어나기 때문에 관련주들이 시장에서 부각을 받는 경우가 있다.

관련주: LG상사, GS글로벌, SK네트웍스, 현대상사, 서울가스, 삼성물산, 한국가스공사, 포스코대우, 넥스트BT, GS, SK이노베이션, 대성산업

37. 저가항공사(LCC)

저가항공사(Low Cost Carrier: LCC)란 최소한의 기내 서비스 제공과 항공기 기종 단순화, 운항 방식 효율화 등으로 비용을 절감해 기존 대형 항공사보다 낮은 운임으로 운항하는 항공사를 뜻한다. 국내 저가항공사로는 제주항공, 진에어, 에어부산, 이스타항공, 티웨이항공, 에어서울 등 6개가 있으며, 최근 시장점유율이 크게 상승하며 빠르게 성장하고 있다.

관련주: 티웨이홀딩스, AK홀딩스, 예림당, 제주항공, 진에어

38. 자동차 대표주

자동차 종합생산 메이커 및 대형 모듈 부품 업체. 국제 자동차산업 동향, 경기활성화 여부, 환율 동향, 유가 동향 등에 민감한 종목군이다. 일반적으로 경기가 호황을 보일 경우, 원/달러 환율이 상승할 경우, 유가가 하락할 경우에 실적 개선 기대감이 커지는 경향이 있다. 고용효과와 국민경제 파급효과가 큰 산업이다.

관련주: 기아차, 현대차, 쌍용차, 현대위아, 현대모비스, 한온시스템, 만도

39. 인터넷 대표주

국내 인터넷 서비스산업을 주도하고 있는 인터넷산업 대표기업군. 이들 소수 업체들이 상위 사업자군을 형성하며, 시장 지배력을 더욱 키워나가고 있는 상황이다. 이 중 네이버와 다음, SK컴즈의 네이트가 국내 포털시장에서 3강 구도를 형성하고 있는 가운데, 네이버가 검색시장에서 압도적인 높은 점유율을 기록하며 사실상 장악하고 있다. SK컴즈는 다음과 검색 제휴를 맺고 다음의 통합검색 결과를 제공하고 있다. 주요 수입원은 온라인광고이며, 광고주들의 특성상 많은 트래픽이 모이는 상위 포털 업체에 광고가 집중되는 특성이 있다.

관련주: NAVER, 카카오

40. 모바일게임(스마트폰)

모바일게임(Mobile game)이란 "이동전화 단말기에서 이용되는 게임"을 의미한다. 국내 모바일게임 산업은 이동통신 서비스의 높은 보급률과 단말기의 고사양화, 모바일 인터넷의 접근성 및 환경 개선 등으로 인해 고성장세를 지속하고 있으며, 현재 이동통신사가 제공하는 핵심 콘텐츠로 자리잡고 있다. 또한 스마트폰 보급 확대와 새로운 채널인 오픈마켓을 통한 해외시장 진출, 스마트폰 이외에 PMP, 태블릿PC 등으로 게임플랫폼이 확대되는 등 향후에도 모바일게임 산업의 발전은 지속될 것으로 전망된다.

관련주: 바른손, 플레이워드, 드래곤플라이, NAVER, 바른손이앤에이, 엔씨소프트, 넥슨지티, 네오위즈홀딩스, 한빛소프트, 와이디온라인, 액토즈소프트, 신스타임즈, 엠게임, 룽투코리아, 게임빌, 조이시티, 웹젠, 컴투스, 네오위즈, 조이맥스, 썸에이지, 액션스퀘어

41. 방위산업

국가를 방위하는 데 필요한 무기, 장비품 기타 물자를 생산하는 관련 기업군들과 전쟁 및 테러 관련 재료에 민감하게 반응하는 종목군이다. 실제 사업내용에 따른 수혜 여부보다는 심리적 측면에 따른 반응도가 높은 경향이 있다.

관련주: 한화, 풍산홀딩스, 휴니드, 국영지앤엠, 미래아이엔지, 퍼스텍, 스페코, 광림, 한일단조

42. 치매 관련주

치매란 여러 가지 원인에 의한 뇌 손상 때문에 지능, 의지, 기억 등 여러 인지기능의 장애가 생겨 예전 수준의 일상생활을 유지할 수 없는 상태를 의미한다. 2017년 정부가 서민생활 안정을 위한 '치매 국가책임제'를 공식화함에 따라 부각받고 있다. 한편 2018년 2월 정부는 2020년부터 2029년까지 치매연구개발사업에 1조 1,054억 원을 투자하겠다고 밝혔다.

관련주: 유한양행, 유유제약, 신신제약, 에이프로젠제약, 보령제약, 현대약품, 삼진제약, 진양제약, 네이처셀, 모나리자, 고려제약, 환인제약, 명문제약, 솔고바이오

43. 엔터테인먼트

음원, 영화 및 드라마 제작에 관련된 기업군과 매니지먼트 관련 회사. 아시아 대중문화시장에서의 한류열풍, 케이블TV 보급 확대, 디지털 음원, DMB, IPTV, 스마트폰, 태블릿PC 등 다양한 플랫폼을 통한 콘텐츠 전송 활성화로 콘텐츠에 대한 투자자들의 관심이 높아지면서 부각된 섹터다. 국내 엔터테인먼트 시장은 연예매니지먼트, 영화/애니메이션, 음반, 방송/드라마, 인터넷 사업(음원 등의 디지털 콘텐츠) 등으로 구성되어 있다.

관련주: IHQ, 키위미디어그룹, 바른손, 판타지오, JYP Ent, 이매진아시아, 에스엠, 제이콘텐트리, 지니뮤직, 삼화네트웍스, 초록뱀, SM C&C, 큐로홀딩스, 키이스트, 아리온, 팬엔터테인먼트

44. 4차산업 수혜주

4차산업이란 제조업과 정보통신기술(ICT)을 융합해 기업의 경쟁력을 제고하는 차세대 산업이다. 로봇이나 인공지능(AI)을 통해 생산 설비 및 개별기기 자체가 제품과 상황에 따라 능동적으로 작업 방식을 결정하며, 생산효율을 극대화하는 방식으로 차세대 산업혁명으로 불리고 있다. 4차산업 구현을 위해 스마트센서, 자동화 로봇, 빅데이터 처리, 데이터 보안, 5세대 통신, 인공지능 등 수많은 부가적 요소가 필요한 상황이다.

관련주: 삼성전자, SK텔레콤, 포스코ICT, 삼익THK, 대성엘텍, KT, LG유플러스, 비트컴퓨터, SK, 에스넷, NAVER, 카카오, 우리기술투자, TPC, 오픈베이스, 에이디칩스, 아진엑스텍, 큐렉소

45. 제습기

제습기를 제조해서 판매하는 업체들. 제습기는 공기 중의 수분을 제거해 습도를 낮춰주는 역할을 하며, 특히 습도와 기온이 높은 여름철, 장마철에 많이 사용하는 가전제품이다. 최근 우리나라 기후가 9~10월까지 덥고 습한 날씨가 이어지는 아열대성 기후로 변화해가고 있는데다 빨래를 실내에서 건조하는 1~2인 가구가 늘어나면서 국내 제습기 시장이 급성장하는 모습을 보이고 있다.

관련주: 신일산업, 코웨이, 파세코, 위닉스, 에스피지, LG전자, 삼성전자, 쿠첸, 쿠쿠홈시스

46. 블록체인

블록체인이란 계약 및 금융 거래에 대한 정보를 중앙기관 없이 P2P 네트워크에 분산해 참가자가 공동으로 기록 및 관리하는 기술을 뜻한다. 제3자를 거치치 않기 때문에 수수료 및 관리 비용을 절감할 수 있으며, 정보의 공동 소유로 데이터의 임의 조작이 어려워 보안성이 높다는 장점이 있다. 비트코인 등 대부분

의 가상화폐들이 이 기술에 바탕을 두고 있으며, 공공서비스, 물류서비스 등 다양한 산업 분야로 활용 가능성이 높아 관련 업체들이 주목을 받고 있다.

관련주: 유수홀딩스, LG, 삼성에스디에스, 현대정보기술, 대성창투, KT, SK, 케이엘넷, 한국전자인증, 라온시큐어, 주연테크, 한빛소프트, 이니텍, 한컴시큐어, 포스링크, 아이씨케이, 한컴지엠디, 네오티스, 시큐브

47. 지주회사

지주회사란 다른 회사의 주식을 소유함으로써, 사업활동을 지배하는 것을 사업으로 하는 회사를 의미한다. 자회사의 지분 보유를 통해 기업집단의 소유지배구조를 형성하고 있는 기업군이다.

관련주: 삼양홀딩스, 하이트진로홀딩스, 두산, 성창기업지주, 일동홀딩스, 한국타이어월드와이드, 노루홀딩스, CS홀딩스, 동아쏘시오홀딩스, 한화, CJ, 종근당홀딩스, 오리온홀딩스, KISCO홀딩스, 코오롱, 아세아, 제일파마홀딩스, 아모레G, 금호산업

48. 신종플루

국내 신종플루 대유행 가능성이 제기되는 등 신종플루 확산이 사회적 이슈로 떠오르면서 부각된 신종플루 예방 관련 제품 제조판매업체들. 신종플루 감염 확산에 따른 소비자의 불안심리가 반영되고 정부의 학교 위생관리 대책으로 예방 관련 제품들의 수요가 급증했다. 이에 따라 주식시장에서 마스크, 손세정제, 공기청정기 업체뿐만 아니라 귀체온계, 열화상카메라 등 고열환자 검사용 장비업체들도 수혜주로 부각되었다.

관련주: 보령메디앙스, 진로발효, 케이피엠테크, 파루, 오공, 웰크론, 대봉엘에스, 케이엠, 한컴MDS, 노루페인트, 네오팜

49. 가상현실(VR)

가상현실(Virtual Reality)이란 어떤 특정한 환경이나 상황을 컴퓨터로 만들어서, 그것을 사용하는 사람이 마치 실제 주변 상황과 환경과 상호작용을 하고 있는 것처럼 만들어주는 인간과 컴퓨터 사이의 인터페이스를 칭한다. 본래 VR기기는 군사용 시뮬레이션을 위해 개발된 이후, 의료 및 산업 분야에 적용되며 위험 축소, 비용 절감 등 장점이 부각되었다. 최근에는 삼성전자, 구글 등 IT기업들이 저렴하고 규격이 축소된 제품을 출시하면서 휴대성과 개인화(독립성) 등의 장점 또한 부각되고 있다.

관련주: 시공테크, 드래곤플라이, 바른손이앤에이, 지니뮤직, 주연테크, 토탈소프트, 한빛소프트, 소리바다, 세코닉스, 이랜텍, 에스피지, 다날, 아프리카TV, 코렌, 픽셀플러스, 동운아나텍, 칩스앤미디어

50. 영상콘텐츠

영화, 드라마, 애니메이션 등의 영상콘텐츠 제작 및 배급(유통)업체들. 영상콘텐츠산업은 디지털기술과 네트워크의 발달로 케이블TV, DMB, IPTV, 스마트폰 등 다양한 유통채널을 통한 수익모델이 활성화되고 있다. 특히 해외 시장에서 국내 문화콘텐츠에 대한 호응도가 높아지고, 정부의 지적재산권 보호 강화로 대표적인 고부가가치산업으로 성장하고 있다.

관련주: IHQ, 바른손, SBS, 이매진아시아, 제이콘텐트리, SBS콘텐츠허브, 삼화네트웍스, 초록뱀, 큐로홀딩스, 키이스트, 대원미디어, 쇼박스, 팬엔터테인먼트, SBS미디어홀딩스

51. 마스크

인체의 호흡기(코, 입 등)를 통해 흡입할 수 있는 유해물질을 차단하는 위생관리용품. 사스(SARS) 및 신종플루 등 호흡기 질환이 확산되고, 황사가 발생할 경우 관련 제품의 매출이 단기 급증하는 특징이 있다. 관련주로는 마스크 생산 및 판매업체들로 이들 주가는 호흡기

질환 확산, 황사 발생 등의 이슈에 민감하게 반응하는 모습을 보인다.

관련주: 윌비스, 모나리자, 케이피엠테크, 오공, 에프티이앤이, 웰크론, 케이엠

52. 애니메이션

애니메이션 제작·판매·수입업체. 애니메이션은 디지털콘텐츠의 핵심산업으로 캐릭터, 게임, 도서, 테마파크 등 연관 사업과 높은 부가가치를 창출하는 원소스 멀티유즈(One Source Multi Use)의 대표 산업이다. 아울러 어린이들에게 정서적으로 많은 영향을 미치는 문화적인 속성도 가지고 있다. 국내 애니메이션 산업은 과거의 OEM 하청구조에서 고부가가치 지향의 창작산업으로 구조전환이 가속화되고 있으며, 3D 애니메이션으로 무게중심이 옮겨진 상황이다. 특히 국내 유아용 애니메이션의 제작과 해외 진출이 두드러지고 있다.

관련주: 대원미디어, 손오공, CJ E&M, 레드로버

53. 영화

영화 수입, 배급 또는 제작, 극장 관련 사업을 영위하는 업체. 영화산업은 이질적인 소비욕구를 만족시키기 위해 다양함을 갖추어야 하는 산업이며, 지속적인 투자와 불확실한 수익성이 공존하는 특성이 있다.

관련주: 세기상사, IHQ, 바른손, 롯데쇼핑, 바른손이앤에이, 이매진아시아, 제이콘텐트리, CJ CGV, 쇼박스, CJ E&M, NEW, 덱스터

54. 음성인식

음성인식이란 기계나 제품 등을 음성으로 제어하는 것을 의미하는 것으로 사람의 목소리를 주파수 분석을 통해 전기신호로 바꿔서 제품을 제어하는 원리다. 음성인식 기술은 활용범위가 모바일뿐만 아니라 자동차, 스마트 TV, 홈네트워크시스템 등으로 점차 확대되고 있어 성장 가능성이 높은 것으로 평가받고 있

다. 관련 종목으로는 음성솔루션 업체 및 관련 부품 생산업체들이 있다.

관련주: 코콤, 블루콤, 카카오, 코맥스, 파인디지털, 현대통신, 코아시아홀딩스, 브리지텍, 가온미디어, 파트론, 알에프세미, 셀바스AI

55. LED장비

LED 생산설비 제조사업을 영위하는 업체들. MOCVD(유기금속 화학증착 장비), LED 검사장비, 패키징 장비, LED용 레이저마킹 장비, 자동화공정 장비 등을 개발 및 생산하는 업체들이 있다.

관련주: 주성엔지니어링, 이오테크닉스, 한미반도체, 기가레인, 미래컴퍼니, 프로텍, 티씨케이, 탑엔지니어링, 인베니아, 코디, 예스티, 티에스이, 엘아이에스, 리드

56. 스마트카드

스마트카드는 IC칩이 내장된 카드로 기존의 마그네틱카드와 달리 보안성이 우수하고 대용량의 저장이 가능해 현재 금융부문(신용카드·직불카드·현금카드 등), 통신부문(USIM카드), 공공부문(전자여권)에서 활발히 사용되고 있다. 특히 응용분야가 매우 다양해 사용분야가 지속적으로 증가하고 있는데다, 통신과 금융의 컨버전스가 본격화되고 있어 시장이 지속적으로 확대될 것으로 전망된다.

관련주: 바이오스마트, 코나아이, 다날, 바른전자, 이루온, 아이씨케이, 한솔시큐어, 성우전자, 유비벨록스, 에이텍티앤

57. 교육/온라인 교육

교육 관련 콘텐츠와 솔루션 관련 기업. 방학 및 수능시즌에 시장의 주목을 받는 경향이 있다. 무형자산인 콘텐츠가 디지털기기와 유통경로의 다양화로 수요가 확산되면서 하나의 자원으로 인식되고 있다.

관련주: 윌비스, DB, 대성홀딩스, 대교, 판타지오, 비트컴퓨터, 이디, SGA, 와이비엠넷, 삼

성출판사, 디지털대성, 메가스터디, 웅진씽크
빅, 청담러닝, 비상교육

58. 드론

드론이란 무선전파로 조종할 수 있는 카메라,
센서, 통신시스템 등이 탑재된 무인항공기로,
군사용도로 최초 개발됐으나 최근 고공 촬영
및 배달 등으로 확대되고 있다. 구글, 페이스
북, 아마존, 알리바바 등과 같은 글로벌 기업
들이 드론 기술 개발에 총력을 기울이고 있으
며, 국내에서도 방위산업체나 중소기업, 택배
업체들이 드론에 관심을 보이고 있다. 이에 따
라 향후 글로벌 산업 내 중요성이 더욱 부각될
전망이다. 다만 국내외 현행법상 드론이 군사
용이나 공적인 업무에만 국한되어 있어 상업
용으로 확장되기에는 관련 규정이나 법 개정
이 필요한 상황이다.

관련주: CJ대한통운, 대한항공, 유니드, 퍼스
텍, KT, 제이씨현시스템, 기산텔레콤, 한빛소
프트, 한국항공우주, 캠시스, 피씨디렉트, 해
성옵틱스, 매커스, 엠씨넥스, 쎄트렉아이, 디
지털옵틱, 뉴로스, 유테크, 이에스브이

59. 소매유통

제조회사의 상품이나 서비스회사의 상품을
고객에게 직접 판매하는 업체들. 판매방식에
따라 백화점, 할인점, 홈쇼핑, 인터넷쇼핑으
로 분류할 수 있으며 내수경기에 큰 영향을 받
고 있으나 최근에는 해외시장 개척에도 적극
적으로 나서고 있다. 원/달러 환율 하락 시 수
입상품 가격하락에 따른 매출확대가 기대되
고 있으며 유통업체별로 치열한 경쟁이 진행
되고 있는 업종이다.

관련주: 신세계, 대구백화점, GS리테일, 호
텔신라, 롯데쇼핑, 한화갤러리아타임월드,
GS홈쇼핑, CJ오쇼핑, 현대홈쇼핑, 세이브존
I&C, 아이에스이커머스, 현대백화점, 롯데하
이마트, 인터파크, 다나와, 엔에스쇼핑, 이마
트, BGF리테일

60. 화폐/금융 자동화

금융자동화기기 및 동전 소재 제조판매업체.
화폐 개혁이나 지폐 신권 발행, 윈도운영체제
기술지원 종료 등의 이슈에 따른 ATM기기교
체 수요 기대감에 단기적으로 시세를 분출하
는 경향이 있다.

관련주: 청호컴넷, 한네트, 한국전자금융, 로
지시스, 케이씨티, 푸른기술, 풍산

61. 음식료

음식료업종은 대표적인 내수주로서 원재료의
해외 의존도가 높고 외화부채가 많아서 환율
하락의 최대 수혜주로 평가받고 있다. 또한 음
식료 종목들은 대부분 독과점업체로 안정된
실적을 보이며, 올림픽이나 월드컵 같은 대형
체육 행사 시 주가 움직임이 양호했던 특성
이 있다. 정부의 경기부양정책이 진행될 경우
에도 양호한 주가흐름을 보이는 경향이 있다.

관련주: 하이트진로, 대한제분, 대상, 대한제
당, 롯데푸드, 조흥, 한탑, 삼양식품, 남양유
업, 농심, 서울식품, 빙그레, 롯데칠성, 현대그
린푸드, CJ제일제당, SPC삼립, 푸드웰, 신송
홀딩스, 오뚜기

62. 골판지

골판지란 물결 모양으로 골을 만든 골심지 양
면에 표면지를 붙여서 완충도를 높인 접합판
지를 말한다. 주로 골판지 상자를 만드는 곳
에 사용되며 용도에 따라서 외부포장용 및 내
부포장용 골판지로 나뉜다. 환경문제의 대두
와 온라인 쇼핑시장 성장(홈쇼핑 활성화), 농
산물 포장유통 장려로 향후 지속적인 업황호
전이 기대된다.

관련주: 수출포장, 아세아제지, 한솔홀딩스,
대양제지, 영풍제지, 율촌화학, 태림포장, 대
영포장, 리더스코스메틱, 신대양제지, 대림제
지, 삼보판지

63. 3D프린터

3D프린터란 3차원 설계도를 보고 입체적인 물건을 인쇄하는 프린터로, 산업의 패러다임을 바꿀 기술로 부각되고 있다. 미국과 유럽, 일본, 중국 등에서 정부 차원의 대규모 지원을 추진 중이며, 국내에서는 세계 최대 3D프린터 제조업체 스트라타시스가 2013년 본격 진출하면서 관련 산업이 활성화될 것으로 기대되고 있다. 3D프린터 시장이 성장 가능성은 있지만 아직은 틈새시장에 머물고 있다.

관련주: 신도리코, 이디, 모아텍, 세중, 에스티아이, TPC, 한국테크놀로지, 프로텍, 로보스타, 디에스티로봇, 스맥, 코렌텍, 하이비전시스템, 맥스로텍

64. 탄소나노튜브

탄소나노튜브는 탄소로 이루어진 탄소 동소체로서, 전기 전도가 구리와 비슷하고 열전도율은 다이아몬드와 같으며 강도는 철강보다 높은 꿈의 신소재다. 탄소나노튜브는 바이오부터 IT까지 다양한 사업부문에 응용될 수 있으며 탄소로 만들어져 환경오염과 자원고갈을 막아 녹색성장을 이끈다. 현재 각종 응용제품들이 실용화 단계에 있다.

관련주: 대유플러스, 금호석유, 상보, 오픈베이스, 엑사이엔씨

65. 미세먼지

중국에서 발생하는 황사와 중국 및 국내에서 발생하고 있는 미세먼지가 국내 환경에 미치는 영향이 점점 심해지면서 주목받고 있는 업체군이다. 주로 봄철에 집중 발생하는 황사는 특히 4월이 가장 많은 빈도를 차지하고 있고, 3월과 5월 순으로 많이 발생한다. 미세먼지는 대기질과 관련해 심각한 사회문제로 부각되고 있으며, 자동차 매연과 공장 굴뚝에서 나오는 유독물질중금속 등이 대기 중 광화학반응을 일으켜 만들어지는 것으로 알려진다.

관련주: 삼일제약, JW중외제약, 안국약품, 모나리자, 코웨이, 오공, 위닉스, 크린앤사이언스, 대유위니아, 케이엠, 휴비츠, 웰크론, 하츠, 성창오토텍

66. 통신

유·무선 통신서비스 제공회사다.

관련주: SK텔레콤, KT, LG유플러스

67. 카메라모듈/부품

카메라모듈 제조 및 부품(렌즈, IR필터, AF액추에이터, 검사장비 등) 업체들. 스마트폰 보급이 확산되면서 모바일용 고화소 카메라모듈 시장이 확대되고 있으며, 최근 자동차 전방과 후방에도 다양하게 적용되면서 차량용 카메라모듈 수요도 증가 중이다. 특히 미국이 2014년 모든 신규 차량에 후방 카메라 장착을 의무화하는 규정을 공표하고, 2018년 5월 전면 시행될 예정이어서 차량용 카메라 부문에서의 수요가 급격히 커질 것으로 기대된다.

관련주: LG이노텍, 자화전자, 유니셈, 엘컴텍, 파워로직스, 재영솔루텍, 캠시스, 세코닉스, 해성옵틱스, 코렌, 옵트론텍, 픽셀플러스, 파트론, 동운아나텍, 엠씨넥스, 아이엠, 디지털옵틱, 옵토팩, 하이비전시스템

68. 스마트홈

스마트홈(홈네트워크)이란 가정 내의 모든 정보 및 가전기기를 유·무선 네트워크로 연결해 정보활용, 원격제어, 모니터링, 보안에 이르는 다양한 홈디지털 서비스를 제공함으로써 편리하고 안전한 주거환경을 구축하는 사업이다. 정부의 관련 정책 추진 등의 이슈로 부각되는 경향이 있다.

관련주: 피에스텍, 경동나비엔, 유양디앤유, 에스원, 코콤, SK텔레콤, 코맥스, LG유플러스, 현대통신, 누리텔레콤, 아이콘트롤스, 옴니시스템

69. 철강 중소형

각종 철강제품들을 생산, 유통, 판매하는 중소형 철강업체군. 철광석 등의 원재료 가격 인상에 따른 국제 철강가격의 인상과 환율 하락 시 수혜가 예상된다.

관련주: 한국주철관, 만호제강, 신화실업, 한일철강, 동일제강, TCC동양, 현대비앤지스틸, 동일산업, 휴스틸, 동국산업, 한국특수형강, NI스틸, 문배철강, 동양철관, 영흥철강, 원일특강, 삼현철강, 대호피앤씨, 제일제강

70. 클라우드 컴퓨팅

클라우드 컴퓨팅이란 인터넷 기반(Cloud)의 컴퓨팅(Computing) 기술을 의미한다. 개인 또는 회사의 PC나 서버에 담겨 있던 각종 프로그램 및 자료를 중앙시스템인 클라우드 컴퓨팅 서버에 모아놓고 이용하는 시스템이다. 시스템을 만들기 위해선 큰 규모의 저장장치 확보가 우선돼야 하기 때문에 대용량 서버 설치 및 공급업체들이 수혜주로 분류된다.

관련주: 더존비즈온, SK텔레콤, 다우기술, KT, 한글과컴퓨터, 인프라웨어, 한일네트웍스, SGA, 안랩, 엔텔스, 유엔젤, 케이아이엔엑스, 효성ITX, 모바일리더, 파이오링크, SGA솔루션즈

71. 보안주(물리)

주요 시설의 안전한 운영과 재난, 재해, 범죄 등의 방지를 위한 보안제품 및 서비스를 공급하는 기업군. 대표 제품으로는 경비서비스, CCTV카메라, 바이오인식(생체인식), DVR 등이 있다.

관련주: 피제이전자, 에스원, 하이트론, 현대통신, 인콘, 픽셀플러스, 넥스트칩, 슈프리마에이치큐, ITX엠투엠, 아이디스, 에치디프로, 슈프리마

72. U-HEALTHCARE

U-HEALTHCARE란 의료와 IT기술이 융합한 미래형 원격의료시스템으로 홈네트워크상의 장치나 휴대용 장비 등을 활용해 시간과 공간의 제약 없이 건강관리 및 의료서비스를 제공받을 수 있는 유비쿼터스 헬스케어 서비스다. 저출산, 고령화 등의 진행으로 예방의학 및 일반건강에 대한 관심이 증가하고 있는 가운데 정부의 강력한 드라이브 정책, 대기업의 헬스케어 사업 본격 진출, 기업별 단계적 사업 시행 등을 통한 점진적 성장이 기대되고 있다. 특히 노령화에 따른 질병 증가와 인터넷 기반이 뛰어난 우리나라 특성상 향후 수요가 폭발적으로 증가할 것으로 예상된다.

관련주: 현대정보기술, 유비케어, 소프트센, 비트컴퓨터, 인성정보, 나노엔텍, 마크로젠, 인바디, 오스템임플란트, 휴비츠, 인피니트헬스케어, 뷰웍스, 아스타, 케어랩스

73. 종합상사

국내 대표적인 종합상사 종목군. 종합상사란 특정의 상품분야뿐만 아니라 모든 영역에 걸친 다종류의 상품을 종합해 외국무역 및 국내유통을 대규모로 담당하는 거대상사를 의미한다. 종합상사의 모델은 일본과 한국에만 존재하는 형태로, 교역 환경을 변화시킬 수 있는 모든 정치·경제적 변수들의 영향을 받는 특징이 있다. 무역에 편중된 사업구조에서 벗어나 고부가가치 수익원 창출이 가능한 마케팅 또는 유통 전문업체로 변화를 꾀하고 있으며, 자원개발사업(E&P)도 적극적으로 진행하고 있다.

관련주: LG상사, GS글로벌, SK네트웍스, 효성, 현대상사, 포스코대우, 삼성물산

74. 4대강 복원

제19대 대선 후보들이 차기 정부에서 핵심적으로 추진해야 할 환경과제로 4대강(한강, 낙동강, 금강, 영산강) 보 철거를 포함한 생태계 복원사업을 거론함에 따라 부각된 섹터다. 이

명박 정부 당시 추진된 4대강 사업의 주요 시설물 품질과 수질 관리 실태에 대한 감사 결과 총체적 부실을 안고 있는 것으로 나타나면서 4대강 복원사업에 대한 관심이 집중되었다.

관련주: 이화공영, 혜인, 삼호개발, 시노펙스, 특수건설, 코엔텍, 자연과환경, 우원개발, 홈센타홀딩스, 코리아에스이, 웹스

75. 수산업

수산업은 수산물의 어획(원양어업, 근해어업, 연안어업 등), 양식, 가공 등에 관한 산업을 말하며, 농업 및 축산업과 함께 안정적인 식량 공급 측면에서 중요한 역할을 하고 있다. 이러한 의미에서 곡물가격 상승, 광우병 및 조류인플루엔자, 구제역, 돼지콜레라 등 농·축산업과 관련한 이슈가 부각될 경우 대체재로 인식되며 수산업을 영위하는 업체들이 시세를 분출하는 경향이 있다.

관련주: 한성기업, 사조대림, 신라교역, 동원산업, 사조오양, 사조산업, CJ씨푸드, 사조씨푸드, 신라에스지, 동원수산

76. 철강 주요종목

철강산업은 건설, 자동차, 조선, 가전, 기계를 비롯한 전 산업에 기초소재를 공급하는 대표적인 소재산업이다. 따라서 철강업종은 경기에 민감한 소재주이며, 지정학적 요인으로 인해 세계 최대 철강 생산 및 소비국인 중국의 경기 및 철강가격에도 민감한 특성을 지닌다. 아울러 원재료와 환율은 수익성에 영향을 미치며, 세계 철강가격은 철강업종 주가의 방향성을 결정하는 가장 중요한 요소다.

관련주: 동국제강, 세아베스틸, 세아제강, 고려제강, 현대제철, POSCO, 동부제철, 포스코강판, 대한제강, 한국철강

77. 여름 관련주

계절상 고온 다습한 우리나라의 여름 시기에 매출이 많이 발생하는 종목군. 빙과류업체, 음료·맥주업체, 냉방기·제습기 제조업체,

닭 가공업체, 농약제조업체 등이 섹터를 이루고 있다.

관련주: 하이트진로, 보해양조, 조비, 롯데푸드, 신일산업, 빙그레, 롯데칠성, 코웨이, 남해화학, 팜스토리, 마니커, 이지바이오, 위닉스, 대유위니아, 하림, 롯데하이마트

78. LCD BLU 제조

LCD모듈을 구성하는 핵심부품인 BLU(Back Light Unit) 제조업체들. BLU는 주로 LCD TV, 모니터, 노트북 패널의 핵심부품으로 사용되며, BLU의 수요는 이 같은 LCD제품의 수요와도 동일하기 때문에 BLU 제조업체들의 영업성과는 LCD의 경기변동에 따라 변동되는 특성이 있다.

관련주: 금호전기, 한솔테크닉스, 이라이콤, 삼진엘앤디, KJ프리텍, 코이즈

79. 겨울 관련주

계절적으로 겨울시즌에 매출이 많이 발생하며, 이로 인해 상대적으로 겨울시즌에 양호한 주가 흐름을 시현하는 종목군. 겨울철에는 난방 수요와 독감 환자 증가로 도시가스 및 난방기기업체, 백신주 및 제약주 등이 주목을 받는 경향이 있다.

관련주: 동화약품, 유한양행, 삼천리, 녹십자, 부스타, 광동제약, 경동나비엔, 부산가스, 예스코, 대성홀딩스, 서울가스, 인천도시가스, 한국가스공사, 파세코, 지에스이, 지역난방공사, 영원무역, 대성에너지, SPC삼립

80. 지카바이러스

지카바이러스는 플라비바이러스과와 플라비바이러스속에 속하는 바이러스로, 에데스 모기(이집트 숲 모기)에 의해 전염되는 것으로 알려져 있다. 지카바이러스에 감염되면 발열, 발진, 관절통, 눈 충혈과 같은 증상이 나타나며, 임신한 여성이 이 바이러스에 감염되면 두뇌가 성장하지 못하는 소두증에 걸린 아이가 태어날 가능성이 있다고 한다. 감염경로는 모

기에 물린 경우, 수혈이나 성관계 등으로 알려졌으며, 콘돔, 백신, 살충제 개발 업체 등이 관련주로 부각된다.

관련주: 오리엔트바이오, 국제약품, 대륙제관, 진원생명과학, 명문제약, 우진비앤지, 제일바이오, 바이오니아, 녹십자엠에스, 캔서롭, 엑세스바이오

81. CCTV&DVR

CCTV카메라 관련 제품 제조·서비스업체와 디지털 영상 저장장치를 제조하는 업체. DVR은 카메라가 보내오는 아날로그 신호를 디지털 신호로 변환시켜 하드디스크에 고화질로 압축 저장하는 장치이며, CCTV는 폐쇄회로 텔레비전으로 보안과 범죄예방을 위해 일정 공간에 설치한 감시카메라를 의미한다. 아동 범죄 예방과 보안비용 절약을 위해 향후 시장 확대가 기대되고 있는 종목군이다. 사회적 반향을 일으키는 범죄사건들과 테러 발생 시 시장의 주목을 받는 경향이 있다.

관련주: 대명코퍼레이션, 코콤, 하이트론, 코맥스, 비츠로시스, 인콘, 넥스트칩, ITX엠투엠, 데일리블록체인, 아이디스, 테라셈, 에치디프로

82. 스포츠 행사 수혜

월드컵, 올림픽, 세계육상선수권대회, 유럽축구선수권대회 등 대규모 스포츠 행사와 프로야구 한국시리즈, 국가대표축구경기 등 주요 스포츠 행사 개최 시 직간접적으로 수혜가 기대되는 종목군. 시청자들이 스포츠 중계방송을 시청하면서 치킨, 피자, 맥주 등의 매출이 증가함에 따라 먹거리 관련 업체들이 주목받는 경향이 있으며, 관련 스포츠 행사의 영상을 공급하는 업체 등도 일부 수혜주로 부각된다.

관련주: 하이트진로, 팜스토리, 마니커, 이지바이오, SBS콘텐츠허브, 아프리카TV, 하림

83. 도시가스

도시가스사업법에 따라 허가를 받은 사업자가 가스관을 통해 일반 수용가에 공급하는 가스공급업이다. 도시가스업은 대중의 일상생활에 직접적으로 미치는 영향이 크기 때문에 일반기업과 달리 공익사업으로 취급되어 요금·설비·품질 등을 법률로 규제하고 있다. 허가받은 지역 내에서 독점적 지위를 유지하기 때문에 매출과 이익이 일정하고 일반적으로 배당수익률이 높기 때문에 고배당주로서 증시 침체기에 주목받는 경향이 있다.

관련주: 삼천리, 부산가스, 예스코, 대성홀딩스, 서울가스, 인천도시가스, 한국가스공사, 지에스이, 대성에너지, 경동도시가스

84. 우주항공산업

우주항공산업과 관련된 종목군. 한국인 최초 우주인 탄생을 기점으로 나로호 발사(KSLV-I), 한국형 발사체(KSLV-II) 개발사업 등 우주개발 사업이 활성화될 것이라는 기대감이 고조되면서 형성된 섹터다. 다만 국내에서는 산업초기 단계이기 때문에 가능성과 위험성이 모두 큰 산업군이다.

관련주: 한화, 대한항공, 이수페타시스, 현대중공업, 퍼스텍, 비츠로테크, 한양이엔지, 한국항공우주, 현대로템, 에스에프에이

85. 인터넷은행

인터넷은행이란 기존 은행의 금융서비스를 인터넷상에서 제공하는 가상의 은행을 뜻한다. 인터넷은행은 기존 은행과 달리 물리적 제약 공간을 벗어나 온라인이라는 사이버 공간에서 출발한다. 이에 따라 시간과 공간의 제약에서 벗어날 뿐만 아니라 점포 유지비 등 막대한 고정비를 절감해 고객에게 보다 양질의 서비스 제공이 가능할 전망이다. 한편 인터넷은행의 등장으로 정보 보안 관련기술의 중요성이 더욱 부각될 전망이다. 2017년 4월 국내 인터넷은행 1호로 K뱅크가 출범한 데 이어 2017년 7월 카카오뱅크가 출범했다.

관련주: 우리은행, NH투자증권, GS리테일, 카카오, 포스코ICT, NICE평가정보, KT, 동양네트웍스, KT, KG이니시스, 한국전자인증, 라온시큐어, KG모빌리언스, 예스24, 한국정보인증, 이니텍, 한컴시큐어, 다날, 브리지텍

86. NI(네트워크 통합)

NI란 Network Integration의 약자로 흩어져 있는 네트워크를 하나의 단위로 통합해서 고객의 환경에 맞는 최적화된 네트워크 서비스를 제공하는 것을 말한다. 관련 업체는 네트워크 통합을 위한 시스템 구축업체들이다.

관련주: 현대정보기술, 바른테크놀로지, 콤텍시스템, 인성정보, 에스넷, 누리텔레콤, 링네트, 한일네트웍스, 오픈베이스

87. 제약업체

인간 생명과 보건에 관련된 제품(의약품)을 개발, 생산, 판매하는 업체. 일반의약품은 경기변동과 계절적 요인에 다소 영향을 받는 편이지만, 전문의약품은 경기 변동에 큰 영향을 받지 않는다. 한편 제약업체는 제품 개발에서 비임상, 임상시험, 인허가 및 제조, 유통, 판매 등 전 과정을 국가에서 엄격히 규제받고 있다.

관련주: 동화약품, 유한양행, 유유제약, 삼천당제약 동아쏘시오홀딩스, JW중외제약, 삼성제약, 안국약품, 동성제약, 알보젠코리아, 한독, 국제약품, 신신제약, 부광약품, 에이프로젠제약, 일성신약, 대원제약, 영진약품, 보령제약, 유나이티드제약, 대웅제약

88. 수소차

수소연료전지전기차(FCEV)는 연료로 활용하는 수소가 공기 중에 있는 산소와 결합하는 과정에서 발생되는 전기에너지를 에너지원으로 사용하며, 이산화탄소 등의 온실가스를 비롯한 유해물질을 전혀 배출하지 않는 차세대 친환경 자동차다. 전기차와 비교해 높은 에너지효율, 빠른 충전시간, 긴 주행거리 등의 장점을 갖고 있다.

관련주: 대원강업, 효성, 현대차, 기아차, 모토닉, 평화홀딩스, 삼화전자, 유니크, 현대모비스, 뉴인텍, 지엠비코리아, 성문전자, 한온시스템, 인지컨트롤스, 시노펙스, 세종공업

89. 종합물류

물류란 물적유통을 줄인 말로, 생산된 상품을 수송, 하역, 보관, 포장하는 과정과 유통가공이나 수송기초시설 등 물자유통과정을 모두 포함하는 개념이다. 대부분의 기업들이 물류를 아웃소싱하면서 물류만을 전문적으로 특화한 종합물류회사들이 각광받고 있다.

관련주: CJ대한통운, 국보, 한진, 선광, 동방, 세방, KCTC, 한솔로지스틱스, 한익스프레스, 유성티엔에스, SG&G, 현대글로비스, 인터지스

90. 음원·음반

음반기획 및 제작, 온라인 음원 서비스 및 유통 업체들이다. 음반산업 규모는 지속적으로 감소하고 있으나, 인터넷 및 모바일디바이스의 확산으로 디지털음악 산업이 지속적으로 성장하고 있다.

관련주: IHQ, JYP Ent, 에스엠, 지니뮤직, 소리바다, 다날, NHN벅스, 와이지엔터, CJ E&M, 에프엔씨엔터

91. SNS

SNS(소셜네트워크서비스)란 페이스북, 트위터 등 소셜미디어를 통해 온라인상에서 사회적인 네트워크를 형성할 수 있게 하는 서비스다. 단문의 글을 간편하게 올려 쌍방향의 커뮤니케이션이 가능하며, 정보의 확산성이 빠르다는 특징이 있다. 스마트폰 보급 확산과 모바일 인터넷의 대중화로 본격적인 1인 미디어시대를 맞아 그 중요성이 점점 부각되어 새로운 소통트랜드로 빠르게 자리잡고 있으며, 다양한 분야에서 SNS 서비스가 활성화되고 있다.

관련주: NAVER, 카카오, 인포뱅크, 신스타임즈, 필링크, 이루온, 아프리카TV, 엔텔스, 유엔젤, 가비아, 갤럭시아컴즈, 케이아이엔엑스

92. 자동차 부품

자동차 부품 생산업체. 현대차그룹이 세계적인 글로벌 자동차메이커로 성장하면서 자동차 관련 부품주들도 수혜 기대감으로 관심이 집중되고 있다. 이에 따라 국내 업체들이 전문화, 글로벌화되고 있으며, 또한 세계 완성차 업계의 납품 관행이 품질 위주로 바뀌면서 가격 대비 품질에서 앞서고 있는 국내 업체들의 해외 직수출이 확대되고 있다.

관련주: 대유플러스, 대원강업, SG충방, 태원물산, 동국실업, 대유에이텍, 유성기업, 태양금속, DRB동일, 대원산업, 부산주공, 에스엘, 삼성공조, 영신금속, 대동기어, 일정실업

93. 터치패널

터치패널이란 가장 손쉬운 컴퓨터 입력장치 중 하나로 은행 ATM, PDA, 노트북의 터치패드, 스마트폰, 태블릿PC까지 그 활용도가 높다. 터치패널은 직관적인 인터페이스와 간편한 작동방식으로 휴대성이 좋고 공간활용도가 높아 공간절약 기능을 지닌다.

관련주: 일진디스플레이, 토비스, 유아이디, 이엘케이, 멜파스, 에스맥, 이미지스, 파인텍, 에스엔텍, 베셀

94. 타이어

자동차용 일반타이어 및 재생타이어 제조업체. 신차용 타이어 수요는 자동차의 생산 대수, 교체용 타이어 수요는 차량 운행 대수에 영향을 받는다. 또한 타이어의 원자재가 천연고무와 합성고무 등이므로 화학산업과도 연관성이 높다.

관련주: 한국타이어월드와이드, 넥센타이어, 금호타이어, 한국타이어, 골든센츄리, 동아타이어

95. 백신·진단시약

백신 및 조류인플루엔자(AI) 등의 치료제에 대한 연구개발·제조·판매 업체들과 예방 관련 진단 및 방역 업체들이다. AI, 사스(SARS), 광우병 등의 전염병이나 괴질 등 각종 질병 발생과 관련한 이슈 발생 시 부각되는 경향이 있다.

관련주: 유한양행, 에이프로젠제약, 일성신약, 보령제약, 녹십자홀딩스, 녹십자, 일양약품, 진원생명과학, 고려제약, 우진비앤지, 신풍제약, 에스텍파마, 코미팜, 팜스웰바이오, 파루, 이글벳, 인트론바이오

96. 고령화 사회

초고령화 사회의 도래, 소득수준 향상 등으로 삶의 질에 대한 사회적 관심이 높아진 가운데, "서울시 노인복지 기본조례안" 통과와 정부의 "100세 시대 프로젝트 추진" 등 관련 이슈가 부각되면서 형성된 섹터다. 노인인구의 의료서비스 접근성을 제고할 수 있는 U-HEALTHCARE 및 의료기기업체들이 관련주로 시장의 관심을 받고 있다

관련주: JW중외제약, 대원제약, 신흥, 녹십자홀딩스, 현대정보기술, 유비케어, 비트컴퓨터, 원익, 인성정보, 오스코텍, 나노엔텍, 마크로젠, 인바디, 바텍, 씨트리, 오스템임플란트, 셀루메드

97. LPG

LPG(액화석유가스)란 프로탄 및 부탄 등을 주성분으로 가스를 상온에서 가압해 액화한 것으로 소형의 가벼운 압력용기(봄베)에 충전해서 가정용, 공업용, 자동차용 등의 연료로 이용되는 가스다. 현재 정부의 인가를 받은 수입업체로는 SK가스와 E1이 있으며, LPG 시장은 거대 규모의 저장시설과 판매망 구축 등 초기투자비가 많이 소요되므로 진입장벽이 높은 편이다. 관련주로는 LPG 수입, 저장, 판매업을 영위하는 업체들이 있다.

관련주: S-Oil, 극동유화, E1, SK가스, GS, SK이노베이션

98. 제대혈

제대혈(출산 시 태반과 탯줄에 있는 혈액)이 백혈병과, 혈액암, 심근경색증, 퇴행성관절염 등의 각종 질병에 이용될 것으로 기대되는 가운데, 제대혈을 초저온 상태로 보관해두는 제대혈 은행 운영 종목군 및 제대혈 관련 연구를 진행 중인 종목군이다.

관련주: 녹십자, 에이치엘비, 녹십자셀, 메디포스트, 차바이오텍, 녹십자랩셀, 강스템바이오텍

99. 화학섬유

석유화학제품을 원료로 사용해 섬유를 제조하는 화섬업체다. 화학섬유산업은 석유화학과 밀접하게 연계되는 하이테크산업이다. 전방으로는 석유화학제품인 원료를 공급받아 섬유를 제조해 후방산업인 방적, 직물, 봉제산업에 공급함으로써 전후방사업과 관련성이 높은 특성이 있다. 또한 글로벌 경기변동에 영향을 받으며, 유가 및 환율에 따른 원재료비 변동이 수익성에 미치는 영향이 크다는 특성이 있다. 주요 원재료는 고순도텔레프탈산(TPA)과 에틸렌글리콜(EG), 카프로락탐(CPL) 등이며, 제조방법에 따라 나일론, 폴리에스터, 아크릴 및 스판덱스 등의 합성섬유와 반합성섬유 및 재생섬유로 구분된다.

관련주: 태광산업, 대한화섬, 효성, 성안, 휴비스, 티케이케미칼, 코오롱인더, 코오롱머티리얼, 카프로

100. 패션의류

의류를 비롯해 신발, 가방, 악세사리 등 패션사업을 영위하는 업체군. 내수경기에 가장 큰 영향을 받고 있으며, 주요 유통망인 백화점의 실적과 상관성이 높다. 브랜드 인지도가 매우 중요한 업종이다.

관련주: LS네트웍스, BYC, 남영비비안, SG세계물산, 국동, 신성통상, 화승인더, F&F, 태평양물산, 원풍물산, 신원, 형지I&C, 인디에프, 대현, 데코앤이, 한섬, 제이에스티나

101. 바이오인식

바이오인식(생체인식) 기술이란 지문, 얼굴, 홍채 등 개인의 신체적 특징이나 서명, 음성과 같은 행동적 특성을 이용해 개인을 식별하는 기술을 의미한다. 타인에게 도용이나 복제될 수 없으며, 변경되거나 분실할 위험이 없어 다른 식별 수단에 비해 더욱 안전하다는 특징이 있다. 최근 모바일기기 보안의 중요성이 점증함에 따라 모바일, 스마트기기 등에 바이오인식 기술이 접목되고 있으며, 삼성전자가 갤럭시노트7에 홍채인식 기능을 탑재하면서 관련 종목들이 부각되고 있다.

관련주: 퍼스텍, 현대정보기술, 에프에스티, 라온시큐어, 필링크, 해성옵틱스, 유니퀘스트, 코렌, 삼우엠스, 파트론, 동운아나텍, 멜파스, 엠씨넥스, 삼본정밀전자, 크루셜텍, 시큐브, 유니온커뮤니티, 드림시큐리티

102. 모바일 솔루션

스마트폰 등의 모바일 단말기에 적용되는 응용 솔루션 개발 업체들. 무선인터넷 솔루션으로 불리기도 하는 모바일 솔루션은 모바일 네트워크를 기반으로 한 애플리케이션, 즉 소프트웨어를 의미한다. 휴대폰 단말기나 이동통신 서비스 못지않게 국내 업체들의 경쟁력이 강한 분야다. 단말기 기반 솔루션(플랫폼, OS, 브라우저 등), 콘텐츠 기반 솔루션(그래픽 툴 등의 제작 툴, 동영상 압축기술 등), 네트워크 기반 솔루션[게이트웨이, 콘텐츠 풀(pool)을 구성하는 서버, 기타 부가서비스] 업체들로 구성된다. 스마트폰의 국내 본격 확산은 업체들의 새로운 성장동력으로 작용 중이다.

관련주: 인포뱅크, 다산네트웍스, 인프라웨어, 카페24, 지어소프트, 다날, 필링크, 이루온, 유엔젤, 텔코웨어, 투비소프트, 한컴MDS, 유비벨록스, 갤럭시아컴즈, 이트론, 모바일리더, 셀바스AI, 이미지스, 낵스트리밍, 네이블

103. 바이오시밀러(복제)

유전자 재조합이나 세포배양기술을 통해 생산되는 호르몬과 단백질 등을 의미하는 바이오 의약품의 복제제품이다. 일반 화학 합성약과는 달리 바이오신약은 구조가 복잡하고 제조과정도 동식물 세포나 조직을 활용해 완벽한 복제가 어렵기 때문에 고도기술로 평가 받고 있다. 2009년 6월 지식경제부 주관 신성장동력 스마트 프로젝트에 삼성전자 컨소시엄이 바이오시밀러 관련 과제를 제출하면서 시세를 분출했다. 원천기술을 확보했거나 관련 의약품 연구 및 의약품을 생산하는 기업군이다.

관련주: 에이프로젠제약, 녹십자, 한올바이오파마, 셀루메드, 바이넥스, 셀트리온, 셀트리온제약, 대웅제약, 이수앱지스, 셀트리온헬스케어, 한미약품, 동아에스티, 알테오젠, 삼성바이오로직스, 팬젠

104. 전자결제

핸드폰결제 등 유·무선 또는 온라인을 통한 결제서비스 사업을 영위하는 업체들이다. 국내 인터넷쇼핑, 모바일뱅킹 등의 전자상거래 활성화와 모바일게임, 이러닝, 디지털음원 등 디지털콘텐츠 시장의 성장세를 바탕으로 성장하고 있다. 특히 정부가 핀테크 사업을 적극적으로 육성할 것이라는 의지를 보이면서 시장에서 재부각되고 있다.

관련주: 한국정보통신, KG이니시스, 인포뱅크, 카페24, KG모빌리언스, NHN한국사이버결제, 다날, 갤럭시아컴즈, 지와이커머스, 크루셜텍, 인포바인

105. 조선

조선업은 해운업, 수산업, 군수산업, 관광산업 등에 사용되는 각종 선박 건조 및 에너지와 자원의 개발, 가공, 저장 등에 사용되는 장비와 설비 등을 개발·생산하는 산업이다.

관련주: 현대중공업, 삼성중공업, 현대미포조선, 대우조선해양, 한진중공업

106. SI(시스템통합)

SI란 System Integration의 약자로 정보시스템의 설계, 최적의 하드웨어 선정에서 발주 및 조달, 사용자의 필요에 맞춘 응용소프트웨어의 개발, 시스템의 유지, 보수 등을 통합적으로 서비스하는 사업을 말한다. 관련 업체는 주로 정보처리 서비스업체, 소프트웨어 개발업체, 컨설턴트 업체 등이 있다.

관련주: 쌍용정보통신, 대신정보통신, 다우기술, 현대정보기술, 바른테크놀로지, 동양네트웍스, 비트컴퓨터, 신세계I&C, 위즈코프, 케이엘넷, 정원엔시스, SGA, 에이앤티앤, 아이크래프트, 오상자이엘, 한솔인티큐브

107. LED

발광다이오드(Light Emitting Diode)란 전기 신호를 빛으로 바꾸는 화합물 반도체다. 휴대전화 키패드 광원, LCD용 백라이트, 자동차 계기판, 브레이크등, 방향표시등, 전광판, 조명기구 등으로 활용범위를 확대하고 있는 LED생산·관련 기업군이다.

관련주: 금호전기, 한솔테크닉스, 유양디앤유, 백광소재, 코콤, 태경산업, 광전자, 일진디스플레이, 한국단자, 케이엠더블유, 제이엠아이, 필룩스, 씨티엘, 우리조명, 엘컴텍, 루멘스, 현대통신, 성호전자

108. 온실가스(탄소배출권)

국제 기후변화 협약인 교토의정서에 의해 우리나라도 온실가스 감축 의무를 부과받을 가능성이 높아짐에 따라 부각된 섹터다. 관련 기업으로 온실가스를 감축할 수 있는 저감장치나 탄소배출권 사업을 영위하는 기업들이 있다. 2012년 5월 18대 국회 본회의에서 탄소배출권거래제 관련 안건이 통과됨에 따라 우리나라는 2015년부터 탄소배출권거래제가 시행 중이다. 한편 2012년 10월 제2차 녹색기후기금(GCF) 이사회 투표 결과 인천 송도가 GCF 유치 도시로 선정되면서 탄소배출권 섹터가 시장에서 재부각되었다.

관련주: 이건산업, 세종공업, 에코바이오, 휴켐스, 에코프로, 후성, KC코트렐, 글로벌에스엠

109. 케이블TV SO

케이블TV SO란 개별 가정마다 케이블과 컨버터를 설치해주고, 프로그램 공급업자(PP)로부터 공급받은 각종 콘텐츠를 제공하면서 시청료를 징수하는 업체. MSO는 여러 개의 종합 유선방송 시스템을 운영하는 기업으로 사업총괄 회사를 지칭한다.

관련주: 태광산업, CJ헬로, 현대홈쇼핑, 씨씨에스, KMH

110. 셰일가스

셰일가스(shale gas)란 모래와 진흙이 쌓여 굳으면서 생성되어 지하 퇴적암 셰일층에 존재하는 천연가스다. 셰일가스는 과거 경제성이 낮아 채굴하지 않았지만 채취기술이 발달해 북미 지역을 중심으로 생산량이 급증하면서 새로운 에너지원으로 주목받았다. 미국은 FTA 체결국에 우선적으로 셰일가스를 수출하고 있으며, 우리나라는 한-미FTA 발효로 미국산 셰일가스를 수입할 수 있게 되었다. 이와 관련 셰일가스를 채굴 및 개발, 운송, 보관하는 것과 관련된 기업들이 관련주로 부각되었다.

관련주: SH에너지화학, GS글로벌, E1, 한국카본, SK가스, 동성화인텍, 비에이치아이, 우림기계, S&TC

111. 제4이동통신

정부가 이동통신 시장의 경쟁을 활성화시키기 위해 가상이동통신망사업자(MVNO, 재판매사업자)를 허가하고, 제4이동통신사 설립을 위한 절차에 돌입함에 따라 부각된 섹터다. 과거 제4이동통신 사업자 선정이 매번 무산됐었으나, 문재인 정부가 제4이동통신사 설립 요건을 허가제에서 등록제로의 변경을 추진하면서 제4이동통신사 탄생 가능성이 커

지고 있다.

관련주: 콤텍시스템, 세종텔레콤, 쏠리드, 바른전자, CS, 에이스테크, 바른테크놀로지

112. 의료기기

의료기기 제조·판매업체. 향후 의료기기 시장은 초고령화 사회(만성질환의 증가 등)의 도래, 소득증대 등으로 건강 수요가 증가됨에 따라 맞춤형 치료 및 예방을 위한 진단 중심으로 발전할 전망이다.

관련주: 한독, 신흥, 피제이전자, 유비케어, 원익, 디오, 나노엔텍, 인바디, 메디아나, 한스바이오메드, 솔고바이오, 바텍, 오스템임플란트, 유앤아이, 셀루메드

113. 핀테크

핀테크(FinTech)란 금융을 뜻하는 파이낸셜(financial)과 기술(technique)의 합성어로 금융IT 융합형 산업을 뜻한다. 최근 인터넷과 모바일 환경 발달로 각종 금융서비스가 IT기술과 접목해 빠르게 발전하고 있다. 특히 과거 단순한 송금 한계를 벗어나 모바일 결제, 대출, 자산관리, 크라우드펀딩 등으로 영역을 확대 중이다. 한편 핀테크 발달에 따라 정보 보안 관련 기술도 중요성이 부각되고 있다.

관련주: 한국정보통신, 다우데이타, KG이니시스, 카카오, 유니셈, 인포뱅크, 한국전자인증, 라온시큐어, KG모빌리언스, 이스트소프트, 코나아이, 아모텍, 한국정보인증, 이니텍, 한컴시큐어, NHN한국사이버결제

114. 삼성페이

삼성페이란 삼성전자의 모바일 결제 서비스로, 스마트폰에 신용카드나 체크카드의 정보를 입력해 카드 대신 스마트폰을 통해 결제하는 방식이다. 카드정보가 입력된 스마트폰을 신용카드 결제기 근처에 갖다 대면 기기 간 통신을 통해 신용카드처럼 결제가 이뤄진다. 특히 삼성페이는 MST(마그네틱 보안 전송)

와 NFC(근거리 무선통신 방식)를 모두 지원해 매장에서도 별도의 NFC단말기 설치 없이 곧바로 결제가 가능해 높은 경쟁력을 갖고 있다. 한편 삼성페이 확산에 따라 보안 기술 및 관련 사업의 성장이 예상되고 있다.

관련주: 한솔테크닉스, 효성, 삼성전자, 한국정보통신, 현대정보기술, 서울전자통신, 나이스정보통신, 라온시큐어, 한국정보인증, 이니텍, 이그잭스, 알에프텍, 다날, KG모빌리언스

115. 키오스크

키오스크는 정부기관이나 지방자치단체, 은행, 백화점, 전시장 등 공공장소에 설치된 무인 정보단말기로 각종 행정절차나 상품정보, 시설물의 이용방법, 인근지역에 대한 관광정보 등을 제공한다. 병원 및 항공사 체크인, 자동 정산 및 결제, 티켓 발매용 기기나 및 현금자동입출금기로도 사용되고 있으며, 국내에서는 이미 PC방, 편의점, 외식업계 등을 중심으로 빠르게 보급되고 있다.

관련주: 씨아이테크, 한네트, 토필드, 한국전자금융, 케이씨티, 푸른기술, 케이씨에스

116. 통신장비

통신용 시험 및 계측장비, 중계기, 기지국안테나, 각종 관련 부품 등의 유·무선 통신장비 관련 업체군들이다. 통신장비산업의 업황은 관련 서비스 사업자들의 네트워크 투자 추이와 스마트폰 등 기술 진화에 큰 영향을 받는다. 차세대 통신망에 대한 투자 및 스마트폰 활성화에 따른 관련 투자 확대로 수혜가 예상된다.

관련주: 케이엠더블유, 삼지전자, 파인디지털, 다산네트웍스, 쏠리드, 코위버, 에스에이티, 전파기지국, CS, 이노와이어리스, 에프알텍, 텔레필드, 웨이브일렉트로, 컨버즈, 에이스테크

117. 자율주행차

자율주행차란 운전자가 핸들, 가속페달, 브레이크 등 차량을 조작하지 않아도 스스로 주행하는 자동차를 말한다. 최근 자동차 관련 기술이 발달함에 따라 전기차업체 테슬라뿐만 아니라 국내외 주요 자동차업체들도 자율주행차 개발에 박차를 가하고 있다. 이에 우리나라 정부도 자율주행차 관련 규제를 대폭 완화하는 등 관련 산업 육성에 대한 정책 역량을 집중하고 있다.

관련주: SK하이닉스, 현대차, 삼성전자, SK텔레콤, 대성엘텍, 한국단자, KT, NAVER, 파인디지털, 인포뱅크, 캠시스, 세코닉스, 삼보모터스, 텔레칩스, 한라홀딩스, LG전자, 에이테크솔루션

118. 유전자 치료제

유전자란 형질을 만들어내는 인자로서 세포의 염색체를 구성하는 DNA가 배열된 방식의 유전정보 단위를 뜻한다. 최근 유전자 분석을 통해 유전자의 기능, 성질, 염색체상의 위치 등을 알아내고 이를 치료에 활용하려는 시도가 증가하고 있어 관련 산업에 대한 관심이 높아지고 있다.

관련주: 녹십자, 진원생명과학, 마크로젠, 파나진, 테라젠이텍스, 랩지노믹스, 바이로메드, 아미코젠, 제넥신, 씨젠, 코오롱생명과학, 디엔에이링크, 우정바이오, 신라젠, 엑세스바이오

119. 여행

국내외 여행안내, 교통편의 주선, 여권 신청업무의 대행 등을 주요 업무로 하는 여행사들이다. 여행사들의 실적과 주가는 무엇보다 경기 여건과 환율에 가장 큰 영향을 받으며, 성수기인 여름 휴가철에 주가가 재조명되는 경향이 있다. 이 외에 비자면제와 같은 제도적 지원과 주요 관광지의 천재지변 및 전쟁·테러, 정치환경 불안 등도 여행주들의 시세흐름에 영향을 주는 요인들이다.

관련주: 레드캡투어, 하나투어, 세중, SMC&C, 모두투어, 참좋은여행, 인터파크

120. 태블릿PC

태블릿PC 제품생산 및 부품(터치스크린, 2차 전지, 낸드플래시 등) 제조업체. 태블릿PC란 손가락이나 펜으로 스크린을 터치해 조작하는 휴대형 PC로 2001년 마이크로소프트가 처음 선보이면서 태블릿PC란 용어가 처음 쓰였다. 태블릿PC는 간편하고 직관적인 조작법과 뛰어난 휴대성을 지녔으며, 터치기술, 배터리 기술, 무선네트워크 등의 발전으로 대중화에 성공했다. 주요 IT기업 및 중소형 기업들이 시장에 경쟁적으로 진출했다.

관련주: 시노펙스, 삼성SDI, 아비코전자, LG디스플레이, 이라이콤, 텔레칩스, 유아이디, 엘앰에스, 에이디테크놀로지, 켐트로닉스, 파트론, 이엘케이, 미래나노텍

121. 슈퍼박테리아

슈퍼박테리아는 강력한 항생제에도 죽지 않는 박테리아다. 항생제를 자주 사용하다 보면 병원균이 항생제에 스스로 저항할 수 있는 힘을 기르게 되어 점점 더 내성력이 강해지고 어떤 강력한 항생제에도 저항할 수 있는 박테리아가 생겨나기도 하는데, 이를 슈퍼박테리아라고 한다. 마스크, 세정제 등의 예방제품을 생산하는 업체들과 슈퍼박테리아 항생제, 치료제 등을 연구·개발하고 있는 업체들이 투자자들의 주목을 받는다.

관련주: 영진약품, 큐로컴, 파루, 인트론바이오, 종근당바이오, 크리스탈, 씨젠, 이연제약, 레고켐바이오, 동아에스티

122. 강관업

강관업(Steel pipe, 강철로 만든 파이프)은 산업중간재로 건설, 석유화학, 화학, 섬유, 제지, 조립금속, 자동차, 조선 등 거의 전 산업에 걸쳐 수요처가 분포되어 있다. 특히 건설 경기 및 SOC투자 등에 많은 영향을 받고 있으며, 광역상수도망, 가스관, 농수로 공사, 항만 건설 및 보수공사, 노후 가스관 및 수도관 교체 등에서 수요가 발생한다. 강관업은 다른 철강업보다 원재료의 의존도가 높아 주 원재료인 열연강판 가격에 따라 수익이 변동되는 경향이 있다.

관련주: 세아제강, 휴스틸, 동양철관, 금강공업, 하이스틸, 스틸플라워, 삼강엠앤티

123. 수질개선

수자원의 절대적인 양적 부족뿐만 아니라 질적인 악화로 인해 세계적으로 수많은 인명 피해를 낳고 있으며 이에 따라 향후 수질개선 관련 경영을 하는 기업이다. 배관 노후화 개선사업 수혜기업, 절수 제품 활성화 지원 정책 수혜기업들이 시장에서 주목을 받고 있다.

관련주: 한국주철관, KG케미칼, 도화엔지니어링, 코오롱글로벌, 동양철관, 태영건설, 한국종합기술, 시노펙스, 유신, 뉴보텍

124. 소모성 자재 구매대행

기업의 유지, 보수, 운영 등에 필요한 공구나 문구 등 소모성 자재를 대신 구매해 공급하는 소모성자재구매대행(MRO) 업체들이다. MRO는 B2B Market Place의 대표적인 모델로, 일반기업들이 소모성자재를 관리하는데 따른 비효율적인 구매비용 및 인적낭비를 최소화 할 수 있다는 장점이 있다. 2011년 8월 삼성그룹이 중소기업 상생차원에서 MRO사업 철수를 선언하면서 다른 대기업들도 MRO사업 철수 대열에 동참할 경우 중소 MRO업체들의 수혜가 기대된다는 분석에 섹터를 형성하고 있다.

관련주: 대명코퍼레이션, 이상네트웍스, 이크레더블, 지와이커머스, 아이마켓코리아

125. 지능형로봇·인공지능

지능형로봇이란 산업용로봇을 제외한 그 이외의 다양한 용도로 활용하기 위해 사용되는 지능화된 제품의 로봇을 총칭한다. 지능형로봇 산업은 고부가가치 창출이 가능하고, 산업전반의 파급효과가 큰 차세대 핵심산업으로 소득수준의 향상, 고령화 사회의 도래 등으로

향후 수요가 크게 확산될 것으로 전망한다. 특히 인공지능(AI) 로봇 알파고와 인간의 바둑 대결에서 알파고가 승리하는 등 인공지능 기술이 빠르게 발전함에 따라 사회적 이슈로 부각되고 있으며, 관련 산업이 크게 확대될 것으로 전망된다.

관련주: 퍼스텍, 이디, 우리기술, 네패스, 한국전자인증, TPC, 오픈베이스, 미래컴퍼니, 에스티큐브, 에이디칩스, 유진로봇, 큐렉소, 가온미디어, 디에스티로봇, 스맥, 디지털옵틱, 셀바스AI, 싸이맥스

126. 제지

지류 관련 생산업체. 주원료인 펄프가격과 경기변동에 민감하며, 선거시즌과 계절적 성수기인 4분기에 주목받는 경향이 있다.

관련주: 페이퍼코리아, 무림SP, 한국제지, 아세아제지, 수출포장, 신풍제지, 무림페이퍼, 한창제지, 무림P&P, 삼정펄프, 깨끗한나라, 국일제지, 세하, 한솔제지

127. 석유화학

석유화학이란 나프타, 천연가스를 원료로 에틸렌, BTX원료를 생산하는 공업과 이들 기초유분을 원료로 합성수지, 합성고무 등을 생산하는 공업을 총칭한다. 중간 소재산업으로서 공급 능력과 경쟁력 확보에 따라 전방산업에 대한 파급효과가 큰 자본집약적이며 고부가가치의 장치산업이다.

관련주: 태광산업, 동성화학, 이수화학, 대한유화, 한화케미칼, 롯데케미칼, 금호석유, SKC, KPX케미칼, LG화학, 그린케미칼, SK이노베이션, 코오롱인더, 삼양사, 애경유화, SK케미칼

128. LCD 부품·소재

LCD산업의 영향을 받는 LCD 관련 부품 및 소재업체들이다. 부품·소재 산업의 특성상 수요의 변동요인은 삼성전자와 LG디스플레이 등 패널업체들의 판매실적과 재고보유수준 및 생산수준, 패널가격의 변동 등이라고 할 수 있다.

관련주: 금호전기, 한솔테크닉스, 동진쎄미캠, 삼성SDI, 상보, 에스에이엠티, 네패스, 에프에스티, 솔브레인, 인지디스플레이, 이라이콤, 크로바하이텍, 파인디앤씨, 에스폴리텍, 토비스, 오성첨단소재

129. 보안주(정보)

컴퓨터 또는 네트워크상 정보의 훼손, 변조, 유출 등을 방지하기 위한 보안제품 및 서비스를 제공하는 업체들이다. 안티바이러스, 안티스팸 등의 S/W업체와 방화벽(firewall), 침입탐지시스템(IDS), 가상사설망(VPN) 등의 H/W업체로 분류할 수 있다. 주로 IT경기와 밀접한 관련을 갖고 있지만, 디도스(DDoS) 공격 등과 같은 보안 사고에 의해서도 관련주들의 주가가 일시적으로 영향을 받는 모습을 보인다.

관련주: 다우데이타, 에스넷, 한국전자인증, 라온시큐어, 한일네트웍스, 이스트소프트, SGA, 오픈베이스, 한국정보인증, 수산아이앤티, 이니텍, 안랩, 한컴시큐어, 이글루시큐리티, 플랜티넷, 가비아, 시큐브, 윈스

130. 정유

원유 수출입, 운송 및 저장과 석유제품, 화학제품 등을 생산하는 종목군이다.

관련주: S-Oil, GS, SK이노베이션

131. RFID

RFID(Radio Frequency Identification: 전자태그)란 일정 주파수 대역을 이용해 원거리에서 대상물을 분석하는 기술이다. 초소형 반도체에 식별정보를 넣어 무선주파수를 이용해 물체나 동물, 사람 등을 판독·추적·관리할 수 있는 시스템이다. 향후 물류, 금융, 통신, 의료, 전자지불, 보안 등 다양한 분야에서 활용이 확대될 전망이다. 한편 근거리 무선통신(NFC)은 전자태그의 하나로 10cm 이내 근

거리에서 단말기 간 데이터를 교환할 수 있는 비접촉식 초근거리 무선통신기술이다. 기존 전자결제 기술보다 보안성이 높은 것으로 평가받고 있으며, 2011년부터 출시되는 스마트폰 대부분에 NFC 기능이 기본으로 탑재되고 있다.

관련주: SK텔레콤, KT, 위즈코프, 에스넷, 누리텔레콤, 아모텍, 이그잭스, 에이스테크, 제이스테판, 에이텍티엔, 한솔시큐어

132. 휴대폰 부품

휴대폰 제조업체에 부품을 제공하는 업체다. 휴대폰 제조업체의 성장과 밀접한 관계가 있으며 국내 휴대폰 제조업체들이 세계 수출시장에서 높은 점유율을 기록하고 있기 때문에 부품업체들의 꾸준한 성장이 기대된다.

관련주: 한솔테크닉스, LG이노텍, 피델릭스, 블루콤, 아비코전자, 엘컴텍, 이라이콤, 서울반도체, 파워로직스, 인탑스, 기가레인, 유아이엘, 재영솔루텍, 캠시스, 인터플렉스, 비에이치, 아모텍, 아이앤씨, 세코닉스, 한국컴퓨터

133. 구제역

광우병, 구제역 발생 시 수혜가 부각되며 단기적으로 시세를 분출하는 종목군. 대체식품 생산 및 예방 사료첨가제 제조회사다.

관련주: 한성기업, 한일사료, 사조대림, 사조오양, 우성사료, 우진비앤지, 마니커, 신라에스지, 팜스토리, 하림, 정다운, 이지바이오, 대성미생물

134. 차량용 블랙박스

차량용 블랙박스란 사고기록 장치로 차량의 속도, 방향, 브레이크 작동, 안전띠 착용 유무 등의 데이터를 제공해 교통사고 원인을 규명한다. 차량 외부 네트워크를 이용해 교통사고 정보를 경찰, 119구조센터에 자동 통보하는 기능도 지녔다. 이에 따라 미국과 유럽 등 선진국에서 차량용 블랙박스 확대 및 의무채택이 증가하는 추세다.

관련주: 현대모비스, 제이씨현시스템, 파인디지털, 팅크웨어, 모바일어플라이언스, 넥스트칩, 엠씨넥스

135. 테마파크

테마파크 관련 부지 보유 및 테마파크 인테리어와 IT인프라 구축 등에 특화된 기업군. 수도권을 비롯해 전국적으로 크고 작은 테마파크 개발이 진행 중인 가운데 송도 등 대형 테마파크 개발 계획 등이 구체화되면서 관련주에 대한 관심이 고조됐다.

관련주: 현대건설, 시공테크, 한국종합기술, 국보디자인, 이월드

136. 중소형 건설사

국내 중소형 건설업체 기업군. 해외건설 부문 등으로 사업이 다각화된 대형 건설사와 달리 내수시장을 기반으로 하고 있어 국내 주택시장에 큰 영향을 받는다. 2008년 글로벌 금융위기 이후 국내 주택시장의 침체로 중소형 건설사들은 연이어 워크아웃이나 법정관리에 들어간 바 있다.

관련주: 남광토건, 삼부토건, 범양건영, 화성산업, 금호산업, 코오롱글로벌, 고려개발, 한신공영, 동부건설, 대원, 태영건설, 삼호개발, 두산건설, 까뮤이앤씨, 동원개발

137. 전자파

전자파 인체보호 기준 법제화로 부각된 섹터다. 전 세계적으로 전자파에 대한 법적 규제가 강화되고 있어 전자파 장해 대책용 부품들의 수요가 확대될 것으로 전망된다. 다만 인체 유·무해 여부에 대한 논쟁은 지속 중이다.

관련주: 동일기연, 한미반도체, 프로텍, 성우전자, 솔루에타, 에스엔텍, 제너셈, 상신전자, 잉크테크, 켐트로닉스

138. 스마트카

스마트카(Smart Car)란 자동차 기술에 ICT(정
보통신기술)를 접목시킨 자동차다. 운전자는
차 안에서 오락, 정보 등의 다양한 콘텐츠를
이용할 수 있으며, 이동통신기술이 접목되어
안전하고 편리한 주행정보를 제공받을 수 있
는 편의성이 향상된 차세대 자동차다. 고객의
니즈에 부응해 자동차업체와 IT업체들이 잇
따라 첨단 스마트카 기술을 선보이면서 부각
되고 있다.

관련주: LG이노텍, 아이에이, 인포뱅크, 세코
닉스, 한컴MDS, 모바일어플라이언스, 유비
벨록스, 엠씨넥스

139. 해운

해운업종은 대표적인 경기민감주이자 중국
관련주로서 세계해상 물동량에 의해 기본적
수요 규모가 결정되므로 중국을 비롯한 세계
경기변동과 밀접한 상관관계를 갖고 있다. 또
한 비용의 대부분을 연료유가 차지하고 있어
대표적인 유가민감주이며, 환율 하락 시 선박
투자 관련 차입금 및 이자비용 감소 효과로 인
해 환율 하락 수혜주로도 분류되고 있다.

관련주: 흥아해운, 대한해운, 현대상선, 팬오
션, KSS해운

140. 편의점

편의점은 주로 도로변이나 주택가 등 이용하
기 편리한 곳에 입지해 식료품을 중심으로 다
품종 상품을 소량으로 판매하는 점포로, 대부
분 프랜차이즈의 가맹점 형태로 운영되고 있
다. 연중무휴, 24시간 이용할 수 있는 편의성
에 더해 최근 1~2인 가구 증가에 따른 소비 문
화 패턴의 변화로 편의점에 대한 이용 수요가
증가하고 있다.

관련주: 대상, GS리테일, 롯데쇼핑, 이마트,
BGF리테일

141. 항공기 부품

항공기 부품 생산업체다. 글로벌 항공기 제조
시장은 Boeing, Lockheed Martin, Airbus
Group 등이 과점하는 형태를 띄고 있으며, 항
공기 제조 계획에 따라 자체 제조 또는 아웃
소싱을 통해 모듈 및 부품을 조달받고 있다.
항공 산업의 경우 안전성이 최우선 고려사항
으로 장기간 거래실적, 신뢰관계 등을 사전에
확보해야 해서 단기 진입이 어려운 산업이다.

관련주: 휴니드, 대한항공, 현대위아, 오르비
텍, 한국항공우주, 아스트, LIG넥스원, 이엠코
리아, 하이즈항공, 샘코

142. 시스템반도체

시스템반도체란 다양한 기능을 집약한 시스
템을 하나의 칩으로 만든 반도체로 메모리반
도체와 달리 논리적인 정보처리 기능을 담당
하고 있으며, 비메모리의 대부분을 차지함에
따라 통상 비메모리반도체라고 불린다. 스마
트폰, 태블릿PC, 스마트 TV(3D TV 등), 자동
차(전장화, 지능화) 등 IT융·복합 기기에 사용
되며, 첨단 IT제품에 대한 수요가 급증하면서
활용범위가 크게 확대되었다. 이에 따라 수혜
가 예상되는 종목군이다.

관련주: 디아이, DB하이텍, 시그네틱스, 네패
스, SFA반도체, 아이에이, 한미반도체, 아이
앤씨, 텔레칩스, 리노공업, 아진엑스텍, 엘비
세미콘, 티엘아이, 하나마이크론, 오디텍, 에
이티세미콘, 넥스트칩

143. 풍력에너지

풍력에너지란 바람이 가지는 운동에너지를
전기에너지로 변환해 전력을 생산하는 에너
지로, 신재생에너지 중에서도 가장 경제적이
고 에너지 효율이 좋기 때문에 각광받고 있
다. 다만 풍력을 이용해 효율적으로 전기에너
지를 얻기 위해서는 초속 5m 이상의 바람이
지속적으로 불어야 한다는 단점이 있다. 정부
의 신재생에너지 정책이 본격화되면서 부각
되고 있다.

관련주: 효성, 동국산업, 스페코, 유니슨, 한일단조, 케이피에프, 태웅, 현진소재, 삼영엠텍, DMS, 삼강엠앤티, 동국S&C, 서암기계공업, 우림기계, 씨에스윈드, 포메탈

144. 사물인터넷

사물인터넷이란 사물에 센서를 부착해 실시간 데이터를 인터넷으로 주고받는 기술이나 환경을 뜻한다. 궁극적으로는 사람의 도움 없이 사물 스스로 정보를 주고받아 상황에 걸맞게 작동하는 것을 목표로 한다. 가전제품, 전자기기, 헬스케어기기, 스마트홈, 스마트카 등 다양한 분야에 적용 가능하며 일상생활에 혁명을 가져올 기술로 주목받고 있다.

관련주: 코콤, 지엠피, 삼진, 코맥스, 위즈코프, 에스넷, 케이엘넷, 다산네트웍스, 누리텔레콤, 한국전자인증, 링네트, 에이텍, 우리로, 기가레인, SGA, 오픈베이스, 잉크테크, 비츠로시스

145. 줄기세포

줄기세포는 신체를 구성하는 모든 세포나 조직으로 분화 가능한 미분화 세포를 뜻한다. 줄기세포는 다양한 세포 손상 질환 치료와 희귀병, 난치성 질환 치료제 개발에 활용될 수 있어 의학적으로 무한한 가능성을 지니고 있다. 다만 줄기세포 연구는 초기 단계에 있기 때문에 관련 종목들의 시세는 구체적인 실적보다는 전망이나 기대감으로 움직이는 경향이 높다.

관련주: 부광약품, 파미셀, 동구바이오제약, 네이처셀, 에이치엘비, 녹십자셀, 조아제약, 바이온, 마크로젠, 안트로젠, 바이오빌, 에이치엘비생명과학, 메디포스트, 차바이오텍, 녹십자랩셀, 코아스템, 테고사이언스

146. 사료

가축용 사료를 제조하는 업체. 축산업과 매우 밀접한 연관성을 가지고 있어 축산물 시세의 변동이나 축산물 질병 발생 등에 영향

을 받는다.

관련주: 한탑, 대주산업, 한일사료, 우성사료, 사조동아원, 케이씨피드, 이지바이오, 팜스토리, 팜스코, 씨티씨바이오, CJ제일제당, 선진

147. 태양광에너지

태양광에너지란 태양의 빛에너지를 광전효과를 이용해 전기에너지로 바꿔주는 태양전지를 이용한 에너지를 말한다. 장점으로는 환경친화적, 필요한 전기량의 생산 조절이 가능하다는 점 등이 있다. 다만 초기투자비 및 발전단가가 높다는 단점이 있다. 정부의 신재생에너지 정책이 본격화되면서 부각되고 있다.

관련주: 한화, KCC, 혜인, 코오롱글로벌, 한솔테크닉스, KC그린홀딩스, 한화케미칼, OCI, LS산전, SKC, 신성이엔지, 뉴인텍, 광명전기, SK머티리얼즈, 이건홀딩스, 주성엔지니어링

148. SSD

솔리드 스테이트 드라이브(Solid State Drive)란 낸드플래시 메모리를 여러 장 붙인 형태의 차세대 데이터 저장장치다. 반도체에 정보를 저장하는 형식이기 때문에 기존 하드 디스크 드라이브(HDD)에 비해 데이터 읽기 및 쓰기 속도가 빠르다. 소음, 발열, 전력 사용이 적으며 가볍고, 작기 때문에 결합 제품의 소형·경량화 구현이 가능하다는 장점을 가지고 있다. 다만 기존 HDD에 비해 가격이 비싸다는 단점이 있다.

관련주: SK하이닉스, 삼성전자, SFA반도체, SGA, KMH하이텍, 바른전자, 하나마이크론, 에이티테크놀로지, 심텍

149. 원자력발전

2008년 2월 이명박 정부 대통령직 인수위원회가 원자력 육성정책을 발표하면서 생성된 섹터다. 전 세계적인 에너지 수요증가와 친환경 정책, 경제적인 부분 등을 감안해 원자력발전의 필요성이 점차 부각된데다 국내 업체들의 해외 원자력발전소 건설 수주가 이어지

는 등 관련 업체들의 수혜가 기대된다. 탈원전 정책으로 원전 해체·수출 산업으로 눈을 돌리고 있다.

관련주: 보성파워텍, 한신기계, 하이록코리아, 성광벤드, 효성, GS건걸, 대림산업, 현대건설, 태광, 우리기술, 두산중공업, 에너토크, HRS, 조광ILI, 한국전력

150. 치아치료(임플란트)

치과치료와 관련된 종목군. 최근 소득증가와 복지수준 향상으로 충치제거, 스케일링, 임플란트, 치아교정까지 시장범위가 확대 중이다.

관련주: 신흥, 오스코텍, 디오, 바텍, 오스템임플란트, 메타바이오메드, 나이벡, 덴티움, 오스테오닉

151. 농업

종묘, 비료, 농약 등의 친환경 방제기업군으로 국제 곡물가격 상승 시 부각되는 섹터다. 곡물가격이 상승하는 요인으로는 지구 온난화 등 기상 이변으로 인한 공급 감소, 유가 급등으로 인한 생산 및 유통 비용 증가, 경작지 감소, 곡물을 이용한 대체에너지 원료로의 수요 증가 등이 있다. 곡물가격 상승이 일반 물가 상승으로 확산되는 이른바 애그플레이션 우려감이 심리적인 요인으로 작용하고 있다.

관련주: 대동공업, KG케미칼, 조비, 경농, 성보화학, 동방아그로, 남해화학, 아세아텍, 농우바이오, 효성오앤비, 아시아종묘

152. 육계

닭고기 가공업체. 국내에서 조류인플루엔자 발생 시 큰 폭의 하락세를 보인다. 반면 다른 종류의 식재료에서 문제발생 시 대체상품으로 관심이 집중된다. 여름철 대표 보양음식으로 각광받고 있으며, 월드컵 등의 대형 스포츠 이벤트 시에도 맥주와 어울리는 대표간식으로 인식되면서 매출증가에 따라 실적이 호전된다. 계절을 많이 탄다.

관련주: 팜스토리, 마니커, 이지바이오, 체리부로, 하림

153. OLED

OLED(유기 발광 다이오드, 유기EL)는 백라이트에 의해 빛을 내는 LCD와 달리 자체발광형 소자로서 LCD보다 월등한 색상과 선명도, 광시야각, 빠른 응답속도, 저전력, 박형 등의 장점으로 LCD와 PDP 등에 이은 차세대 디스플레이 및 차세대 조명으로 주목받고 있다. 휴대폰을 시작으로 최근에는 LG전자 주도하에 OLED TV 시장이 주목을 받고 있으며, 향후 노트북과 조명시장까지 OLED가 기존 시장을 급속히 잠식할 것으로 전망되고 있다.

관련주: 참엔지니어링, 삼성전자, LG디스플레이, 주성엔지니어링, 케이맥, 크로바하이텍, 미래컴퍼니, 에스에프에이, 아이컴포넌트, 이엘피, 탑엔지니어링, LG전자, DMS, HB테크놀로지, 에스앤유, 엘오티베큠

154. 2차전지

2차전지(Secondary battery)란 한 번 쓰고 버리는 배터리가 아닌 재충전이 가능한 배터리(rechargeable battery)를 의미한다. 즉 충전과 방전을 반복할 수 있는 전지다. 2차전지는 스마트폰, 태블릿PC, 노트북 등 모바일·휴대용 IT기기의 성장과 함께했으며, 최근에는 전기차·하이브리드카 등 중·대형전지 시장으로 영역이 확대되고 있다.

관련주: 포스코켐텍, 세방전지, 코스모신소재, 코스모화학, 삼성SDI, 일진머티리얼즈, 아트라스BX, 황금에스티, 엠케이전자, 솔브레인, LG화학, 엘앤에프, 후성, 리캠, 파워로직스, 휘닉스소재, 삼화콘덴서, 삼진엘앤디, 이랜텍, 테이팩스, 피엔티

155. 공작기계

공작기계(선반, 머시닝센터, 프레스, 제조업용 로봇 등)는 금속을 가공하는 기계로서 모든 산업의 기반이 되는 핵심 자본재 산업이

다. 공작기계는 수출 주력 산업으로 두산인프라코어, 현대위아, 화천기공이 업계 선두 업체다. 내수시장의 경우 전반적인 국내경기 상황, 정부의 사회간접자본 투자정책과 해외경제동향 등에 따라 수요가 좌우되며, 해외시장에서는 환율 변동에 의해 국가별 가격 경쟁력이 결정된다. 관련주로는 금속공작기계(금속절삭·금속성형), 목재가공기계, 산업용 로봇 및 이에 관련된 자동화 장치와 관련 부품 및 소재업체다.

관련주: 화천기공, S&T중공업, 삼익 THK, SIMPAC, 화천기계, 현대위아, 와이지 원, 한국주강, 넥스턴, DB라이텍, 이엠코리아, 스맥, 서암기계공업, 한국정밀기계, 유지인트

156. 보톡스

보톡스란 미국 제약회사 엘러간이 제조한 근육수축 주사제 제품의 명칭으로, 통상 주름 개선용 주사제로 알려져 있다. 혐기성 세균인 클로스트리듐 보툴리눔(Clostridium botulinum)에서 추출한 신경 독소 물질 보톨리눔톡신(Botulinum toxin)을 의료에 사용할 수 있도록 정제한 것으로 신경 전달을 차단해 근육의 과도한 수축을 완화시키는 효과가 있어 현재 얼굴 떨림, 눈꺼풀 경련, 근강직 등의 치료뿐만 아니라 주름 치료, 사각턱 교정술 등 미용 목적으로 널리 사용되고 있다.

관련주: 대웅제약, 휴온스글로벌, 메디톡스, 휴젤, 파마리서치프로덕트, 휴온스

157. 5G

5G란 '5th generation mobile communications'의 약자로 초고대역 주파수를 사용하는 통신기술이다. 5G는 최저 100Mbps에서 최대 20Gbps의 다운로드 속도를 낼 수 있으며, 4G LTE에 비해 70배 이상 빠른 수준이다. 또한, 1Km² 반경 안에서 100만 개 기기에 사물인터넷 서비스를 제공할 수 있으며, 시속 500Km 고속열차에서도 자유로운 통신이 가능한 것으로 알려졌다. 이에 따라 끊김 없이 많은 양의 데이터를 중앙서버와 주고받아야 하는 자율주행차 및 사물인터넷 분야에서 5G 기술이 빠르게 도입될 것으로 전망되고 있다.

관련주: 삼성전자, 대한광통신, SK텔레콤, KT, 케이엠더블유, LG유플러스, 기산텔레콤, 삼지전자, 우리로, 쏠리드, 코위버, 이루온, 텔코웨어, LG전자, 에이스테크, 텔레필드, 웨이브일렉트로, 오이솔루션, 서진시스템, 감마누

158. 전기자전거

코펜하겐 기후협약 등 글로벌 각국의 탄소 저감 노력이 진행되고 있는 가운데, 각국 정부가 전기자전거 지원 정책을 시행하고 있어 향후 전기자전거 시장이 확대될 것이란 기대감에 부각된 섹터다. 전기자전거 제조업체, 자전거용 모터 생산업체, 배터리팩 업체 등의 수혜가 예상되고 있다.

관련주: 삼성SDI, 삼천리자전거, 파워로직스, 이랜텍, 에스피지, 알톤스포츠, 만도

159. 전력저장장치(ESS)

전력저장장치(ESS: Energy Storage System)란 발전소에서 생산된 전력을 저장해두었다가 전력이 가장 필요한 시기와 장소에 공급해 에너지 효율을 높이는 시스템을 말한다. ESS는 에너지 효율을 극대화할 수 있을 뿐만 아니라 전력수요의 불확실성을 해결할 수 있으며, 신재생에너지를 안정적으로 공급하는 기능도 있어 필수적인 미래 유망 사업으로 주목을 받고 있다. 관련 업체들로는 전력을 저장해두는 배터리업체들과 배터리를 효율적으로 관리해주는 장치 생산업체들이 있다.

관련주: 삼화콘덴서, 세방전지, 효성, 삼화전기, 신성이엔지, 포스코ICT, 아트라스BX, 파워로직스, 에이치엘비파워, LG화학, 삼성SDI, 삼진엘엔디, 비츠로셀, 상아프론테크, SK이노베이션, 피앤이솔루션, 피엔티

160. LCD 장비

LCD 산업용 설비자재 및 생산라인 자동화를 포함하는 제조장비사업을 영위하는 업체들이다. LCD 장비산업은 전방산업인 LCD 제조산업에 선행해 반응하며, LCD 패널생산업체의 신규투자 시기에 수주와 매출이 집중되고, 다음 투자까지는 차세대 기술개발에 집중해야 하는 경기변동의 폭이 큰 특성을 갖고 있다. 업황은 LCD산업 자체의 성장성과 이에 따른 삼성전자와 LG디스플레이 등 LCD 패널업체의 투자계획에 따라 큰 영향을 받는다.

관련주: 참엔지니어링, 신성이엔지, 주성엔지니어링, 에스티아이, 아이씨디, 케이맥, 한양이엔지, 미래컴퍼니, 이엘피, 에스에프에이, 탑엔지니어링, DMS, 로체시스템즈, HB테크놀로지, 제우스, 디이엔티, 인베니아, 에스엔유, 엘오티베큠

161. 반도체장비

반도체 생산에 필요한 각종 장비와 설비를 생산·유통하는 업체다.

관련주: 디아이, 참엔지니어링, 신성이엔지, 피에스케이, 유니셈, SFA반도체, 에프에스티, 주성엔지니어링, 성도이엔지, 이오테크닉스, 에스티아이, 한미반도체, 한양이엔지, 성우테크론, 기가레인, KMH하이텍, 프로텍, 에스에프에이

162. 선박평형수 처리

선박평형수(Ballaster Water)란 선박 운항 시 무게중심 유지를 위해 선박 내부에 저장하는 바닷물을 의미한다. 선박평형수 처리장치는 선박평형수 이동에 따른 해양생태계 교란을 방지하기 위한 장치다. 국제해사기구(IMO)가 유해 수생 생물과 병원균의 이동으로 발생하는 환경·인간건강·재산·자원에 대한 위험 방지 및 최소화 필요성을 위해 선박평형수관리협약을 채택하는 등 관련 규제가 강화됨에 따라 부각되는 종목군이다.

관련주: 현대중공업, 부방, STX엔진, 엔케이, 한라IMS, 이엠코리아

163. 무선충전기술

스마트폰 등 모바일기기에 무선충전 기술이 적용되면서 부각된 무선전력전송 기술 관련 업체들이다. Verizon은 2011년부터 휴대폰 제조사에 WPC 표준의 무선충전기 기술 도입을 요구하고 있으며, 퀄컴과 GM은 전기자동차용 무선충전기 제품 상용화에 나설 예정이다. 또한 애플과 삼성전자가 관련 특허 등록에 주도적으로 나서고 있는 등 글로벌 기업들의 무선전력 전송 기술 개발 경쟁이 본격화되고 있는 상황이다. 이에 따라 관련 시장규모 역시 급격히 성장 중이며, 관련 업체들이 주목을 받고 있다.

관련주: 한솔테크닉스, 크로바하이텍, 포스코ICT, 이랜텍, 알에프텍, 켐트로닉스, 아이엠텍

164. 전기자동차

전기자동차는 화석연료와 엔진을 사용하지 않고, 전기 배터리와 전기 모터를 사용하는 자동차로 저렴한 유지비와 무공해, 무소음 등의 장점을 갖고 있어 향후 기존 자동차를 대체할 미래형 친환경차로 손꼽히고 있다. 친환경을 추구하는 세계적 추세와 더불어 관련 기술개발이 꾸준히 이루어지고 있고, 도로주행 허용과 상용화 추진 등 정부의 정책지원 역시 구체화되고 있어 관련 업체들의 중·장기적인 수혜가 예상된다.

관련주: 삼화콘덴서, 피에스텍, 삼화전자, 뉴인텍, 지엠비코리아, 성문전자, 한온시스템, 포스코ICT, 인지컨트롤스, 한국단자, 파워로직스, 코다코, 캠시스, 삼성SDI, LG화학, SK이노베이션

165. PCB

PCB(Printed Circuit Board: 인쇄회로기판)는 전자제품의 각 부품을 연결하는 회로가 인쇄된 전자부품의 일종으로, 전자산업동향에 민감하다. 따라서 전자산업 및 국내외 경기와

그 맥락을 같이하고 있으며 특히 환율, 국제원자재 가격, 수출시장 등의 상황에 따라 산업의 경기가 크게 변동되는 특성이 있다. 한편 PCB의 한 종류인 FPCB(Flexible Printed Circuit Board: 연성인쇄회로기판)는 구부릴 수 있기 때문에 3차원 배선이 가능하고 소형화와 경량화가 가능하다는 장점이 있다. 따라서 휴대폰, 디지털카메라, 노트북PC, 캠코더 등의 중소형 전자제품에 널리 쓰이고 있다.

관련주: 대덕GDS, 이수페타시스, 코리아써키트, 대덕전자, 에이엔피, 일진머티리얼즈, 시노펙스, 인터플렉스, 디에이피, 뉴프렉스, 네오티스, 상아프론테크, 비에이치, 현우산업, 액트, 인터불스

166. DMZ평화공원

DMZ(비무장지대) 세계평화공원 조성 기대감에 관련주로 언급되는 종목군이다.

관련주: 이화공영, 씨아이테크, 모헨즈, 퍼스텍, 삼륭물산, 시그네틱스, 자연과환경, 누리플랜, 코아스, 대창스틸

167. 전선

각종 전선 및 전람(電纜)제조 판매업체다.

관련주: 가온전선, 대한전선, LS, 대원전선, 일진전기, LS전선아시아

168. 플래시메모리

플래시메모리란 D램과 달리 전원이 끊기더라도 저장된 정보를 그대로 보존할 수 있을 뿐 아니라 정보의 입출력도 자유로운 기억장치다. 디지털카메라, MP3, 캠코더, 컴퓨터, 내비게이션, 스마트폰, 태블릿PC 등의 IT기기 저장장치로 각광받고 있다. 삼성전자와 하이닉스, 일본의 도시바가 독보적인 시장점유율을 유지하고 있다.

관련주: SK하이닉스, 삼성전자, SFA반도체, 바른전자

169. 자전거

자전거는 대표적인 친환경, 친경제 이동수단이다. 정부는 그린에너지 정책의 한 방안으로 2017년까지 자전거보급률을 50%까지 확대할 것이라고 목표를 제시하며 관련 정책들을 발표했다.

관련주: 극동유화, 삼천리자전거, 한국석유, 엔에스엔, 빅텍, 참좋은여행, 알톤스포츠

170. 재난·안전(지진)

재난이란 태풍, 홍수, 호우, 화재, 지진, 인위적 사고, 환경오염 등으로 국민의 생명 및 재산에 막대한 피해를 발생시키는 사건·사고를 뜻한다. 최근 이상기후 등으로 인한 자연재해가 전 세계적으로 많이 발생하고 있어 재난·안전 분야가 사회적 이슈로 부각되었다. 특히 2016년 9월 경북 경주 부근에서 지진이 자주 발생해 내진 및 안전과 관련된 종목들이 이슈화되었다.

관련주: 대림씨엔에스, 한창, 광림, 동아지질, 한국종합기술, 파라텍, HRS, 희림, 리노스, 에버다임, 삼영엠텍, KT서브마린, 삼영이엔씨, 오텍, 나노메딕스, 코리아에스이, 대창스틸, 서전기전, 동양파일

171. 하이브리드카

하이브리드카는 서로 다른 2개의 동력원을 사용하는 자동차를 의미한다. 기존의 휘발유, 디젤 등의 내연엔진과 배터리 및 전기모터를 동시에 장착한 형태가 대표적이다. 기존의 일반 차량에 비해 연비가 좋고, 유해가스 배출량이 적기 때문에 고유가와 환경문제에 대한 대안으로 평가받고 있다. 최근 각국의 환경규제 강화와 정부지원, 완성차 업체들의 신차 출시 확대 등에 힘입어 향후 고성장이 기대되고 있다. 핵심부품인 콘덴서(캐패시터), 2차전지(배터리) 등 관련 부품업체들이 시장에서 주목을 받고 있다.

관련주: 삼화콘덴서, 삼성SDI, 삼화전기, 모토닉, 삼화전자, 성문전자, 한국단자, 코웰패션,

솔브레인, 에코플라스틱, 성호전자, 크로바하이텍, S&T모티브, 파워로직스, LG화학

172. 스마트팩토리

스마트팩토리란 설계, 개발, 제조, 유통, 물류 등 생산 전체 과정에 정보통신기술(ICT)을 적용해 생산성, 품질, 고객 만족도 등을 향상시킬 수 있는 지능형 공장을 뜻한다. 사물인터넷, 빅데이터, 클라우드 컴퓨팅, 사이버물리시스템(CPS) 등을 통해 공장 내의 장비, 부품들이 연결 및 상호 소통하는 생산체계로 최소비용과 최소시간으로 고객맞춤형 제품뿐만 아니라 다품종 복합(대량·소량) 생산이 가능한 유연한 생산체계를 구현할 수 있다.

관련주: 삼익THK, 에스엠코어, 한신기계, LS산전, 신성이엔지, 더존비즈온, 포스코ICT, TPC, 오픈베이스, 동국알앤에스, 비엠티, 한컴MDS, 디에스티로봇, 효성ITX, 고영, 스맥, 톱텍

173. 스마트그리드

스마트그리드(Smart Grid, 지능형전력망)란 전력망에 정보기술(IT)을 접목해 전력 공급자와 소비자 사이에 양방향으로 전력사용 시스템을 구축하는 것이다. 이와 같이 양방향 데이터통신을 가능하게 함으로써 전력사용의 효율을 극대화할 수 있는 차세대 에너지 신기술이다. 관련 종목군은 원격검침시스템 기술보유업체와 계량기 생산업체, 송배전 전력망 관련 사업 영위업체들이다.

관련주: 삼화콘덴서, 피에스텍, 인스코비, 코콤, 일진홀딩스, 광명전기, 포스코ICT, 아트라스BX, 누리텔레콤, 아이앤씨, 비츠로시스, 옴니시스템, CS, 이글루시큐리티, 비츠로셀, 스맥, 일진전기

174. 플렉서블 디스플레이

플렉서블 디스플레이(Flexible Display)란 특성의 손실 없이 제 기능을 발휘하도록 유연한 재료를 사용한 디스플레이 장치를 말한다. 즉 휘거나 접을 수 있는 디스플레이다. 기존 디스플레이 두께보다 더 얇게 만들 수 있으며 무게도 낮출 수 있어 휴대가 간편하고, 개발 가능한 제품이 무궁무진하다.

관련주: 인터플렉스, 주성엔지니어링, SK머티리얼즈, 에스에프에이, 아이컴포넌트, DMS, 코세스, 원익테라세미콘, 비아트론, 필옵틱스, SKC코오롱PI, 덕산네오룩스, 브이원텍, AP시스템

175. 태풍 및 장마

태풍 및 장마 시즌에 양호한 주가흐름을 보이는 건설폐기물, 농업 관련 기업체다.

관련주: 대동공업, 조비, 경농, 롯데정밀화학, 동방아그로, 남해화학, 코엔텍, 파루, 인선이엔티

176. 3D낸드

3D낸드(NAND)란 메모리반도체의 한 종류로 2D(평면)낸드의 회로를 수직으로 세운 제품이다. 2D(평면)낸드보다 속도가 빠르고 용량을 크게 늘릴 수 있으며, 안정성과 내구성도 뛰어날 뿐 아니라 전기 소모량도 적다. 기술력을 요하는 만큼 삼성전자, 도시바 등 일부 대형 업체만이 양산해왔으며, SK하이닉스가 본격 양산하는 등 3D낸드에 대한 투자가 본격화되면서 부각되는 종목군이다.

관련주: 한솔케미칼, 피에스케이, 솔브레인, 원익QNC, 제우스, 유진테크, 유니테스트, SK머티리얼즈, 테크윙, 디엔에프, 후성, 테스, 원익머트리얼즈, 심텍, 원익IPS, 케이씨텍

177. 남-북-러 가스관

남·북한과 러시아를 잇는 가스관 연결사업에 대한 기대감으로 부각된 섹터다. 고(故) 김정일 북한 국방위원장은 2011년 8월 말 러시아를 방문해 북한을 통과하는 남-북-러 가스관 사업에 대해 언급했고, 이에 대해 러시아가 적극적으로 나오고 우리나라도 긍정적으로 평가하면서 실무 협상이 빠르게 진행된 바 있다. 이와 관련 천연가스 라인 파이프로 사용되는

강관(후육강관)과 배관용 밸브 등 관련 업체들의 수혜가 기대되고 있다.

관련주: 세아제강, 휴스틸, 문배철강, 동양철관, 삼현철강, 부국철강, 화성밸브, 대동스틸, 조광ILI, 동양에스텍, 하이스틸, 엔케이, 삼강엠앤티

178. 철도

철도는 이산화탄소 배출을 줄이면서 대규모 물류 및 인적 수송이 가능한 친환경 육상 운송수단으로 정부의 녹색 교통망 구축의 핵심 사업으로 부각되었다. 특히 정부가 '제3차 국가철도망구축계획'을 마련한 데 이어 유라시아 철도 연결, 남-북을 잇는 철도 연결 등을 추진함에 따라 관련 기업들이 부각되고 있다.

관련주: 남광토건, 알루코, 선도전기, 서한, 하이록코리아, 삼현철강, 세명전기, 특수건설, 제룡전기, 리노스, 대아티아이, 우원개발, 중앙오션, 유신, 현대로템, 비츠로시스

179. 전력설비

2005년 7월 북핵문제 해결을 위한 남북관계 개선을 위해 정부가 직접 북한지역에 전력공급을 추진한다는 소식이 전해지면서 전력공급 관련 설비 제조업체들과 관련 업체들이 시장에서 주목을 받았다. 이후 송전선로업체·송전선·발전설비, 기타 관련 업체들로 구성된 전력설비주들은 대북 관련주로도 인식되면서 북핵이나 남북관계 관련 모멘텀 발생 시 시장에서 주목받는 경향이 있다.

관련주: 가온전선, 대한전선, 효성, 대원전선, 보성파워텍, LS, 선도전기, 광명전기, 세명전기, 이화전기, 제룡전기, 금화피에스시, 비츠로테크, 한전KPS, 일진전기, 한전산업

180. 핵융합에너지

2007년 9월 우리나라 에너지 분야 미래를 책임질 장기프로젝트 '핵융합에너지 기술 개발'이 연구시설 완공과 함께 본격화되면서 부각된 한국형 핵융합장치(KSTAR) 관련 종목군이다. 인공태양으로도 불리는 핵융합장치는 태양이 빛을 내는 원리인 핵융합반응을 지상에서 인공적으로 일으켜 핵융합에너지를 얻는 장치다. 국내 기술로 개발된 초전도 핵융합장치인 KSTAR는 1995년부터 2007년까지 약 12년간 주장치 완공 후 2008년 7월 최초 플라즈마 발생에 성공했다. 이후 종합적인 성능 검증을 마치고 2009년 9월 본격 가동에 들어감으로써 2025년까지 약 17년간 플라즈마 운영을 통한 핵융합에너지 연구를 시작하게 되었다.

관련주: 삼화콘덴서, 고려제강, 비츠로테크, 다원시스, 일진파워, 모비스, 에스에프에이, 두산중공업

181. 남북경협

남북경협 활성화로 수혜가 기대되고 있는 종목군으로 비료, 건설, 의약품 생산업체와 개성공단 입주업체, 북한지역 관광산업 관련 기업군 등이 있다. 이들 업체들은 남북 간 회담이나 교류 증진 시 시장의 주목을 받는 경향이 있다.

관련주: 현대건설, 남광토건, 삼부토건, 조비, 경농, 녹십자, 일신석재, 신원, 인디에프, 현대엘리베이터, 인지컨트롤스, 남해화학, 제이에스티나, 좋은사람들, 재영솔루텍, 다스코, 아난티

182. 해저터널

해저터널 건설과 관련한 이슈 부각 시 단기적으로 시세를 분출하는 종목군이다. 2011년 1월 정부가 경제성이 크게 떨어진다는 이유로 한중일 해저터널 계획을 전면 백지화하기까지 한중, 한일 해저터널 추진과 관련한 이슈로 시세를 분출한 바 있다. 이후 인천시의 해저터널 추진, SK건설의 유라시아 해저터널 사업권 획득 소식 등 해저터널 관련 이슈 부각 시 시세를 분출했다. 관련 업체로는 해저터널 건설 시 수혜가 기대되는 지하 기간시설 시공 및 관련 기자재업체들이 있다.

관련주: 부산산업, 세명전기, 한국선재, 특수
건설, 동아지질, KT서브마린

183. 시멘트

수출이 어려운 전형적인 내수산업이다. 대체
제가 없어 타 산업 대비 진입장벽이 높고, 대
규모 설비투자를 요하는 자본집약적 장치산업.
건설경기 및 태풍, 수해복구에 주가가 민감하
게 움직이고, 계절적인 편중도가 높아 1년 중
3~5월, 10~11월에 판매가 편중되고 1~2월
에는 급격히 감소되는 경향이 있다.

관련주: 유니온, 한일시멘트, 쌍용양회, 성신
양회, 삼표시멘트, 아세아시멘트, 고려시멘트

184. 비료

국내 화학비료 제조업체. 비료산업은 비료제
품뿐만 아니라 정밀화학관련 제품의 기초 원
자재로도 사용되므로 연관 산업에 대한 파급
및 수입대체 효과가 매우 큰 산업이다. 우리나
라의 경우 대부분의 원자재를 수입에 의존하
고 있어 비료가격이나 국제 곡물가격 상승 시
관련 업체들이 주목을 받고 있다.

관련주: KG케미칼, 조비, 롯데정밀화학, 카프
로, 남해화학, 효성오앤비

순차	섹터·테마별	관련주
1	셋톱박스	디엠티, 휴맥스, 아리온, 토필드, 홈캐스트, 휴맥스홀딩스, 가온미디어
2	창투사	큐캐피탈, SBI인베스트먼트, 제미니투자, 엠벤처투자, 에이티넘인베스트, 대성창투, 우리기술투자, 티에스인베스트먼트
3	희귀금속	LG상사, 혜인, POSCO, 삼화전자, 대원화성, EG
4	미디어 (방송/신문)	IHQ, 디지틀조선, 티비씨, SBS, 제이콘텐트리, 한국경제TV, 스포츠서울, YTN, SBS컨텐츠허브, IMBC, 스카이라이프, 아시아경제
5	가상화폐	에이티넘인베스트먼트, 제이씨현시스템, 카카오, 위지트, SCI평가정보, 버추얼텍, 팍스넷, 우리기술투자, 한일네트웍스
6	리모델링/ 인테리어	한국유리, KCC, 선창산업, 대림B&CO, 벽산, 이건산업, 한샘, 아이에스동서, 에넥스, 시공테크, 한솔홈데코, 현대리바트, 하츠
7	생명보험	코리안리, 삼성생명, 오렌지라이프, 동양생명, 미래에셋생명, 한화생명
8	증권	키움증권, 골든브릿지증권, SK증권, 유안타증권, 교보증권, NH투자증권, 미래에셋대우, 메리츠종금증권, 삼성증권, 대신증권
9	비철금속	대유플러스, 영풍, 알루코, 현대비엔지스틸, 삼아알미늄, 풍산홀딩스, 조일알미늄, 황금에스트, 대창, 고려아연, 포스코엠텍, 풍산
10	폐기물 처리	혜인, 한솔홀딩스, KC그린홀딩스, 서한, 코엔텍, 서희건설, 인선이엔티, 에코마이스터, 와이엔텍, KG ETS
11	밥솥	PN풍년, 쿠쿠홀딩스, 쿠첸
12	MVNO (가상이동통신)	인스코비, 에스원, 한국정보통신, 아이즈비전, 세종텔레콤, CJ헬로
13	광고	오리콤, 제일기획, 지투알, YG플러스, 지어소프트, 나스미디어, 이노션, 이엠넷, 인크로스, 에코마케팅, 케어랩스, 아시아경제
14	증강현실	드래곤플라이, 엔씨소프트, 한빛소프트, 이랜텍, 텔레칩스, 엠게임, 다날, 필링크, 손오공, 아이오케이, 팅크웨어, 나노캠텍, 아이엠
15	카지노	파라다이스, 강원랜드, 마제스타, 토비스, 코텍, 제이스테판, GKL, 세미콘라이드
16	건설	대림산업, 현대건설, GS건설, 현대산업, 삼성물산, 대우건설

17	일자리	윌비스, 듀오백, 에스코넥, 메가엠디, 사람인에이치알, DSC인 베스트먼트
18	윈도우운영체제 (OS)	포비스트앤씨, 다우데이타, 제이엠아이, 제이씨현시스템, 주연 테크, SGS, 한컴MDS
19	화장품	한국주철관, 한국화장품제조, 리더스코스메틱, 애경산업, 제이 준코스메틱, 코리아나, 한국콜마홀딩스, 아모레퍼시픽, YG플러 스, LG생활건강
20	모바일콘텐츠	카카오, 바른손, KT, 한글과컴퓨터, KTH, 인포뱅크, 네오위즈홀 딩스, 지니뮤직, KG모빌리언스, 와이디온라인, 소리바다, 한컴 시큐어, 와이비엠넷
21	면세점	두산, 삼익악기, 신세계, 호텔신라, 현대산업, 제이에스티나, 한 화갤러리아타임월드, 하나투어, 현대백화점, 글로벌텍스프리, 토니모리, JTC
22	캐릭터	오로라, 대원미디어, 유진로봇, 레드로버, 손오공, 쌍방울, 데브 시터즈
23	중국 관련주	차이나그레이트, 글로벌에스엠, 차이나하오란, 이스트아시아홀 딩스, 크리스탈신소재, 로스웰, 헝셩그룹, 골든센츄리, 오가닉티 코스메틱
24	항공	대한항공, 아시아나항공, 제주항공, 한진칼, 티웨이홀딩스, AK 홀딩스, 진에어
25	조선기자재	하이록코리아, 성광벤드, 한국카본, 태광, 동성화인텍, 조광ILI, 태웅, 현진소재, 삼영엠텍, 삼영이엔씨, 케이프, STX엔진, 두산 엔진, 한라IMS
26	페인트	노루홀딩스, 삼화페인트, KCC, 강남제비스코, 조광페인트, 벽 산, 노루페인트, AK홀딩스
27	출산장려	삼익악기, 남양유업, 깨끗한나라, 아가방컴퍼니, 보령메디앙스, 대교, 예림당, 삼성출판사, 네오팜, 웅진씽크빅, 제로투세븐, 매 일유업, 헝셩그룹
28	공기청정기	코웨이, 성호전자, 위닉스, 크린앤사이언스, 에스피지, 대유위니 아, 쿠쿠홈시스
29	엔젤산업	삼익악기, 남양유업, 깨끗한나라, 아가방컴퍼니, 보령메디앙스, 대교, 예림당, 삼성출판사, 네오팜, 웅진씽크빅, 제로투세븐, 매 일유업, 헝셩그룹

30	게임	플레이위드, 드래곤플라이, 바른손이앤에이, 엔씨소프트, 넥슨지티, 네오위즈홀딩스, 와이디온라인, 액토즈소프트, 엠게임, 게임빌, 컴투스, 웹젠
31	은행	우리은행, 제주은행, 기업은행, 신한지주, 하나금융지주, KB금융, BNK금융지주, DGB금융지주, JB금융지주, 광주은행
32	환율 하락 수혜주	S-Oil, 하이트진로, 대한제분, 동국제강, 대상, 오뚜기, POS-CO, 한국전력, 아시아나항공, 대한항공, 고려아연, 현대제철, 한국제지, 혜인
33	건설기계	혜인, 흥국, 대창단조, 서연탑메탈, 진성티이씨, 에버다임, 두산인프라코어, 프리엠스, 디와이파워, 동일금속, 두산밥캣, 현대건설기계
34	손해보험	메리츠화재, 한화손해보험, 롯데손해보험, 흥국화재, 삼성화재, 현대해상, 코리안리, DB손해보험
35	LNG (액화천연가스)	삼천리, POSCO, 대한해운, 현대중공업, 삼성중공업, 현대미포조선, 한국카본, 팬오션, 동성화이텍, 한국가스공사, GS, 엔케이 대창솔루션
36	자원개발	LG상사, GS글로벌, SK네트웍스, 현대상사, 서울가스, 삼성물산, 한국가스공사, 포스코대우, 넥스트BT, 대성산업, SK이노베이션, GS
37	LCC (저가항공사)	티웨이홀딩스, AK홀딩스, 예림당, 제주항공, 진에어
38	자동차 대표주	기아차, 현대차, 쌍용차, 현대위아, 현대모비스, 한온시스템, 만도
39	인터넷 대표주	NAVER, 카카오
40	모바일게임 (스마트폰)	바른손, 플레이위드, 드래곤플라이, 바른손이앤에이, 엔씨소프트, 넷마블, 한빛소프트, 와이디온라인, 액토즈소프트, 엠게임, 룽투코리아, 웹젠
41	방위산업	한화, 풍산홀딩스, 휴니드, 국영지앤엠, 미래아이엔지, 퍼스텍, 스페코, 광림, 한일단조
42	치매 관련주	유한양행, 유유제약, 신신제약, 에이프로젠제약, 보령제약, 현대약품, 삼진제약, 진양제약, 네이처셀, 모나리자, 고려제약, 환인제약, 명문제약
43	엔터테인먼트	IHQ, 바른손, 판타지오, JYP Ent, 이매진아시아, 에스엠, 제이콘텐트리, 삼화네트웍스, 초록뱀, SM C&C, 큐로홀딩스, 키이스트, 아리온

44	4차산업 수혜주	포스코ICT, 삼익THK, 대성엘텍, 비트컴퓨터, SK, 에스넷, NAVER, 카카오, 우리기술투자, TPC, 오픈베이스, 에이디칩스, 아진엑스텍, 큐렉소
45	제습기	신일산업, 코웨이, 파세코, 위닉스, 에스피지, LG전자, 삼성전자, 쿠첸, 쿠쿠홈시스
46	블록체인	현대정보기술, 시큐브, SK, 케이엘넷, 한국전자인증, 라온시큐어, 주연테크, 한빛소프트, 이니텍, 한컴시큐어, 포스링크, 아이씨케이, 한컴지엠디
47	지주회사	하이트진로홀딩스, 두산, 성창기업지주, 일동홀딩스, 한국타이어월드와이드, 노루홀딩스, CS홀딩스, 동아쏘시오홀딩스, 한화, CJ, 종근당홀딩스
48	신종플루	보령메디앙스, 진로발효, 케이피엠테크, 파루, 오공, 웰크론, 대봉엘에스, 케이엠, 한컴MDS, 노루페인트, 네오팜
49	가상현실	시공테크, 드래곤플라이, 칩스앤미디어, 토탈소프트, 한빛소프트, 소리바다, 세코닉스, 이랜텍, 에스피지, 다날, 아프리카TV, 코렌, 픽셀플러스
50	영상콘텐츠	IHQ, 바른손, SBS, 이매진아시아, 제이콘텐트리, SBS콘텐츠허브, 삼화네트웍스, 초록뱀, 큐로홀딩스, 키이스트, 대원미디어, 쇼박스
51	마스크	윌비스, 모나리자, 케이피엠테크, 오공, 에프티이앤이, 웰크론, 케이엠
52	애니메이션	대원미디어, 손오공, CJ E&M, 레드로버
53	영화	세기상사, IHQ, 바른손, 롯데쇼핑, 바른손이앤에이, 이매진아시아, 제이콘텐트리, CJ CGV, 쇼박스, CJ E&M, NEW, 덱스터
54	음성인식	코콤, 블루콤, 카카오, 코맥스, 파인디지털, 현대통신, 코아시아홀딩스, 브리지텍, 가온미디어, 파트론, 알에프세미, 셀바스마
55	LED장비	주성엔지니어링, 이오테크닉스, 한미반도체, 기가레인, 미래컴퍼니, 프로텍, 티씨케이, 탑엔지니어링, 인베니아, 예스티, 티에스이, 엘아이에스, 리드
56	스마트카드	바이오스마트, 코나아이, 다날, 바른전자, 이루온, 아이씨케이, 한솔시큐어, 성우전자, 유비벨록스, 에이텍티앤
57	교육/ 온라인 교육	윌비스, DB, 대성홀딩스, 대교, 판타지오, 비트컴퓨터, 이디, SGA, 와이비엠넷, 삼성출판사, 디지털대성, 메가스터디, 웅진씽크빅, 청담러닝, 비상교육

58	드론	유니드, 퍼스텍, 제이씨현시스템, 한빛소프트, 캠시스, 해성옵틱스, 매커스, 엠씨넥스, 쎄트렉아이, 디지털옵틱, 뉴로스, 유테크, 이에스브이
59	소매유통	신세계, 대구백화점, GS리테일, 호텔신라, 롯데쇼핑, 한화갤러리아타임월드, GS홈쇼핑, CJ오쇼핑, 현대홈쇼핑, 세이브존I&C, 아이에스이커머스
60	화폐/금융자동화	청호컴넷, 한네트, 한국전자금융, 로지시스, 케이씨티, 푸른기술, 풍산
61	음식료	하이트진로, 대상, 대한제당, 롯데푸드, 조흥, 한탑, 삼양식품, 남양유업, 농심, 서울식품, 빙그레, 롯데칠성, 현대그린푸드, CJ제일제당, SPC삼립
62	골판지	수출포장, 아세아제지, 한솔홀딩스, 대양제지, 영풍제지, 율촌화학, 태림포장, 대영포장, 리더스코스메틱, 신대양제지, 대림제지, 삼보판지
63	3D프린터	신도리코, 이디, 모아텍, 세중, 에스티아이, TPC, 한국테크놀로지, 프로텍, 로보스타, 디에스티로봇, 스맥, 코렌텍, 하이비젼시스템, 맥스로텍
64	탄소나노튜브	대유플러스, 금호석유, 상보, 오픈베이스, 엑사이엔씨
65	미세먼지	삼일제약, JW중외제약, 안국약품, 모나리자, 코웨이, 오공, 위닉스, 크린앤사이언스, 대유위니아, 케이엠, 휴비츠, 웰크론, 하츠
66	통신	SK텔레콤, KT, LG유플러스
67	카메라모듈/부품	LG이노텍, 자화전자, 유니셈, 엘컴텍, 파워로직스, 캠시스, 세코닉스, 해성옵틱스, 코렌, 옵트론텍, 픽셀플러스, 파트론, 동운아나텍, 엠씨넥스
68	스마트홈	피에스텍, 경동나비엔, 유양디앤유, 에스원, 코콤, SK텔레콤, 코맥스, LG유플러스, 현대통신, 누리텔레콤, 아이콘트롤스, 옴니시스템
69	철강 중소형	한국주철관, 만호제강, 신화실업, 한일철강, 동일제강, TCC동양, 현대비앤지스틸, 동일산업, 휴스틸, 동국산업, 한국특수형강, NI스틸, 문배철강
70	클라우드 컴퓨팅	더존비즈온, SK텔레콤, 다우기술, KT, 한글과컴퓨터, 인프라웨어, 한일네트웍스, SGA, 안랩, 엔텔스, 유엔젤, 케이아이엔엑스, 효성ITX, 모바일리더

71	보안주 (물리)	피제이전자, 에스원, 하이트론, 현대통신, 인콘, 픽셀플러스, 넥스트칩, 슈프리마에이치큐, ITX엠투엠, 아이디스, 에치디프로, 슈프리마
72	U-HEALTH CARE	현대정보기술, 유비케어, 소프트센, 비트컴퓨터, 인성정보, 나노엔텍, 마크로젠, 인바디, 오스템임플란트, 휴비츠, 인피니트헬스케어, 뷰웍스, 아스타
73	종합상사	LG상사, GS글로벌, SK네트웍스, 효성, 현대상사, 포스코대우, 삼성물산
74	4대강 복원	이화공영, 혜인, 삼호개발, 시노펙스, 특수건설, 코엔텍, 자연과환경, 우원개발, 홈센타홀딩스, 코리아에스이, 웹스
75	수산업	한성기업, 사조대림, 신라교역, 동원산업, 사조오양, 사조산업, CJ씨푸드, 사조씨푸드, 신라에스지, 동원수산
76	철강 주요종목	동국제강, 세아베스틸, 세아제강, 고려제강, 현대제철, POSCO, 동부제철, 포스코강판, 대한제강, 한국철강
77	여름 관련주	하이트진로, 보해양조, 조비, 롯데푸드, 신일산업, 빙그레, 롯데칠성, 코웨이, 남해화학, 팜스토리, 마니커, 이지바이오, 위닉스, 대유위니아, 하림
78	LCD BLU제조	금호전기, 한솔테크닉스, 이라이콤, 삼진엘앤디, KJ프리텍, 코이즈
79	겨울 관련주	동화약품, 유한양행, 삼천리, 녹십자, 부스타, 영원무역, 경동나비엔, 부산가스, 예스코, 대성홀딩스, 서울가스, 인천도시가스, 한국가스공사, 파세코
80	지카바이러스	오리엔트바이오, 국제약품, 대륙제관, 진원생명과학, 명문제약, 우진비앤지, 제일바이오, 바이오니아, 녹십자엠에스, 캔서롭, 엑세스바이오
81	CCTV&DVR	대명코퍼레이션, 코콤, 하이트론, 코맥스, 비츠로시스, 인콘, 넥스트칩, ITX엠투엠, 데일리블록체인, 아이디스, 테라셈, 에치디프로
82	스포츠행사 수혜주	하이트진로, 팜스토리, 마니커, 이지바이오, SBS콘텐츠허브, 아프리카TV, 하림
83	도시가스	삼천리, 부산가스, 예스코, 대성홀딩스, 서울가스, 인천도시가스, 한국가스공사, 지에스이, 대성에너지, 경동도시가스
84	우주항공산업	한화, 대한항공, 이수페타시스, 현대중공업, 퍼스텍, 비츠로테크, 한양이엔지, 한국항공우주, 현대로템, 에스에프에이

85	인터넷은행	GS리테일, 카카오, 포스코ICT, NICE평가정보, KT, 동양네트웍스, KG이니시스, 한국전자인증, 라온시큐어, KG모빌리언스, 예스24
86	NI (네트워크 통합)	현대정보기술, 바른테크놀로지, 콤텍시스템, 인성정보, 에스넷, 누리텔레콤, 링네트, 한일네트웍스, 오픈베이스
87	제약업체	동화약품, 유한양행, 유유제약, 삼천당제약, 동아쏘시오홀딩스, JW중외제약, 삼성제약, 안국약품, 동성제약, 알보젠코리아, 한독, 유나이티드제약
88	수소차	대원강업, 효성, 모토닉, 평화홀딩스, 삼화전자, 유니크, 현대모비스, 뉴인텍, 지엠비코리아, 성문전자, 한온시스템, 인지컨트롤스, 시노펙스, 세종공업
89	종합물류	CJ대한통운, 국보, 한진, 선광, 동방, 세방, KCTC, 한솔로지스틱스, 한익스프레스, 유성티엔에스, SG&G, 현대글로비스, 인터지스
90	음원/음반	IHQ, JYP Ent, 에스엠, 지니뮤직, 소리바다, 다날, NHN벅스, 와이지엔터, CJ E&M, 에프엔씨엔터
91	SNS	NAVER, 카카오, 인포뱅크, 신스타임즈, 필링크, 이루온, 아프리카TV, 엔텔스, 유엔젤, 가비아, 갤럭시아컴즈, 케이아이엔엑스
92	자동차부품	대유플러스, 대원강원, SG충방, 태웅물산, 동국실업, 대유에이텍, 유성기업, 태양금속, DRB동일, 대원산업, 부산주공, 에스엘, 대동기어, 영신금속
93	터치패널	일진디스플레이, 토비스, 유아이디, 이엘케이, 멜파스, 에스맥, 이미지스, 파인텍, 에스엔텍, 베셀
94	타이어	한국타이어월드와이드, 넥센타이어, 금호타이어, 한국타이어, 골든센츄리, 동아타이어
95	백신/ 진단시약	인트론바이오, 에이프로젠제약, 일성신약, 보령제약, 녹십자, 일양약품, 진원생명과학, 고려제약, 우진비앤지, 팜스웰바이오, 에스텍파마, 코미팜
96	고령화 사회	현대정보기술, 유비케어, 비트컴퓨터, 원익, 인성정보, 오스코텍, 나노엔텍, 마크로젠, 인바디, 바텍, 씨트리, 오스템임플란트, 셀루메드
97	LPG	S-Oil, 극동유화, E1, SK가스, GS, SK이노베이션
98	제대혈	녹십자, 에이치엘비, 녹십자셀, 메디포스트, 차바이오텍, 녹십자랩셀, 강스템바이오텍

99	화학섬유	태광산업, 대한화섬, 효성, 성안, 휴비스, 티케이케미칼, 코오롱인더, 코오롱머티리얼, 카프로
100	패션의류	BYC, SG세계물산, 국동, 신성통상, 화승인더, F&F, 태평양물산, 원풍물산, 신원, 형지I&C, 인디에프, 대현, 데코앤이, 한섬, 제이에스티나
101	바이오인식	현대정보기술, 라온시큐어, 필링크, 해성옵틱스, 유니퀘스트, 코렌, 삼우엠스, 파트론, 동운아나텍, 멜파스, 엠씨넥스, 삼본정밀전자
102	모바일솔루션	인포뱅크, 다산네트웍스, 인프라웨어, 카페24, 지어소프트, 다날, 필링크, 이루온, 텔코웨어, 투비소프트, 한컴MDS, 유비벨록스, 갤럭시아컴즈
103	바이오시밀러 (복제)	에이프로젠제약, 녹십자, 한올바이오파마, 셀루메드, 바이넥스, 셀트리온, 셀트리온제약, 팬젠, 이수앱지스, 셀트리온헬스케어, 한미약품
104	전자결제	한국정보통신, KG이니시스, 인포뱅크, 카페24, KG모빌리언스, NHN한국사이버결제, 다날, 갤럭시아컴즈, 지와이커머스, 크루셜텍, 인포바인
105	조선	현대중공업, 삼성중공업, 현대미포조선, 대우조선해양, 한진중공업
106	SI(시스템통합)	쌍용정보통신, 대신정보통신, 다우기술, 현대정보기술, 바른테크놀로지, 동양네트웍스, 비트컴퓨터, 신세계I&C, 위즈코프, 케이엘넷, 정원엔시스
107	LED	한솔테크닉스, 유양디앤유, 백광소재, 코콤, 태경산업, 광전자, 일진디스플레이, 케이엠더블유, 제이엠아이, 필룩스, 씨티엘, 우리조명, 루멘스
108	온실가스 (탄소배출권)	이건산업, 세종공업, 에코바이오, 휴켐스, 에코프로, 후성, KC코트렐, 글로벌에스엠
109	케이블TV SO	태광산업, CJ헬로, 현대홈쇼핑, 씨씨에스, KMH
110	셰일가스	SH에너지화학, GS글로벌, E1, 한국카본, SK가스, 동성화인텍, 비에이치아이, 우림기계, S&TC
111	제4이동통신	콤텍시스템, 세종텔레콤, 쏠리드, 바른전자, CS, 에이스테크, 바른테크놀로지

112	의료기기	한독, 신흥, 피제이전자, 유비케어, 원익, 디오, 나노엔텍, 인바디, 메디아나, 한스바이오메드, 솔고바이오, 바텍, 오스템임플란트
113	핀테크	한국정보통신, 다우데이타, KG이니시스, 카카오, 유니셈, 인포뱅크, 한국전자인증, 라온시큐어, KG모빌리언스, 이스트소프트, 코나아이, 아모텍,
114	삼성페이	한솔테크닉스, 효성, 한국정보통신, 현대정보기술, 서울전자통신, 나이스정보통신, 라온시큐어, 한국정보인증, 이니텍, 이그잭스, 알에프텍
115	키오스크	씨아이테크, 한네트, 토필드, 한국전자금융, 케이씨티, 푸른기술, 케이씨에스
116	통신장비	케이엠더블유, 삼지전자, 파인디지털, 다산네트웍스, 쏠리드, 코위버, 에스에이티, 전파기지국, CS, 이노와이어리스, 에프알텍, 텔레필드
117	자율주행차	대성엘텍, 한국단자, KT, NAVER, 파인디지털, 인포뱅크, 캠시스, 세코닉스, 삼보모터스, 텔레칩스, 한라홀딩스, 엠테크솔루션, SK하이닉스
118	유전자치료제	마크로젠, 파나진, 테라젠이텍스, 랩지노믹스, 바이로메드, 아미코젠, 제넥신, 씨젠, 코오롱생명과학, 디엔에이링크, 우정바이오, 신라젠
119	여행	레드캡투어, 하나투어, 세중, SM C&C, 모두투어, 참좋은여행, 인터파크
120	태블릿PC	시노펙스, 삼성SDI, 아비코전자, LG디스플레이, 이라이콤, 텔레칩스, 유아이디, 엘앰에스, 에이디테크놀로지, 켐트로닉스, 이엘케이
121	슈퍼박테리아	영진약품, 큐로컴, 파루, 인트론바이오, 종근당바이오, 크리스탈, 씨젠, 이연제약, 레고켐바이오, 동아에스티
122	강관업체	세아제강, 휴스틸, 동양철관, 금강공업, 하이스틸, 스틸플라워, 삼강엠앤티
123	수질개선	한국주철관, KG케미칼, 도화엔지니어링, 코오롱글로벌, 동양철관, 태영건설, 한국종합기술, 시노펙스, 유신, 뉴보텍
124	소모성 자재 구매대행	대명코퍼레이션, 이상네트웍스, 이크레더블, 지와이커머스, 아이마켓코리아

125	지능형로봇/ 인공지능	우리기술, 네패스, TPC, 미래컴퍼니, 에스티큐브, 에이디칩스, 유진로봇, 큐렉소, 가온미디어, 디에스티로봇, 스맥, 디지털옵틱, 셀바스AI, 싸이맥스
126	제지	페이퍼코리아, 무림SP, 한국제지, 아세아제지, 수출포장, 신풍제지, 무림페이퍼, 한창제지, 무림P&P, 삼정펄프, 깨끗한나라, 국일제지, 한솔제지
127	석유화학	태광산업, 동성화학, 이수화학, 대한유화, 한화케미칼, 롯데케미칼, 금호석유, SKC, KPX케미칼, LG화학, 그린케미칼, SK케미칼, 코오롱인더
128	LCD 부품/소재	한솔테크닉스, 동진쎄미켐, 삼성SDI, 상보, 에스에이엠티, 네패스, 에프에스티, 솔브레인, 인지디스플레이, 이라이콤, 크로바하이텍, 파인디앤씨
129	보안주(정보)	다우데이타, 에스넷, 한국전자인증, 라온시큐어, 이스트소프트, SGA, 오픈베이스, 한국정보인증, 수산아이앤티, 이니텍, 안랩, 한컴시큐어
130	정유	S-Oil, GS, SK이노베이션
131	RFID	SK텔레콤, KT, 위즈코프, 에스넷, 누리텔레콤, 아모텍, 이그잭스, 에이스테크, 제이스테판, 에이텍티엔, 한솔시큐어
132	휴대폰 부품	피델릭스, 블루콤, 아비코전자, 엘컴텍, 이라이콤, 서울반도체, 파워로직스, 인탑스, 기가레인, 유아이엘, 재영솔루텍, 캠시스, 인터플렉스, 비에이치
133	구제역	한성기업, 한일사료, 사조대림, 사조오양, 우성사료, 우진비앤지, 마니커, 신라에스지, 팜스토리, 하림, 정다운, 이지바이오, 대성미생물
134	차량용 블랙박스	현대모비스, 제이씨현시스템, 파인디지털, 팅크웨어, 모바일어플라이언스, 넥스트칩, 엠씨넥스, 미동앤씨네마
135	테마파크	현대건설, 시공테크, 한국종합기술, 국보디자인, 이월드
136	중소형 건설사	남광토건, 삼부토건, 범양건영, 화성산업, 금호산업, 코오롱글로벌, 고려개발, 한신공영, 동부건설, 대원, 삼호개발, 카뮤이앤씨
137	전자파	농일기언, 한미반도체, 프로텍, 성우전자, 솔루에타, 에스엔텍, 제너셈, 상신전자, 잉크테크, 켐트로닉스
138	스마트카	LG이노텍, 아이에이, 인포뱅크, 세코닉스, 한컴MDS, 모바일어플라이언스, 유비벨록스, 엠씨넥스

139	해운	흥아해운, 대한해운, 현대상선, 팬오션, KSS해운
140	편의점	대상, GS리테일, 롯데쇼핑, 이마트, BGF리테일
141	항공기 부품	휴니드, 대한항공, 현대위아, 오르비텍, 한국항공우주, 아스트, LIG넥스원, 이엠코리아, 하이즈항공, 샘코
142	시스템반도체	디아이, DB하이텍, 시그네틱스, 네패스, SFA반도체, 아이에이, 한미반도체, 아이앤씨, 텔레칩스, 리노공업, 아진엑스텍, 엘비세미콘, 넥스트핍
143	풍력에너지	효성, 동국산업, 씨에스윈드, 유니슨, 한일단조, 케이피에프, 태웅, 현진소재, 삼영엠텍, DMS, 삼강엠앤티, 동국S&C, 서암기계공업, 우림기계, 포메탈
144	사물인터넷	코콤, 지엠피, 삼진, 코맥스, 위즈코프, 에스넷, 케이엘넷, 다산네트웍스, 누리텔레콤, 한국전자인증, 링네트, 에이텍, 우리로, 기가레인, SGA
145	줄기세포	코아스템, 파미셀, 동구바이오제약, 네이처셀, 에이치엘비, 녹십자셀, 조아제약, 바이온, 마크로젠, 안트로젠, 바이오빌, 에이치엘비생명과학
146	사료	한탑, 대주산업, 한일사료, 우성사료, 사조동아원, 케이씨피드, 이지바이오, 팜스토리, 팜스코, 씨티씨바이오, CJ제일제당, 선진
147	태양광에너지	한화, KCC, 혜인, 코오롱글로벌, 한솔테크닉스, KC그린홀딩스, 한화케미칼, OCI, LS산전, SKC, 신성이엔지, 뉴인텍, 광명전기, SK머티리얼즈
148	SSD	SK하이닉스, 삼성전자, SFA반도체, SGA, KMH하이텍, 바른전자, 하나마이크론, 에이티테크놀로지, 심텍
149	원자력발전	보성파워텍, 한신기계, 하이록코리아, 성광벤드, 효성, GS건설, 대림산업, 현대건설, 태광, 우리기술, 두산중공업, 에너토크, HRS, 조광ILI, 한국전력
150	치아치료 (임플란트)	신흥, 오스코텍, 디오, 바텍, 오스템임플란트, 메타바이오메드, 나이벡, 덴티움, 오스테오닉
151	농업	대동공업, KG케미칼, 조비, 경농, 성보화학, 동방아그로, 남해화학, 아세아텍, 농우바이오, 효성오앤비, 아시아종묘
152	육계	팜스토리, 마니커, 이지바이오, 체리부로, 하림
153	OLED	참엔지니어링, 삼성전자, LG디스플레이, 주성엔지니어링, 케이맥, 크로바하이텍, 미래컴퍼니, 에스에프에이, 아이콤포넌트

154	2차전지	포스코켐텍, 세방전지, 코스모신소재, 코스모화학, 삼성SDI, 일진머티리얼즈, 아트라스BX, 황금에스티, 엠케이전자, 솔브레인, 피엔티, 후성
155	공작기계	화천기공, S&T중공업, 삼익THK, SIMPAC, 화천기계, 현대위아, 와이지원, 한국주강, 넥스턴, 유지인트, 이엠코리아, 스맥, 서암기계공업
156	보톡스	대웅제약, 휴온스글로벌, 메디톡스, 휴젤, 파마리서치프로덕트, 휴온스
157	5G	대한광통신, 케이엠더블유, 기산텔레콤, 삼지전자, 우리로, 코위버, 이루온, 텔코웨어, 텔레필드, 웨이브일렉트로, 오이솔루션, 서진시스템, 감마누
158	전기자전거	삼성SDI, 삼천리자전거, 파워로직스, 이랜텍, 에스피지, 알톤스포츠, 만도
159	전력저장장치 (ESS)	삼화콘덴서, 세방전지, 효성, 삼화전기, 신성이엔지, 포스코ICT, 아트라스BX, 파워로직스, 에이치엘비파워, 피앤이솔루션, 삼진엘엔디, 비츠로셀
160	LCD장비	참엔지니어링, 신성이엔지, 주성엔지니어링, 에스티아이, 아이씨디, 케이맥, 한양이엔지, 미래컴퍼니, 에스에프에이, 디이엔티
161	반도체장비	디아이, 참엔지니어링, 신성이엔지, 피에스케이, 유니셈, SFA반도체, 에프에스티, 주성엔지니어링, 성도이엔지, 이오테크닉스
162	선박평형수 처리	현대중공업, 부방, STX엔진, 엔케이, 한라IMS, 이엠코리아
163	무선충전기술	한솔테크닉스, 크로바하이텍, 포스코ICT, 이랜텍, 알에프텍, 켐트로닉스, 아이엠텍
164	전기차	뉴인텍, 지엠비코리아, 성문전자, 한온시스템, 포스코ICT, 인지컨트롤스, 한국단자, 파워로직스, 코다코, 캠시스, 삼화콘덴서, 삼화전자
165	PCB	대덕GDS, 이수페타시스, 코리아써키트, 대덕전자, 에이엔피, 일진머티리얼즈, 시노펙스, 인터플렉스, 비에이치, 디에이피, 뉴프렉스
166	DMZ평화공원	이화공영, 씨아이테크, 모헨즈, 퍼스텍, 삼륭물산, 시그네틱스, 자연과환경, 누리플랜, 코아스, 대창스틸
167	전선	가온전선, 대한전선, LS, 대원전선, 일진전기, LS전선아시아

168	플래시메모리	SK하이닉스, 삼성전자, SFA반도체, 바른전자
169	자전거	극동유화, 삼천리자전거, 한국석유, 엔에스엔, 빅텍, 참좋은여행, 알톤스포츠
170	재난/안전 (지진)	대림씨엔에스, 한창, 광림, 동아지질, 한국종합기술, 파라텍, HRS, 희림, 리노스, 에버다임, 삼영엠텍, KT서브마린, 삼영이엔씨, 오텍, 나노메딕스
171	하이브리드카	삼화콘덴서, 삼성SDI, 삼화전기, 모토닉, 삼화전자, 성문전자, 한국단자, 코웰패션, 솔브레인, 에코플라스틱, 성호전자, 크로바하이텍, 파워로직스
172	스마트팩토리	삼익THK, 에스엠코어, 한신기계, LS산전, 신성이엔지, 더존비즈온, 포스코ICT, TPC, 오픈베이스, 동국알앤에스, 비엠티, 한컴MDS, 디에스티로봇
173	스마트그리드	피에스텍, 인스코비, 코콤, 광명전기, 포스코ICT, 아트라스BX, 누리텔레콤, 아이앤씨, 비츠로시스, 옴니시스템, CS, 이글루시큐리티, 비츠로셀, 스맥
174	플렉서블 디스플레이	AP시스템, 인터플렉스, SK머티리얼즈, 에스에프에이, DMS, 원익, 테라세미콘, 비아트론, 필옵틱스, SKC코오롱PI, 덕산네오룩스
175	태풍 및 장마	대동공업, 조비, 경농, 롯데정밀화학, 동방아그로, 남해화학, 코엔텍, 파루, 인선이엔티
176	3D낸드	한솔케미칼, 피에스케이, 솔브레인, 원익QNC, 유진테크, 유니테스트, SK머티리얼즈, 테크윙, 디엔에프, 테스, 원익머트리얼즈, 심텍
177	남-북-러 가스관	세아제강, 휴스틸, 문배철강, 동양철관, 삼현철강, 부국철강, 화성밸브, 대동스틸, 조광ILI, 동양에스텍, 하이스틸, 엔케이, 삼강엠앤티
178	철도	남광토건, 알루코, 선도전기, 서한, 하이록코리아, 삼현철강, 세명전기, 특수건설, 제룡전기, 대아티아이, 우원개발, 현대로템, 비츠로시스
179	전력설비	가온전선, 대한전선, 효성, 대원전선, 보성파워텍, LS, 선도전기, 광명전기, 세명전기, 이화전기, 제룡전기, 금화피에스시, 비츠로테크, 일진전기
180	핵융합에너지	삼화콘덴서, 고려제강, 비츠로테크, 다원시스, 일진파워, 모비스, 에스에프에이, 두산중공업

181	남북경협	현대건설, 남광토건, 삼부토건, 조비, 일신석재, 신원, 인디에프, 현대엘리베이터, 인지컨트롤스, 남해화학, 제이에스티나, 좋은 사람들, 재영솔루텍, 아난티
182	해저터널	부산산업, 세명전기, 한국선재, 특수건설, 동아지질, KT서브마린
183	시멘트	유니온, 한일시멘트, 쌍용양회, 성신양회, 삼표시멘트, 아세아시멘트, 고려시멘트
184	비료	KG케미칼, 조비, 롯데정밀화학, 카프로, 남해화학, 효성오앤비

참고문헌 및 자료

인포스탁 데이터

KB증권 리서치자료 환율 데이터

블룸버그 환율 데이터

교보증권 HTS

NH투자증권 MTS

신한금융투자 기준금리, 10년 국채금리 데이터

금융투자협회 회사채 및 CD금리 데이터

『금리만 알아도 경제가 보인다』(김의경, 위너스북, 2009)

『지금 당장 환율공부 시작하라』(윤채현, 한빛비즈, 2013)

『기업자금의 조달과 관리』(윤정문, 새로운제안, 2010)

『기업금융과 M&A』(최상우 공저, 삼일인포마인, 2016)

『차트의 맥 2.0』(민세현, 혜지원, 2010)

원자재 가격정보(www.koimaindex.com)

금감원 전자공시시스템(dart.fss.or.kr)

지식백과, 영화조세통람, 한경 경제용어사전, 위키백과, 매일경제, 시사상식사전, 두산백과(www.naver.com)

에프엔가이드(comp.fnguide.com/SVO2/asp/SVD_Main.asp)

뚝심TV 블로그(blog.naver.com/ttukssim_tv)

밑바닥부터 시작하는 주식투자

초판 1쇄 발행 2019년 1월 5일
초판 3쇄 발행 2020년 4월 1일

지은이 이재준
펴낸곳 원앤원북스
펴낸이 오운영
경영총괄 박종명
편집 최윤정 · 김효주 · 이광민 · 강혜지 · 이한나
마케팅 안대현 · 문준영
등록번호 제2018-000146호(2018년 1월 23일)
주소 04091 서울시 마포구 토정로 222 한국출판콘텐츠센터 319호 (신수동)
전화 (02)719-7735 | **팩스** (02)719-7736
이메일 onobooks2018@naver.com | **블로그** blog.naver.com/onobooks2018
값 16,000원
ISBN 979-11-89344-34-4 03320

※ 원앤원북스는 독자 여러분의 소중한 아이디어와 원고 투고를 기다리고 있습니다.
　원고가 있으신 분은 onobooks2018@naver.com으로 간단한 기획의도와 개요, 연락처를 보내주세요.